História
das Relações
Internacionais

Análise de Política Externa • Haroldo Ramanzini Júnior e Rogério de Souza Farias
Direito das Relações Internacionais • Márcio P. P. Garcia
Direitos Humanos e Relações Internacionais • Isabela Garbin
Economia Política Global • Niels Soendergaard
História das Relações Internacionais • Antônio Carlos Lessa e Carlo Patti
Introdução às Relações Internacionais • Danielly Ramos
Métodos de pesquisa em Relações Internacionais • Vânia Carvalho Pinto
Negócios internacionais • João Alfredo Nyegray
Organizações e Instituições Internacionais • Ana Flávia Barros-Platiau e Niels Soendergaard
Política Internacional Contemporânea • Thiago Gehre Galvão
Teoria das Relações Internacionais • Feliciano de Sá Guimarães

Proibida a reprodução total ou parcial em qualquer mídia
sem a autorização escrita da editora.
Os infratores estão sujeitos às penas da lei.

A Editora não é responsável pelo conteúdo deste livro.
Os Autores conhecem os fatos narrados, pelos quais são responsáveis,
assim como se responsabilizam pelos juízos emitidos.

Consulte nosso catálogo completo e últimos lançamentos em **www.editoracontexto.com.br**.

História das Relações Internacionais

Antônio Carlos Lessa
Carlo Patti

Coordenador da coleção
Antônio Carlos Lessa

editora**contexto**

Copyright © 2023 dos Autores

Todos os direitos desta edição reservados à
Editora Contexto (Editora Pinsky Ltda.)

Foto de capa
Matthew TenBruggencate em Unsplash

Desenhos dos mapas
Samuel Tabosa

Montagem de capa e diagramação
Gustavo S. Vilas Boas

Preparação de textos
Ana Paula Luccisano

Revisão
Lilian Aquino

Dados Internacionais de Catalogação na Publicação (CIP)

Lessa, Antônio Carlos
História das Relações Internacionais /
Antônio Carlos Lessa, Carlo Patti. – 1. ed., 1ª reimpressão. –
São Paulo : Contexto, 2023.
224 p. : il. (Coleção Relações Internacionais /
coordenador Antônio Carlos Lessa)

Bibliografia
ISBN 978-65-5541-214-7

1. Relações internacionais – História
I. Título II. Patti, Carlo III. Série

23-0662   CDD 327.109

Angélica Ilacqua – Bibliotecária – CRB-8/7057

Índice para catálogo sistemático:
1. Relações internacionais – História

2023

EDITORA CONTEXTO
Diretor editorial: *Jaime Pinsky*

Rua Dr. José Elias, 520 – Alto da Lapa
05083-030 – São Paulo – SP
PABX: (11) 3832 5838
contato@editoracontexto.com.br
www.editoracontexto.com.br

Sumário

AS REVOLUÇÕES ATLÂNTICAS
E A ASCENSÃO INGLESA (1776-1815)..9
    A formação do sistema europeu de Estados.............................9
    As primeiras tentativas de dominação
       do sistema europeu de Estados....................................11
    A ascensão da Inglaterra..16
    A Revolução Americana e a independência dos Estados Unidos.............21
    A Revolução Francesa e os seus impactos internacionais................27
    O desafio internacional do sistema napoleônico........................32

A HEGEMONIA BRITÂNICA
EM UM MUNDO CONSERVADOR (1815-48)..................................37
    A ordem de Viena – uma visão geral..................................37
    A Revolução Industrial na Inglaterra................................40
    As revoluções liberais (1815-48)....................................46
    As independências na América Latina e o refluxo do colonialismo.........53
    A expansão dos Estados Unidos.......................................58

O LIBERALISMO E A EXPANSÃO
DO MODELO INGLÊS (1848-70).......................................61
    O apogeu da ordem liberal britânica – uma visão geral do período........61
    A expansão da industrialização pelo continente europeu................62
    O "imperialismo liberal" e a hegemonia mundial britânica...............67
    A construção de nações e o equilíbrio de poder na Europa...............73
    O desenvolvimento dos Estados Unidos.................................80

O DECLÍNIO DA *PAX BRITANNICA* (1870-90)...85

    O desafio à hegemonia britânica – uma visão geral do período....................85

    A economia mundial em transformação...87

    A Europa sob a diplomacia de Bismarck...93

    O novo imperialismo...100

A PRIMEIRA GUERRA MUNDIAL
E A ILUSÃO DA PAZ DE PARIS (1914-29)...113

    A Grande Guerra:
        origens e evolução político-diplomática (1914-18)...........................113

    Os tratados de paz, o nascimento
        da Liga das Nações e a reconfiguração do mapa mundial..................117

    A frágil paz e a ilusão da segurança coletiva..123

1929-45: O FRACASSO DA ORDEM INTERNACIONAL DE
VERSALHES E A SEGUNDA GUERRA MUNDIAL..127

    A Grande Depressão e seus efeitos internacionais.....................................127

    A Alemanha nazista
        e a tentativa de reação ao hitlerismo (1933-36)...............................131

    A fragilidade dos impérios e a Ásia entre as duas guerras...........................135

    Rumo à Segunda Guerra Mundial...137

    A Segunda Guerra Mundial..141

A GUERRA FRIA (1945-62)...153

    De aliados a rivais (1945-47)...153

    A criação de dois blocos contrapostos (1947-55)..156

    As crises da primeira Guerra Fria
        e a evolução do relacionamento bipolar..159

    O fim dos sistemas coloniais e a emersão do Terceiro Mundo....................163

    A corrida armamentista e a crise dos mísseis em Cuba..............................166

O SISTEMA INTERNACIONAL ENTRE DISTENSÃO
E DESCOLONIZAÇÃO (1962-79) ... 169

Uma visão geral do período de 1962 a 1979 ... 169

Uma distensão *necessária* ... 170

As várias formas de distensão e os problemas internos aos blocos ... 172

Vietnã, Oriente Médio e crises energética
e econômico-financeira como limites da *détente*? ... 176

O fim da *détente* ... 182

RECRUDESCIMENTO E FIM DA GUERRA FRIA (1979-91) ... 185

Uma visão geral do período 1979-91 ... 185

A Segunda Guerra Fria ... 186

A nova "distensão" e o fim da confrontação bipolar ... 190

A reunificação alemã e o colapso soviético ... 192

O MUNDO PÓS-BIPOLAR (1992-2022) ... 195

Uma visão geral do nosso tempo ... 195

Os anos 1990:
entre a euforia estadunidense e a responsabilidade global ... 197

A primeira década de 2000: crise da ordem mundial? ... 202

As décadas de 2010 e 2020:
entre declínio ocidental, países emergentes e crises globais ... 208

Os anos de 2010 e 2020: o Ocidente em declínio? ... 211

SUGESTÕES DE LEITURA ... 217

BIBLIOGRAFIA ... 221

OS AUTORES ... 223

As revoluções atlânticas e a ascensão inglesa (1776-1815)

A FORMAÇÃO DO SISTEMA EUROPEU DE ESTADOS

A história das relações internacionais ao longo do século XVI até o final do século XIX é marcada pela rivalidade crônica que caracterizou o sistema de Estados europeu. As grandes transformações políticas e econômicas que favoreceram o surgimento e a consolidação do Estado-nação europeu e, particularmente, sua expansão pela exploração e pela colonização de territórios ultramarinos contribuíram para a ascensão política e econômica da Europa sobre outras regiões do mundo.

Desse processo, originou-se o sistema de Estados transoceânico e global, que subjugaria, ao longo dos séculos seguintes, os demais centros de cultura e poder, como a China, a Índia e todo o Império Otomano, o qual se construiria especialmente sobre as riquezas e os territórios da América, da África e da Oceania. A história das relações internacionais, a partir do século XVI, é uma tentativa de compreender as causas que permitiram ao sistema europeu de Estados soerguer-se sobre as civilizações que estavam no início da Era Moderna em estágio similar de desenvolvimento e de dominá-las, o que aconteceu até o final do século XIX.

A desintegração das formas políticas medievais e da unidade de ação proporcionada pela cristandade é um processo que subverteu as tradicionais práticas de governo e de construção da autoridade na Europa. No período compreendido entre o final do século XIII e o século XVII, surgiu uma nova forma de organização política, o Estado nacional, que consolidou os recursos materiais e a autoridade política e militar em torno do *príncipe*, transformando-se na principal instituição política do Ocidente. O surgimento e a consolidação do Estado-nação tiveram causas múltiplas e complexas que levaram ao colapso gradativo do sistema socioeconômico feudal, entre as quais a melhoria dos meios de comunicação, o incremento dos fluxos de comércio, a invenção da imprensa e as descobertas transoceânicas (que deram início à conquista e à colonização de outras partes do mundo).

O arranjo de poder europeu que emergiu no início da Idade Moderna foi uma consequência direta da existência de grandes Estados que tiveram, uns mais do que outros, condições econômicas, tecnológicas, militares e sociais de se erguerem como potências, em conjunturas relativamente similares de desenvolvimento. A existência concomitante dessas múltiplas independências nacionais e a capacidade diferenciada que os Estados demonstraram de manejar, com maior ou menor eficiência, os meios de que dispunham permitiram que alguns desses atores tentassem sobrepor-se aos demais, enquanto estes agiam para impedir a construção de uma grande hegemonia sobre o continente e para estimular o equilíbrio entre as partes do sistema. Do início do século XVI ao final do século XIX, a França, a Grã-Bretanha, a Espanha, a Áustria, a Rússia, a Prússia e a Holanda alternaram-se nos papéis de poderes emergentes e decadentes da cena internacional europeia. Os conflitos que travaram entre si, tanto quanto a evolução das alianças diplomáticas e militares que estabeleceram para atingir os seus objetivos, compõem o pano de fundo da evolução do sistema internacional a partir de então. Mas será que algum dos Estados europeus teria condições de reunir recursos econômicos e poder militar suficientes para se sobrepor aos demais e dominá-los?

O historiador Jean-Baptiste Duroselle, um dos consolidadores da moderna Escola Francesa de História das Relações Internacionais, afirmou que uma das mais importantes *regularidades* da história – as quais devem ser entendidas como a verificação da repetição de certos tipos de acontecimentos ou de conjuntos de acontecimentos, e que são independentes dos níveis técnicos e sociais, dos regimes políticos ou das regiões geográficas –

As revoluções atlânticas e a ascensão inglesa (1776-1815)

é observada na longa duração e diz respeito à efemeridade dos impérios, ou seja, todos os projetos hegemônicos tendem a perecer. Ademais, para uma determinada era e em determinado espaço geográfico, aplicam-se *regularidades imperfeitas* que são denominadas *regras temporárias* – válidas para explicar as dinâmicas internacionais naquele contexto específico, mas que poderão deixar de sê-lo em uma nova estrutura. Nesse sentido, para as relações internacionais no período compreendido entre o início do século XVI e o final do século XIX, valem tanto a regularidade que prediz que todo império tende a perecer, como uma regra importante que enuncia que se uma grande potência tenta garantir sua hegemonia, suscita contra ela coalizões que terminam sempre vitoriosas.

As lutas travadas entre as grandes potências europeias para a construção de um sentido de *equilíbrio* entre as partes, nesse grande período, permitem que se observem fases bem precisas, que são estabelecidas justamente pela necessidade de contenção das tentativas de construção da hegemonia de uns sobre os outros. Assim, do início do século XVI a 1648, os esforços dos Estados europeus estão concentrados na contenção da tentativa de dominação dos Habsburgo espanhóis e austríacos. De meados do século XVII a 1815, o ator a ser contido é a França, que tanto sob as pretensões de dominação do regime absolutista quanto sob a expansão revolucionária desafiou, de modo extremamente consistente, o equilíbrio entre os europeus. De 1815, com a derrota dos exércitos napoleônicos, ao final do século XIX, houve uma notável ausência de guerras prolongadas entre os europeus e construiu-se um relativo equilíbrio estratégico apoiado pelos principais países da Europa, entremeado pela ascensão da Grã-Bretanha como principal potência econômica e militar em nível global.

AS PRIMEIRAS TENTATIVAS DE DOMINAÇÃO DO SISTEMA EUROPEU DE ESTADOS

Alguns fatores foram determinantes para explicar o surgimento da primeira tentativa de domínio de um dos Estados europeus sobre os demais, que teve importância crucial para o processo de conclusão da consolidação do sistema internacional a partir do século XVI. O primeiro deles é a ascensão de uma poderosa dinastia europeia, a dos Habsburgo, que se consolidou em uma extensa rede de territórios que se estendeu da península ibérica aos Bálcãs. Depois da unificação dos tronos de Aragão e de Castela em 1469, o casamento dinástico permitiu aos reis Fernando e Isabel da Espanha a associação com a dinastia dos Habsburgo da Áustria. O herdeiro da união entre as duas coroas, Carlos, herdou a Espanha em 1516, governando-a até 1556 e, da parte de seus avós austríacos, herdou a Holanda, a Áustria, a Sardenha, a Sicília, o reino de Nápoles e o Franco-Condado, além das possessões coloniais espanholas.

Nos 150 anos que se seguiram à sua eleição como sacro imperador romano (1519), com o nome de Carlos V, os membros espanhóis e austríacos da dinastia Habsburgo ameaçaram a pluralidade política da Europa. Considerando as rivalidades existentes entre os Estados europeus, a concentração de tal poder nas mãos dos Habsburgo foi razão suficiente para motivar a contenção da sua influência política e religiosa no continente. O segundo fator é a divisão irreversível da cristandade com o advento da Reforma Protestante e com a reação da Contrarreforma católica, o que motivou ferozes lutas religiosas a partir de então. A conjugação dos dois fatores, ou seja, as rivalidades nacionais e dinásticas com a secularização das tendências da fé cristã, transformou o potencial conflito pela contenção das ambições dos Habsburgo em uma guerra de inspiração religiosa.

A contestação à tentativa de hegemonia dos Habsburgo teve várias etapas, nas quais o poder e a autoridade da dinastia austríaco-espanhola foram sendo gradualmente desgastados. Da tentativa de debelar a rebelião da Holanda, então província espanhola, na década de 1560, ao fracassado projeto de invasão da Inglaterra, rechaçado em 1588, todas as investidas dos Habsburgo para ampliar ou afirmar seu poder na Europa foram contidas, favorecendo o surgimento de uma peculiar coalizão anti-hegemônica. Os dois ramos da dinastia Habsburgo, o espanhol e o austríaco, tiveram muitas frentes de batalha no longo período em que se empenharam em conter a expansão da Reforma no Ocidente e no centro europeu, ao mesmo tempo que procuravam resistir às investidas persistentes dos otomanos a leste e no Mediterrâneo.

O fortalecimento da autoridade imperial alinhava todos os rivais dos Habsburgo, desde os príncipes da Alemanha (que se dividiram com a Reforma Protestante), o Império Otomano, a França, a Inglaterra, até

As revoluções atlânticas e a ascensão inglesa (1776-1815)

mesmo o Papado. A fase mais importante desse longo conflito foi o conjunto de batalhas a que se denominou Guerra dos Trinta Anos (1618-48), no qual o ramo austríaco da dinastia lutou ao lado do ramo espanhol contra todos os Estados protestantes da Europa. Somente a participação da França no conflito, ao lado dos protestantes, fez pender a balança decisivamente contra os Habsburgo, que tinham então inimigos demais e muitos territórios a defender. O fim da Guerra dos Trinta Anos, contextualizado no Congresso de Vestfália (1648), é um capítulo crucial na história das relações internacionais, sendo confundido com a própria conclusão da consolidação do sistema de Estados europeus, porque permitiu o reconhecimento do equilíbrio religioso e político na Europa, bem como confirmou a supremacia do princípio da independência e da soberania dos Estados, em assuntos internos e externos, sobre as tentativas de construção da hegemonia.

O fim do conflito que opôs os Habsburgo a quase toda a Europa não colocou termo, entretanto, às rivalidades entre as grandes potências europeias, muito menos ao tradicional meio de solucionar as suas diferenças, que era a guerra. O aspecto mais importante das relações intereuropeias, a partir de meados do século XVII, foi o surgimento de um sistema multipolar de Estados europeus, que passaram gradualmente a tomar as suas decisões de política externa tendo em conta os seus "interesses nacionais" e não mais as suas diferenças de religião. As alianças entre os Estados europeus, inclusive, passaram a traduzir progressivamente essa nova realidade, uma vez que deixaram de se constituir em torno de motivações religiosas (no caso da fase anterior, uma frente Habsburgo católica que lutou contra uma coalizão de Estados protestantes apoiados pela França), caracterizando-se por arranjos pontuais e instáveis, nos quais os inimigos de uma guerra poderiam ser aliados no conflito seguinte. O Mapa 1 apresenta a configuração do território europeu ao final do grande conflito com os Habsburgo.

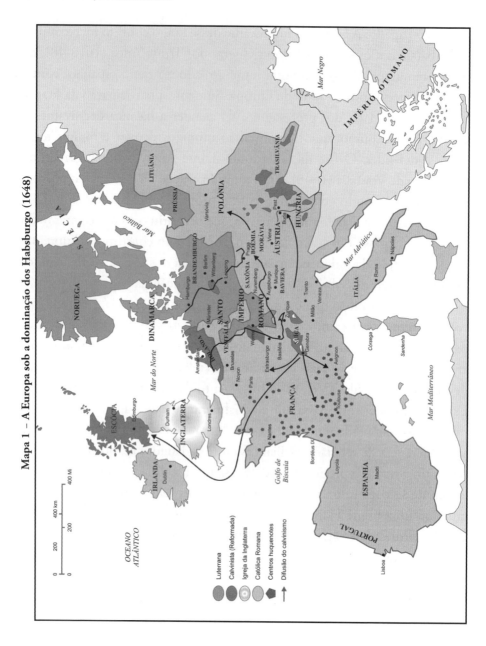

Mapa 1 – A Europa sob a dominação dos Habsburgo (1648)

Na fase que se abriu em torno de 1660, com a coroação de Luís XIV em território francês, e se estendeu até 1815, a França se transformou no mais poderoso país europeu. Enquanto a Áustria perseverava como potência importante, a Espanha, a Suécia e o Império Otomano passavam a ser potências marginais, e a Prússia, a Grã-Bretanha e a Rússia despontaram nesse período. A ascensão rápida da França à condição de primeira potência se deu em contexto de grande rivalidade nas relações intereuropeias, o que facilitou a consolidação do poderio francês, na medida em que os seus oponentes estavam entretidos em guerras de atrito uns contra os outros, pelo menos até 1685. A Grã-Bretanha, por exemplo, esteve duramente envolvida em uma série de guerras de inspiração comercial com a Holanda (1652-54; 1665-67; e 1672-74). Suas atenções somente se deslocaram para o crescimento do poderio da França quando esta demonstrou vontade e capacidade de fazer pender a balança de poderes no continente para seu lado, procurando expandir sua presença repetidas vezes na Europa Centro-oriental. O crescimento da França motivou, portanto, a intervenção das demais potências europeias encabeçadas pelos ingleses, que procuraram ao longo de uma série de extenuantes guerras não apenas desgastar o poder francês diretamente, mas também apoiar os inimigos da França, de modo a preservar seus interesses no longo prazo. A fase é caracterizada, antes de tudo, por ser um grande período de guerra (1689-97; 1702-14; 1739-63; 1792-1802), permeado por breves distensões.

A própria consolidação da autoridade do moderno Estado-nação em todos os níveis, processo concluído no início dessa fase, é um aspecto crucial para compreender a evolução das relações intereuropeias nessa etapa, uma vez que os diferentes países desenvolveram estruturas administrativas, tributárias e militares centralizadas e submetidas de fato à autoridade do poder nacional. A necessidade de manter grandes estruturas militares e a longa duração dos conflitos armados impuseram aos Estados a obrigação de fomentar a economia e de criar condições financeiras que dessem sustento às demandas crescentes pelos recursos indispensáveis para fazer a guerra. De acordo com Paul Kennedy, verifica-se nessa fase e, especialmente, entre o final do século XVII e o início do século XVIII, um processo de importância central para entender a evolução das relações internacionais a partir de então, quando certos Estados europeus criaram um sistema financeiro relativamente sofisticado. Verifica-se, desse modo, uma estreita relação entre a capacidade financeira e a política de poder, tendo vantagem as nações que estivessem em condições de superioridade na área financeira, o que aumentava seu poder na guerra, fomentava sua estabilidade política e o crescimento econômico na paz, como aconteceu com a Grã-Bretanha. Esse aspecto também é muito importante para explicar a existência de um círculo virtuoso que levou, indiretamente, à acumulação de capital e criou condições para a expansão da Revolução Industrial naquele país a partir do final do século XVIII.

A etapa final do conflito anglo-francês, que se iniciou em 1689, foi pontuada pela emergência de Napoleão Bonaparte no processo da Revolução Francesa, que teve grande impacto sobre as relações intereuropeias a partir de 1792. A última das guerras entre a França e a Grã-Bretanha se iniciou em 1803 e teve um final previsível, porque, mais uma vez, a potência desafiante (a França) tinha inimigos demais.

A ASCENSÃO DA INGLATERRA

A Inglaterra no início do século XVI era uma potência marginal no contexto político-estratégico da Europa. O país se manteve afastado dos teatros de guerra continentais, tendo a segurança do seu território garantida pela insularidade e correu poucos riscos de invasão. As intervenções inglesas na cena europeia, de 1500 a meados do século XVII, foram pontuais e dirigidas para ajudar a conter as ambições hegemônicas da Espanha e da Áustria, mesmo assim, em determinadas circunstâncias.

Com o fim da guerra com a França em 1492, o país teve condições de se concentrar na estabilidade interna e na recuperação econômica, por meio de uma política de prudência implementada pelo primeiro monarca da dinastia Tudor, Henrique VII, que comandou a nação entre 1485 e 1509. O governo inglês conseguiu, a partir do fim da guerra civil, reduzir os gastos militares, sanear as finanças do Estado e estimular o crescimento da economia mediante o incremento do comércio em geral e, particularmente, de tecidos e da pesca. Foi apenas a partir da coroação de Elizabeth I em 1558, filha de Henrique VIII, o qual governou entre 1509 e 1547, que a Inglaterra passou a participar com maior determinação das coalizões anti-hegemônicas que se desenvolviam no continente, desempenhando um papel crescentemente importante na política europeia. A determinação com que o país, que era a principal força protestante à época, se entregou à contenção da Espanha católica, agindo diretamente no mar ou em terra contribuiu de forma decidida para a manutenção da pluralidade política e religiosa da

Europa. Nesse sentido, a fracassada tentativa levada a cabo por Filipe da Espanha, em maio de 1588, de invadir o país, que se originou como uma "guerra santa" contra a herética rainha dos ingleses, era especialmente uma tradução do ressentimento espanhol com o apoio dado pela Inglaterra aos rebeldes holandeses. A partir de então, percebe-se com maior clareza uma tendência que se tornaria crescentemente importante na ação internacional da Inglaterra e, em particular, na sua política para a Europa. Trata-se do "desígnio elizabetano", pelo qual o país se entregava de maneira mais fácil aos jogos da balança de poder na Europa, apoiando militar e financeiramente os inimigos das potências hegemônicas.

Essa primeira participação de vulto da Inglaterra na grande política europeia, entretanto, enfraqueceu as bases da estabilidade econômica do país. A morte em 1603 de Elizabeth I, que não deixou herdeiros, levou ao trono da Inglaterra a dinastia dos Stuart, de origem escocesa, e abriu um longo conflito que dominaria a política inglesa pelas quatro décadas seguintes, no qual a monarquia enfrentou uma grave crise de poder com o Parlamento, fato que levou o país à nova guerra civil e contribuiria para o fim do absolutismo. Entretidas com o longo conflito que dominaria a frente doméstica, as intervenções inglesas na grande luta europeia de contenção da Espanha, embora onerosas, tiveram poucas consequências sobre o curso da Guerra dos Trinta Anos, mesmo que nesse período a riqueza em geral no país, como também a sua população, o comércio e a exploração lucrativa das suas colônias tivessem crescido.

O primeiro rei da dinastia Stuart, Jaime I, que governou entre 1603 e 1625, tentou estabelecer na Inglaterra uma monarquia absolutista nos moldes das que ocorriam no restante da Europa. Ele procurou fortalecer o anglicanismo por meio de uma política de elevação dos dízimos pagos à Igreja e, para enfrentar a crise financeira que se mostrava persistente com os crescentes compromissos militares assumidos na frente externa, aumentou os impostos e a venda de concessões para as fábricas de têxteis e para a exploração de carvão. A tentativa de fortalecer o poder da monarquia com a elevação da tributação repercutiu desfavoravelmente na Câmara dos Comuns, que era composta por representantes eleitos nos condados e nas cidades, ou seja, por grupos ligados por interesses comerciais, provocando violentas disputas com o Parlamento e descontentamento generalizado.

História das Relações Internacionais

Seu filho e sucessor, Carlos I, cujo reinado ocorreu entre 1625 e 1649, perseverou com a mesma política, ignorando as novas forças sociais e econômicas que estavam se erguendo na Inglaterra. A prática de impor empréstimos forçados e de encarcerar aqueles que se recusavam a pagá-los motivou a reação do Parlamento que, em 1628, aprovou a "Petição de Direitos", lei que considerava ilegal a criação de impostos pelo rei sem o consentimento do Parlamento e proibia a prisão arbitrária. Em represália, Carlos I governou durante 11 anos sem convocar o Parlamento – entrementes, para sustentar o Estado, criou novas taxas, restabeleceu tributos feudais, multiplicou monopólios e estendeu o imposto do *ship money*, taxa que até então era paga apenas pelas cidades portuárias para a defesa da Marinha real às demais regiões do país. O Parlamento foi novamente convocado em 1640, quando o rei necessitou de apoio para levantar fundos para defender o reino contra uma invasão dos escoceses puritanos, que se debelaram com a tentativa do monarca de lhes impor a liturgia anglicana.

Ao entrar em funcionamento, o Parlamento aboliu os tribunais extralegais que a monarquia criara, estabeleceu a convocação parlamentar regular e reforçou os seus poderes sobre a tributação. Em 1641, uma revolta na Irlanda católica desencadeou nova crise, sendo que dessa vez o Parlamento recusou-se a entregar ao monarca o comando do Exército destinado à reconquista do território rebelde. Os membros puritanos do Parlamento pressionaram por uma redução ainda mais drástica da autoridade da monarquia e da Igreja Anglicana, o que provocou a sua divisão: os puritanos e todos os partidários da supremacia parlamentar opuseram-se aos anglicanos e partidários do rei. Sem apoio no Parlamento, Carlos I retirou-se para o norte do país, onde organizou um novo Exército e deu início à guerra civil (1642-1649), na qual os seguidores da monarquia lutaram contra os defensores do Parlamento.

Essa divisão fundamental não era, entretanto, de fundo simplesmente religioso, mas era econômico na sua essência, uma vez que as regiões que se posicionaram ao lado do Parlamento eram o sul e o leste do país, economicamente avançados, enquanto as forças da monarquia tinham as suas bases no norte e no oeste da Inglaterra, ainda semifeudais. Entre os defensores da supremacia parlamentar, em sua maioria puritanos – daí a denominação da guerra civil como Revolução Puritana –, destacou-se

Oliver Cromwell, que chefiou a cavalaria do Exército do Parlamento, sendo o responsável pelas primeiras vitórias sobre as forças monarquistas, em 1644. Cromwell estabeleceu novos parâmetros para a organização do seu regimento: os soldados eram pequenos e médios proprietários rurais, que se alistavam voluntariamente, e o critério de promoção passava a ser o da eficiência militar. Esses parâmetros foram depois estendidos para a organização de todas as forças financiadas pelos partidários do Parlamento, produzindo um novo tipo de organização militar, que passou a se denominar Novo Exército Modelar, mostrando-se imbatível nos campos de batalha. A guerra civil teve fim em 1649, com a deposição e execução de Carlos I e a subsequente extinção da monarquia.

Sustentado pelo Novo Exército Modelar, Cromwell logo dominou o Parlamento e o Conselho de Estado criado no lugar do rei, com 41 membros, que passou a exercer o Poder Executivo, tendo condições também de eliminar a reação realista que pretendia pôr no trono Carlos II, filho de Carlos. Em 1653, foi dissolvido o que restava do Longo Parlamento e promulgada uma nova Constituição, que deu a Cromwell o título de Lorde Protetor, com poderes tão absolutos quanto os de um monarca do velho regime. A Inglaterra de Cromwell pôde, porém, desempenhar o papel de grande potência com mais êxito do que qualquer governo até então, ainda que por curto período. Um dos atos mais importantes do novo governo, especialmente para o desenvolvimento comercial e marítimo da Inglaterra, foi a promulgação do Ato de Navegação, em 1651, que estabelecia que o comércio de importação deveria dar-se exclusivamente por navios de bandeira inglesa, medida que visava fortalecer o comércio exterior e combater o poderio comercial dos rivais holandeses.

Do ponto de vista militar, a renovação de métodos proporcionada pela criação de um novo Exército, que se sagrou vitorioso na guerra civil, e o reequipamento da Marinha de guerra ao longo do combate proporcionaram ao país condições para voltar a intervir no conflito europeu, o que se deu depois de 1655, quando a Inglaterra se viu com meios de se lançar contra a Espanha, fazendo pender a balança do conflito na Europa. Com efeito, graças à nova participação inglesa no conflito contra os Habsburgo, a Espanha extenuada se viu forçada a concluir a sua guerra com a França em 1659. Nesse momento, a Inglaterra já tinha uma sólida base econômica,

História das Relações Internacionais

constituída graças ao crescimento do comércio interno e de além-mar, dos lucros da exploração colonial e da navegação. No entanto, o aumento das despesas militares provocado pela nova participação na cena europeia causou novas tensões internas, aumentando a aversão contra o governo de Cromwell e fazendo que a maioria das classes mercantis, as grandes vitoriosas da guerra civil, clamasse por um novo período de paz.

Cromwell governou a Inglaterra com rigidez até a sua morte em 1658, sendo substituído por seu filho Richard em 1659, que, sem apoio para governar, foi deposto pelo movimento monarquista, que logrou coroar o filho de Carlos I como rei da Inglaterra, em 1660. Carlos II, que reinou entre 1660 e 1685, submeteu-se a limitações do poder real impostas pelo Parlamento, com o qual conviveu em harmonia até o final do seu reinado. Seu herdeiro, entretanto, Jaime II, ao buscar restaurar o absolutismo e o catolicismo, desafiou o Parlamento e desagradou os interesses da maioria protestante, sendo deposto por um golpe de Estado na Revolução Gloriosa, que, em 1688, convocou Maria Stuart, sua filha e mulher de Guilherme de Orange, governador das Províncias Unidas (Holanda), para ocupar o trono. Jaime II refugiou-se na França e um novo Parlamento proclamou Guilherme e Maria rei e rainha da Inglaterra.

Os novos soberanos tiveram de aceitar a Declaração dos Direitos, baixada em 1689, que decretava as regras de funcionamento da primeira monarquia parlamentar: o monarca não tinha mais poderes para cancelar leis votadas pelo Parlamento que, por seu turno, resguardava o direito de dar o trono a quem lhe aprouvesse após a morte do rei. Existiriam reuniões parlamentares e eleições regulares, o Parlamento votaria o orçamento anual e inspetores por ele nomeados controlariam as contas reais. Ademais, os católicos foram afastados da sucessão e a manutenção de um Exército em tempo de paz foi proibida. Em 1694, com a criação do Banco da Inglaterra, conformava-se, finalmente, o tripé fundamental que sustentava as instituições e a expansão econômica do país: o Parlamento, o tesouro e o banco.

A sucessão de 1688-1689 encerrou o processo revolucionário inglês do século XVII, conhecido como Revolução Inglesa, movimento precursor dos processos revolucionários que se alastrariam pela Europa continental a partir de 1789, com a Revolução Francesa, nos quais os representantes da burguesia, apoiados pelas classes populares, opuseram-se ao poder absoluto dos monarcas. Na Inglaterra, ao longo do século XVII, os setores políticos mais conservadores, geralmente vinculados aos interesses do Estado absolutista, foram gradualmente desgastados, levando a burguesia, aliada a outros setores da sociedade, como parte da aristocracia vinculada às atividades agrárias e comerciais, ao poder. A monarquia parlamentar criou as condições de estabilidade política para que a burguesia passasse a comandar o Estado inglês de acordo com os seus interesses, abrindo-se as condições para o avanço econômico que resultaria na Revolução Industrial.

A REVOLUÇÃO AMERICANA E A INDEPENDÊNCIA DOS ESTADOS UNIDOS

O continente europeu viu-se envolvido nas lutas entre as diferentes orientações religiosas que surgiram com a Reforma Protestante e, mais especialmente, com a sua contenção, inspirada pela Contrarreforma católica, a partir do século XVI. Entretanto, à mesma época, outras importantes modificações aconteciam no plano econômico, afetando mais diretamente alguns Estados europeus, como a Inglaterra, do que a outros, e que acabaram norteando as modalidades da colonização dos territórios ingleses na América. Basicamente, houve nessas colônias dois tipos de colonização, que se concentraram na costa leste norte-americana.

A maior parte dos colonos que se estabeleceu a partir da segunda metade do século XVII na região central (Nova York, Nova Jersey, Delaware e Pensilvânia) e norte (Nova Hampshire, Rhode Island, Connecticut e Massachusetts) das colônias inglesas era composta de famílias que fugiam de conflitos políticos e religiosos que afligiam a Europa Ocidental. Essas famílias organizaram o seu modo de vida em comunidades baseadas na pequena propriedade, na manufatura e na pequena lavoura policultora. Nessa parte setentrional da América, a semelhança de clima com a Europa não permitiu que a metrópole inglesa encontrasse bens que pudessem alcançar valor comercial no mercado externo. Isso proporcionou a essa região a oportunidade de um desenvolvimento econômico autônomo, com base na produção de alimentos em pequenas propriedades, nas indústrias extrativa e manufatureira, com a predominância do trabalho livre e assalariado. Esses núcleos constituíram os nódulos conhecidos como colônias de povoamento.

Em contrapartida, na região sul da América do Norte (colônias da Geórgia, Carolina do Norte e do Sul, Maryland e Virgínia), devido às condições geográficas favoráveis, estabeleceram-se centros produtores de gêneros para exportação com base em grandes propriedades monocultoras escravistas. Diferentemente do que ocorreu com as colônias setentrionais, as colônias do sul eram tipicamente áreas de exploração e dependiam exclusivamente do comércio com a metrópole, que lhes impôs com vigor diferentes formas de controle político, administrativo e econômico. O conjunto de colônias americanas da Inglaterra inseriu-se no âmbito internacional da expansão ultramarina, enquadradas na economia política internacional do mercantilismo, atuando como economias complementares às da metrópole, por meio da produção de matérias-primas exportáveis.

No centro-norte, criaram-se condições para o desenvolvimento do mercado interno, articulando as áreas interioranas, produtoras de alimentos, aos centros urbanos e às zonas pesqueiras do litoral. O relativo desinteresse da metrópole pela exploração econômica (apenas madeira, produtos de pesca e apetrechos navais atraíam o interesse dos comerciantes ingleses) desestimulou o comércio da Inglaterra com a região, o que acabou favorecendo o surgimento de manufaturas para o atendimento das demandas locais, apesar da proibição inglesa de criação de manufaturas nas colônias. Essas condições favoreceram, no médio prazo, o acúmulo de capitais nas colônias e o surgimento de uma burguesia local interessada em expandir suas atividades. Os excedentes dessa nascente produção manufatureira nas colônias do norte, que não sofria com os controles impostos pela administração inglesa, passaram a ser exportados para as colônias do sul, que, por seu turno, estavam, sim, diretamente vinculadas ao comércio monopolista inglês, pelo qual importavam produtos manufaturados da metrópole e exportavam tabaco, anil e algodão. Quando o comércio colonial começou a concorrer com o comércio metropolitano, surgiram atritos que culminaram com a emancipação das 13 colônias.

Outro aspecto crucial nesse processo foi a evolução das relações intereuropeias a partir da década de 1750. Com efeito, apesar de a Guerra dos Sete Anos (1756-63), que envolveu todas as principais potências europeias – inclusive a Inglaterra –, não ter produzido alterações significativas na Europa, houve uma mudança substantiva na geopolítica mundial e na divisão dos territórios de ultramar, que foi determinante para a evolução do quadro político nas colônias americanas. Nos acordos de 1762-63, a Inglaterra saiu como a grande beneficiária, uma vez que passava a dominar a maior parte do continente norte-americano, tomando as colônias francesas na América do Norte. O envolvimento inglês na Guerra dos Sete Anos, contudo, onerou em demasia as finanças da Inglaterra, e o consequente aumento das dívidas nacionais levou o governo a buscar novas fontes de receita. O Parlamento inglês acreditava que o aumento da tributação sobre as colônias norte-americanas e o cumprimento efetivo das Leis de Comércio e Navegação eram caminhos razoáveis para que se encontrasse um equilíbrio nas contas nacionais, uma vez que a metrópole havia comprometido a sua saúde financeira também para proteger os colonos dos franceses e ainda continuava a fazê-lo contra as investidas das populações nativas. O Parlamento inglês aprovou duas leis para arrecadar a soma necessária para a defesa das colônias: a Lei do Açúcar (*Sugar Act*) e a Lei do Selo (*Stamp Act*).

O *Sugar Act* (1764) estabelecia altas taxas sobre o açúcar e seus derivados, principalmente o melaço, matéria-prima do rum, e sobretaxava produtos que não viessem das Antilhas Britânicas, acrescentando vários produtos à lista dos artigos enumerados, que só poderiam ser exportados para a Inglaterra. O *Stamp Act* (1765), por seu turno, exigia que todos os documentos, livros, jornais e papel impresso na colônia deveriam circular com o selo real, pelo qual os colonos pagariam uma nova taxa. Os colonos protestaram, argumentando que as novas taxas configuravam a criação de impostos internos e não externos, como de costume, e que não tinham representação no Parlamento que havia votado a lei. Reuniu-se então em Nova York, em 1765, o Congresso da Lei do Selo que, declarando-se fiel à Coroa, decidiu boicotar o comércio inglês. Os comerciantes ingleses pressionaram o Parlamento e a Lei do Selo foi revogada. Os colonos continuaram contestando o direito legislativo do Parlamento inglês. Recusaram-se a cumprir a Lei de Aquartelamento (1765), pela qual lhes era exigido apoio logístico (alojamento, víveres e transporte) para as tropas enviadas à colônia. Em 1767, considerando que os colonos contestariam repetidamente as novas taxas sobre o comércio interno, o governo inglês resolveu editar novos atos com base na tributação do comércio externo, aumentando então os impostos sobre produtos importados, como chá, vidro, papel e corantes. Mais uma vez, os colonos usaram o recurso do boicote ao comércio inglês e grande parte dos novos impostos foi abolida em 1770, à exceção do imposto sobre o chá.

Nova crise nas relações entre o governo inglês e os colonos eclodiu em 1773, com a Lei do Chá (*Tea Act*), que concedia o monopólio do comércio desse produto à Companhia das Índias Orientais, a qual transportaria o chá diretamente das Índias para a América, sem intermediários. O receio dos meios mercantis nas colônias era de que a nova lei abria um perigoso precedente, uma vez que as mesmas medidas poderiam ser adotadas pelo governo com relação a outros produtos. A reação dos colonos não demorou. Naquele ano, um navio da Companhia foi tomado por colonos no porto de Boston e todo o seu carregamento foi destruído, 300 caixas de chá foram tiradas dos barcos, episódio conhecido como "A festa do chá de Boston" (*The Boston Tea Party*). Em represália à agitação nas colônias, o rei Jorge III promulgou, em 1774, leis repressivas conhecidas como Leis Intoleráveis: o porto de Boston ficaria interditado até o total pagamento dos prejuízos causados pelos colonos à companhia monopolista; houve severa punição aos agressores de funcionários e a prédios metropolitanos; além da ocupação militar da colônia de Massachusetts.

Quando a querela entre o governo inglês e os colonos americanos chegou a esse ponto, urgiu um balanço sobre as condições gerais do poderio da Inglaterra e dos meios de que dispunha para conter a insurreição colonial. Após conhecer período de crescimento na conjuntura da Guerra dos Sete Anos, o comércio inglês estagnou-se durante a década de 1770, particularmente em função do boicote dos colonos, mas também devido ao conflito crescente com a França, a Espanha e os Países Baixos. Ao mesmo tempo em que o fim da guerra na Europa abria um período de distensão na cena continental, o governo de Londres, pressionado pelas premências financeiras, resolveu paralisar a modernização da Marinha de guerra, o que levou ao enfraquecimento sistemático nos 15 anos que se seguiram ao fim da guerra anglo-francesa.

A promulgação das Leis Intoleráveis tem importância fulcral no processo de independência das colônias norte-americanas, levando os colonos a organizarem o Primeiro Congresso Continental da Filadélfia, de caráter não separatista, no qual foi aprovada a suspensão do comércio com a Inglaterra (ou seja, um novo boicote) até que os atos fossem suspensos. A partir do início do ano seguinte, os conflitos entre a metrópole e as colônias se radicalizaram, ganhando uma conotação militar. Por causa dos conflitos armados, os colonos convocaram o Segundo Congresso Continental da Filadélfia, já com caráter separatista, no qual se decidiu pela organização de um Exército nacional, comandado por George Washington, e encarregou uma comissão, liderada por Thomas Jefferson, de redigir a Declaração da Independência. Em 4 de julho de 1776, reunidos na Filadélfia, delegados de todos os territórios promulgaram o documento, pelo qual proclamavam a independência contra a Inglaterra. Todavia, a independência de fato só foi concretizada após longa luta contra os ingleses, na qual os colonos receberam o apoio militar e financeiro da França e da Espanha.

Apesar da desproporção de forças em combate, a Inglaterra teve de enfrentar dois problemas centrais no conflito com os colonos americanos, que eram a extensão, tendo em vista que se tratava de conter uma rebelião generalizada por uma extensão de talhe continental; e a questão logística (suprimentos, reposição de forças, comunicações etc.), igualmente difícil de ser equacionada, uma vez que as forças britânicas lutavam a uma distância de cerca de 4.500 quilômetros de suas bases principais. Com a intervenção decisiva da Marinha da França, a guerra ampliou-se para o Caribe e as Índias, e os colonos tiveram condições de manter aberto um importante canal de fornecimento de armas e de soldados. Em 1781, sitiado em Yorktown, o Exército inglês capitulou.

O Tratado de Versalhes, em 1783, reconheceu a independência dos Estados Unidos da América, com fronteiras nos Grandes Lagos e no Mississipi. O surgimento dos Estados Unidos como país independente teria consequências muito importantes para a história das relações internacionais e para os padrões de interação entre as potências europeias: passava a existir, pela primeira vez, um ator extraeuropeu que teria condições de acumular poder e riqueza suficientes para, no médio prazo, rivalizar com as potências europeias nas suas questões nas Américas e no hemisfério ocidental e, no longo prazo (até o final do século XIX), exercer influência sobre o equilíbrio global de forças. No mesmo tratado, a Inglaterra fazia concessões à França, que recuperou Santa Lúcia e Tobago nas Antilhas e seus estabelecimentos no Senegal; e à Espanha, que recebeu a ilha de Minorca e a região da Flórida. As concessões inglesas no Tratado de Versalhes de 1783 realinhavam as forças

História das Relações Internacionais

das grandes potências, especialmente as da Inglaterra e as da França, cujo equilíbrio havia sido rompido com o final da Guerra dos Sete Anos, de resultados mais favoráveis à primeira. Em Versalhes, por outro lado, a França podia orgulhar-se de ter desferido um duro golpe contra a posição global da Inglaterra, com a criação dos Estados Unidos independentes. Entretanto, esse novo equilíbrio seria precário.

Abriu-se na direção-geral dos negócios internacionais da Inglaterra uma nova fase, que favoreceu a recuperação gradual das condições de potência – viu-se que a perda das colônias americanas, por exemplo, não prejudicara por muito tempo o comércio transatlântico do país, e a capacidade da Marinha mercante mais do que foi duplicara entre 1782 e 1788. As primeiras invenções que se inscreveriam na Revolução Industrial e que modificariam o modo de produzir e a qualidade da produção estavam em curso, estimulando, em um ciclo virtuoso, tanto a demanda interna quanto a externa. O governo teve condições de empreender uma reforma fiscal que restabeleceu a saúde financeira e o crédito do Estado, enquanto o aumento da produtividade da agricultura dava conta das necessidades de alimentos de uma população crescente. Em pouco tempo, portanto, a Inglaterra se recuperou dos revezes que culminaram em 1783 e, em breve, teria condições de fazer valer o desígnio elizabetano de conter as ameaças aos seus interesses na Europa e de promovê-los globalmente.

Para a França, no entanto, os horizontes não se mostravam tão límpidos. Apesar de o seu prestígio diplomático ter progredido sustentadamente na década de 1780, tendo sido em especial catapultado pela intervenção na questão americana, os elevadíssimos custos financeiros do apoio prestado à independência dos Estados Unidos combinaram-se com a incapacidade demonstrada pelo governo francês de reformar e reequilibrar as finanças nacionais. Isso acabou por produzir, justamente a partir de 1783, uma situação política e social interna que levou a uma brutal escalada de deterioração das instituições da monarquia absolutista.

A REVOLUÇÃO FRANCESA
E OS SEUS IMPACTOS INTERNACIONAIS

As instituições do Estado absolutista consolidaram-se na França a partir do reinado de Luís XII, entre 1610 e 1643, com a adoção de políticas que visavam à centralização dos poderes em torno da monarquia, o que se fez com a redução da autonomia da nobreza, a modernização da burocracia e, no plano econômico, com o incremento das práticas mercantilistas. Durante a época moderna, a sociedade francesa conservou a sua divisão em três "ordens" ou "estados", mantendo seu caráter aristocrático, herança do período feudal em que a terra era a principal riqueza.

O rei, autoridade máxima da monarquia absolutista de "direito divino", era a fonte de toda justiça, legislação e administração do país. O *primeiro estado* (alto e baixo clero) e o *segundo estado* (nobreza) equivaliam, em conjunto, a menos de 3% da população do país, gozavam de isenções de impostos e se sujeitavam a leis e a tribunais especiais. Do *segundo estado* fazia parte, também, a alta burguesia mercantil urbana que, crescentemente enriquecida, havia adquirido terras, títulos e cargos administrativos, transformando-se em nobreza togada, integrada ao Estado absolutista, com os mesmos privilégios e direitos da nobreza de sangue. O *terceiro estado* (burgueses, artesãos e camponeses) abrangia cerca de 97% da população francesa. Ele era responsável pela sustentação financeira da monarquia e pelos privilégios dos outros dois estamentos. Os grupos sociais que dele faziam parte eram bastante diversificados, destacando-se a burguesia urbana formada por magistrados, profissionais liberais, médios e pequenos comerciantes, seguidos pela massa de trabalhadores urbanos, pequenos artesãos, aprendizes e diaristas. No campo, estava a maior parte da população da França e do *terceiro estado*, que eram os pequenos proprietários, arrendatários, meeiros e servos.

Nas últimas décadas do século XVIII, a França viveu uma crise profunda, que encontrou suas raízes nas atrasadas condições econômicas, políticas e sociais. O atraso econômico, caracterizado pela estrutura produtiva essencialmente agrícola, e os retardos da produção manufatureira combinaram-se com diferentes problemas conjunturais – como o aumento populacional e a crise financeira decorrente dos custos elevados da manutenção das prerrogativas da monarquia e da política externa agressiva –, os quais jogaram a França em um turbilhão social e político que teria consequências imprevisíveis.

Ao ser coroado em 1774, Luís XVI buscou soluções para a grave crise financeira do Estado francês, causada principalmente pela precária estrutura fiscal, pelas pesadas despesas da corte e pela ineficiência da administração pública. Diante das sucessivas crises políticas que se abriram com o debate sobre as necessárias reformas tributárias e sobre o financiamento das instituições da monarquia absolutista (como os privilégios fiscais e a manutenção da corte), os estados gerais foram convocados em maio de 1789, o que não ocorria desde 1614. A Assembleia dos Estados Gerais foi convocada como uma câmara consultiva do monarca, na qual estavam representantes de todos os setores da nação, ou seja, do clero, da nobreza e do povo.

Os trabalhos e as deliberações de cada um dos estamentos dar-se-iam em separado, o que foi rejeitado pelo terceiro estado, cujos membros consideravam que esse procedimento daria a vitória sempre à nobreza e ao clero. Em razão disso, exigiram que as votações fossem individuais, uma vez que contavam com maioria absoluta no cômputo total dos votos dos três estamentos. O rei, entretanto, rejeitou essa mudança procedimental, o que provocou um impasse, decidindo os membros do terceiro estado pelo desligamento dos estados gerais, proclamando-se Assembleia Nacional em julho daquele ano. A partir desse momento, os fatos desenrolaram-se com rapidez, e o que era uma escaramuça parlamentar transformou-se no processo revolucionário que tumultuaria a França e a Europa nos anos seguintes. O monarca rejeitou a autoconvocação da Assembleia, perseguindo seus membros e anulando suas decisões, mas as manifestações já haviam tomado as ruas de Paris, o que favoreceu o estabelecimento de um clima de confronto aberto entre as forças reais e os populares. Em 14 de julho, parte da população parisiense avançou sobre a Bastilha – antiga prisão política que se transformara em um símbolo do poder da monarquia absolutista. A partir daí, os atos políticos contaram com a crescente participação da população mais pobre, que passou a se envolver no processo revolucionário de forma determinante, impulsionando-o e emprestando-lhe novo viés radical.

Temendo que a radicalização do processo político pudesse abalar as bases do Estado, Luís XVI comprometeu-se com diferentes medidas para enfraquecer a resistência e serenar o quadro de crescente insatisfação popular. A Assembleia Nacional deu continuidade aos seus trabalhos, que produziram reformas que minariam definitivamente as bases das instituições absolutistas. As obrigações feudais e os privilégios especiais de que gozavam a nobreza e o clero, por exemplo, foram extintos em 4 de agosto, com o que se subordinava a Igreja ao Estado e se destruía a estrutura aristocrática herdada da Idade Média. Poucos dias depois, foi aprovada a Declaração dos Direitos do Homem e do Cidadão, que assegurava e universalizava os princípios iluministas revolucionários – "liberdade, igualdade e fraternidade". Em setembro de 1791, a Assembleia Nacional promulgou uma Constituição, que limitava o poder da monarquia e garantia a todos os cidadãos igualdade de tratamento perante a lei, estabelecia uma profunda reforma administrativa e judiciária, reformava o sistema tarifário e facilitava a modernização econômica, com a eliminação das guildas e das corporações. A Assembleia Nacional, ao revogar os privilégios da nobreza e pôr fim ao absolutismo monárquico, abriu espaço para a consolidação do poder da burguesia, mas manteve o povo afastado do poder.

Apesar da nova Constituição e das conquistas em favor da cidadania, a situação política do país continuava instável e tomava rapidamente um cunho ainda mais radical. Os *sans-culottes* – pequenos comerciantes, artesãos e assalariados – reivindicavam a ampliação do princípio da igualdade de direitos para proporcionar um estreitamento da distância entre ricos e pobres. Propuseram tributos mais elevados para as classes mais abastadas, a redistribuição das terras, além de outras reformas políticas e sociais, as quais promoveriam uma participação maior das classes populares no poder. A nobreza e o clero compunham uma frente contrarrevolucionária, que visava restituir o equilíbrio das instituições da monarquia absolutista. E o monarca, por seu turno, jogava com as disputas internas e as diferenças políticas existentes na Assembleia Nacional para se fortalecer. Em abril de 1792, surgiu a oportunidade que Luís XVI aguardava para estancar o processo revolucionário e golpear a Assembleia: a Áustria e a Prússia invadiram a França, o que exacerbou ainda mais o dissenso interno e agravou as condições econômicas. As forças estrangeiras embrenharam-se sobremaneira no território francês, mas, sem apoio logístico, foram vencidas em 20 de setembro daquele ano. Nos dois dias seguintes, a Assembleia

História das Relações Internacionais

Nacional (agora transformada em Convenção Nacional, com poderes executivos) aboliu a monarquia e proclamou a república, dando início a uma nova fase de radicalização na revolução.

O período republicano dirigido pela Convenção iniciou-se ainda sob a ameaça da invasão das forças estrangeiras e foi dos mais convulsionados da história do processo revolucionário. Três correntes disputavam a primazia na Convenção Nacional: o grupo conservador, representado pelos deputados girondinos; o grupo que oscilava entre as posturas conservadoras e as mais radicais (de centro, portanto), que ganhou a alcunha de Planície; e o grupo radical, representado pelos jacobinos, que propunham o aprofundamento e a radicalização da revolução. Os debates que se seguiram à proclamação da República foram dominados pela questão do julgamento do rei. Venceram os grupos mais radicais, o que levou à execução do monarca e de outros membros da família real em janeiro de 1793. A espiral de violência e, especialmente, a simbologia dos atentados contra as instituições monárquicas motivaram, contudo, a união de importantes Estados europeus, que formaram a Primeira Coalizão (composta por Prússia, Áustria, Grã-Bretanha, Rússia, Holanda, Espanha e Piemonte) para combater a ameaça da expansão dos ideais revolucionários.

A nova ameaça de invasão estrangeira e a perda de prestígio dos grupos moderados (girondinos) na Convenção Nacional propiciaram as condições para um novo surto de radicalização, concretizado na formação de um Comitê de Salvação Pública, em abril de 1793, que ficou encarregado das questões de defesa e de política externa. Dois meses depois, os jacobinos, liderados por Maximilien de Robespierre (1758-1794), dominaram o Comitê, que passou a ter as prerrogativas de um poder executivo e afastou os demais grupos do poder por meio da eliminação dos seus opositores. Abria-se a fase do terror, que executou milhares de indivíduos, entre líderes, seguidores e pessoas do povo, entre junho de 1793 e julho de 1794.

Os jacobinos no poder conseguiram conter as ameaças de fragmentação territorial, esmagaram a guerra civil, impuseram a centralização do poder do Estado sobre as visões federalistas e promulgaram leis que colaboraram para aquecer o clima político, como a do tabelamento de preços; a que impôs novo aumento de impostos para a alta burguesia; a do sequestro dos bens da

As revoluções atlânticas e a ascensão inglesa (1776-1815)

nobreza e do clero; e a que aboliu a escravidão nas colônias francesas. Para enfrentar a invasão estrangeira, os jacobinos mobilizaram todos os recursos nacionais, instituíram o recrutamento de homens solteiros, entre 18 e 25 anos, e conseguiram preparar um exército de mais de 650 mil soldados que, inspirados pelos ideais de liberdade, igualdade e fraternidade, lograram derrotar as tropas da Coalizão ao norte, em julho de 1793, e invadir os territórios inimigos. O sucesso militar também serviu para refrear o ímpeto da repressão política na frente interna e, paradoxalmente, enfraqueceu as lideranças extremistas, como o próprio Robespierre, detido em julho de 1794 (9 Termidor, de acordo com o novo calendário instituído pela Convenção) e executado logo em seguida.

Com a eliminação dos jacobinos, o poder da Convenção concentrou-se nas mãos das lideranças girondinas, que se, por um lado, rejeitavam o radicalismo da fase anterior, por outro, também resistiam à restauração do Antigo Regime. A partir da contrarrevolução girondina (denominada reação termidoriana), das conquistas sociais e das leis promulgadas na fase anterior, uma nova constituição foi editada, pela qual se instituía o Diretório como órgão de caráter executivo, composto por cinco membros, bem como suprimia-se o sufrágio universal e restabelecia-se o voto censitário. O Diretório, entretanto, enfrentou muitas dificuldades para impor a sua autoridade, compondo, ao final, um governo fraco, que sofreu com repetidas tentativas de golpe – dos monarquistas (1797) e dos *sans-culottes* parisienses (1795-96). Com o agravamento das pressões internas, o poder começou a depender das intervenções dos militares, frequentemente solicitados para conter as ameaças à ordem. Em 1798, a vitória nas eleições levaria novamente os jacobinos ao poder, mas o jovem general Napoleão Bonaparte, que demonstrou bons serviços ao governo do Diretório, percebeu que a burguesia se inquietava com tanta instabilidade, e começava a clamar por paz e por um governo que conduzisse a França à normalidade. Alguns dos membros mais destacados do Diretório favoreceram o golpe que levou Bonaparte ao poder, com a instauração de um gabinete executivo composto por três cônsules, em 9 de novembro de 1799.

A Revolução Francesa foi um marco fundamental na formação do mundo contemporâneo, orientando e influenciando com suas ideias e ações o universo político no mundo ocidental até os dias de hoje. Napoleão

31

História das Relações Internacionais

Bonaparte, por seu turno, foi o mais importante difusor das instituições revolucionárias. A realização do seu sonho de grandeza para a França foi a mais importante ameaça que o sistema de balanço de poder europeu enfrentou nas primeiras décadas do século XIX.

O DESAFIO INTERNACIONAL DO SISTEMA NAPOLEÔNICO

Napoleão Bonaparte teve uma ascensão fulgurante na estrutura do poder da França revolucionária, que se transformara radicalmente sob o comando da sua personalidade. Como primeiro-cônsul, monopolizou o poder, sendo nomeado cônsul vitalício em 1802. Em janeiro de 1804, fez-se coroar imperador da França – demonstrando que seguia as boas tradições do despotismo esclarecido e reformador do século XVIII, que acabara de se findar.

Como outros déspotas que administraram reinos que cresceram sustentadamente em diferentes momentos do final do século anterior, Bonaparte admirava a estabilidade política, a racionalidade e a eficiência administrativas proporcionadas pelo Estado forte. Fruto da Revolução Francesa, que defendeu como soldado, Napoleão preservou algumas das mais importantes conquistas revolucionárias, a igualdade perante a lei e o incentivo à educação secular. Avançou em assuntos nos quais os instáveis governos anteriores haviam falhado, como na instituição de um Código Civil que punha fim ao conflitante sistema jurídico francês, em que coabitavam ordenações feudais com a avançada legislação social promulgada nos melhores momentos da revolução. Empreendeu também uma reforma econômica, para cativar a burguesia, que lhe favoreceu o acesso ao poder, implementando políticas de proteção por meio de um novo sistema tarifário, e estimulou o comércio. Para proteger a moeda, fundou o Banco da França.

Na frente externa, Bonaparte logrou realizar o sonho do domínio francês sobre a Europa, acalentado desde o reinado de Luís XIV. De alguma forma, representou a continuidade e a expansão dos ideais revolucionários, apesar da sua ambiguidade política na frente doméstica e, particularmente, nas relações com as demais nações europeias. Nesse campo, a

As revoluções atlânticas e a ascensão inglesa (1776-1815)

expansão do Império Napoleônico representou a ruptura com o sistema de equilíbrio de poderes que caracterizava as relações entre os Estados europeus a partir do século XVI.

Entre 1805 e 1807, Napoleão impôs decisivas derrotas à Áustria, à Prússia e à Rússia e, por volta de 1810, dominava praticamente toda a Europa continental (exceto os Bálcãs). O grande Império Napoleônico incluía terras anexadas à França, Estados vassalos e aliados forçados: a França republicana já havia, anos antes, anexado a Bélgica e a margem oriental do Reno. Os Estados vassalos compreendiam cinco reinos governados por parentes de Napoleão: dois na Itália e os reinos da Holanda, Vestfália e Espanha. Em 1806, Napoleão criou a Confederação do Reno, composta por 16 estados alemães e, após invadir a Prússia oriental e a Polônia (1806), obrigou a Rússia à aliança forçada. Finalmente, o grande império submeteu a Áustria, a Prússia, a Suécia e a Dinamarca. Em 1810, o Império Napoleônico atingiu o ápice do seu poder, com a anexação do litoral alemão. Com diferentes graus de sucesso, Napoleão expandiu as reformas da Revolução Francesa ao seu império, dando início a uma revolução social de amplitude europeia, que atacou os privilégios feudais da nobreza e do clero e privilegiou a burguesia. O Mapa 2 apresenta a configuração do sistema continental europeu por volta da primeira década do século XIX.

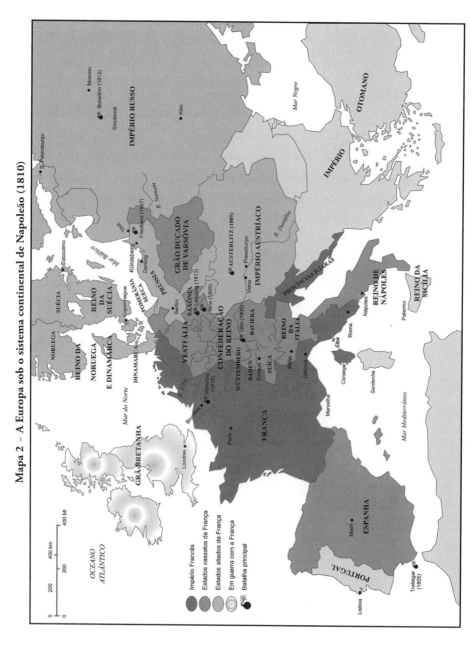

Mapa 2 – A Europa sob o sistema continental de Napoleão (1810)

Além da hostilidade dos países sujeitados, Napoleão enfrentou a oposição decidida da Grã-Bretanha, que se transformou no seu mais resoluto adversário. Incapaz de invadir a Inglaterra, a França resolveu sujeitá-la por meio da ruína econômica, decretando, em 1806, um bloqueio continental, com a proibição de todo o comércio entre as regiões e os Estados vassalos do império com os ingleses. A grande dependência do comércio externo em que se encontrava tornou a Grã-Bretanha extremamente vulnerável ao bloqueio, o que levou à crise no comércio de exportação em 1808, bem como em 1811 e 1812, a qual foi apenas relativizada pelo aumento das exportações com regiões não compreendidas pelo sistema continental (Ásia, Antilhas, África, Oriente Médio e América Latina). A Revolução Espanhola contra a dominação francesa em 1808 favoreceu uma breve recuperação da crise econômica na Grã-Bretanha, ao mesmo tempo que se transformou em um importante sorvedouro dos recursos de força de Napoleão, permitindo aos ingleses obterem condições no continente para uma invasão do sul da França.

Foi justamente quando o sistema continental parecia imbatível que começaram a surgir as primeiras rachaduras no poder do Império Napoleônico. Um primeiro aspecto a ser ressaltado é que, apesar do discurso revolucionário que caracterizou o início da expansão napoleônica, em pouco tempo a hegemonia francesa transformara-se em uma tirania, com o sequestro de bens, a imposição de pesadas indenizações, além da instituição de impostos e taxas, com a qual a expansão do império era financiada, mas, especialmente, prejudicando os interesses econômicos dos Estados dominados. O bloqueio continental, por exemplo, instituiu uma grande deformidade no sistema de relações econômicas intereuropeias, prejudicando crescentemente a burguesia que, a princípio, recebera entusiasmada o discurso revolucionário dos franceses. Em pouco tempo, depois de 1808, o sentimento antifrancês expandia-se e passava a contaminar grande parte dos Estados submetidos ao sistema continental: a Rússia abandonou o sistema continental em 1810, o que tanto favoreceu a recuperação do comércio inglês, quanto a declaração de guerra da França contra o gigante do leste – quando teve início o fim rápido do Império Napoleônico.

O grandioso Exército francês (cerca de 614 mil homens), que dera início à campanha russa em junho de 1812, reduzira-se a escombros em apenas seis meses, dizimado pela fome, pelos rigores do inverno e pelas escaramuças das forças russas. Depois da destruição do grande Exército, o império de fato começou a ruir devido a uma combinação de fatores: a insularidade da Grã-Bretanha tornou-a uma rival que gozava de segurança praticamente inviolável e que voltara a ter condições financeiras de intervir crescentemente na cena europeia com o desmoronamento do bloqueio continental. A extensão e a natureza do Império Napoleônico de fato proporcionaram-lhe, mais do que glórias, muitos inimigos em várias frentes de batalha.

Os europeus uniram-se em uma coalizão que investiu pesadamente contra a França. Em outubro de 1813, as forças aliadas de Rússia, Áustria, Prússia e Suécia derrotaram Napoleão em Leipzig. Em novembro do mesmo ano, as forças anglo-espanholas conseguiram invadir a França; finalmente, na primavera de 1814, as forças aliadas tomaram Paris, forçaram a abdicação de Napoleão, exilado na ilha de Elba, e lograram restaurar a dinastia Bourbon no trono francês. A campanha final de Napoleão, entretanto, dar-se-ia a partir de março de 1815, quando desembarcou no litoral da França e marchou triunfalmente até Paris, tendo condições de organizar um novo exército. Manobrando contra as forças aliadas na Bélgica, Napoleão foi finalmente batido na Batalha de Waterloo, apenas três meses depois da sua breve restauração.

Ao disseminar os ideais revolucionários, Napoleão Bonaparte impediu a perpetuação das formas de governo absolutistas por toda a Europa, mesmo após sua queda. A secularização da sociedade, a transformação do Estado dinástico no Estado moderno e o predomínio da burguesia estavam assegurados, enquanto o nacionalismo se transformara em uma força aglutinadora das sociedades, mas, também, perturbadora da ordem estabelecida. As monarquias europeias aprenderam com o turbilhão causado pela expansão da França e tiraram importantes lições para a preservação posterior do equilíbrio de poderes na Europa e para a prevenção de futuras hegemonias.

A hegemonia britânica em um mundo conservador (1815-48)

A ORDEM DE VIENA – UMA VISÃO GERAL

A Revolução Francesa e o surgimento da figura de Napoleão Bonaparte – com o desenrolar da guerra europeia, que foi impulsionada pelos dois fenômenos conjugados – foram os principais desafios ao sistema de equilíbrio europeu que caracterizou as relações internacionais nos séculos XVII e XVIII. Com a expansão francesa, a Europa conheceu o extremo das pretensões hegemônicas. Mas não se deve relevar o fato de que, em alguma medida e por algum tempo, a expansão dos ideais revolucionários respondia a aspirações sociais e políticas de povos europeus – era, portanto, necessário também conter as ideias revolucionárias que ganharam fôlego na era napoleônica.

Por isso, os representantes das potências que desafiaram a hegemonia francesa reuniram-se no Congresso de Viena, em 1814 e 1815, com o objetivo de resolver as questões emergenciais do pós-guerra, como também para decidir sobre o novo arranjo de poder que passaria a nortear as relações internacionais a partir de então. Em 26 de setembro de 1815, Rússia, Áustria e Prússia firmaram o Pacto da Santa Aliança, compromisso de caráter conservador, que tinha a pretensão de reinserir nas relações internacionais o princípio da legitimidade dinástica e o direito de intervenção para recuperar os espaços perdidos com o avanço dos ideais revolucionários. A Grã-Bretanha, por seu turno, viu na proposta reacionária do Pacto da Santa Aliança uma limitação potencial dos seus interesses políticos e econômicos no médio prazo. Propôs,

História das Relações Internacionais

em alternativa, o Pacto da Quádrupla Aliança, que foi firmado em 20 de novembro daquele ano, estando aberto até mesmo à participação futura da França. A ideia fundamental era a da legitimação das políticas de intervenção de modo concertado pelas grandes potências, por meio do qual não se admitiriam doravante os exercícios de hegemonia individual.

Muitas compensações territoriais foram acordadas em Viena, produzindo um novo mapa da Europa. A França saiu do Congresso com um território um pouco maior do que o que possuía antes da revolução. Para se prevenirem contra um eventual ressurgimento da hegemonia francesa, a Holanda recebeu a Bélgica, e a Prússia obteve a Renânia e parte da Saxônia. A Rússia, em contrapartida, obteve a Finlândia e uma porção expressiva dos territórios da Polônia, enquanto parte do norte da Itália foi devolvida à Áustria, a Inglaterra obtinha bases navais estratégicas no mar do Norte, no Mediterrâneo e no Índico, e a Suécia incorporava a Noruega. O Congresso estabeleceu uma nova Confederação Alemã, reunindo 38 Estados soberanos, sob a presidência do monarca austríaco. Finalmente, todas as dinastias que foram depostas pela revolução e pelas guerras napoleônicas foram restauradas na França, na Espanha, em Portugal e na Sicília.

O Congresso de Viena consagrava, pela primeira vez, o entendimento entre as potências, como em um condomínio de poder: para a manutenção da paz e do equilíbrio entre as potências na Europa; para a estabilidade; e para a gestão compartilhada e negociada das relações internacionais, não apenas no continente, mas também em nível global. O sistema internacional que então emergia e que se desenvolveu nos anos seguintes tinha características peculiares: consagrou uma nova pentarquia europeia, composta por Grã-Bretanha e França (as potências "liberais"), e por Prússia, Áustria e Rússia (as potências conservadoras). As cinco potências agiram concertadamente (daí a expressão "Concerto de Viena") entre 1815 e 1848, usando o direito de intervenção coletiva e divergiam, quando muito, sobre a administração do sistema. Algumas vezes, prevalecia o ponto de vista "liberal", em outras, o ponto de vista "conservador". Esse consenso, portanto, foi o que permitiu as independências na América ibérica e na Europa (Bélgica e Grécia), bem como a sobrevivência de monarquias constitucionais na Espanha e em Portugal, entre muitos outros movimentos importantes nas relações intraeuropeias na primeira metade do século XIX (Cervo, 2001: 59-68).

38

Entre as grandes potências do sistema, existia, sem dúvida, uma "primeira potência", a qual tinha mais poder e mais capacidade de ação do que as demais. A Grã-Bretanha, após o turbilhão napoleônico, aprendera a enxergar o equilíbrio de poder com os olhos de uma potência global. Levava em conta a presença e a expansão europeia pelos quatro cantos do mundo e, particularmente, preocupava-se com sua própria expansão econômica, enquanto as demais potências permaneceram obcecadas com a lógica das compensações de influências no teatro europeu. A expansão britânica nos mares tinha dado a esse país o acesso a uma vasta riqueza que as demais potências não tinham meios para compartilhar, uma vez que a Grã-Bretanha não apenas dominava, por volta do início do século XIX, o comércio internacional e as rotas marítimas, como também estava muito à frente das demais potências no processo de industrialização.

O país tornou-se o centro do crescimento de uma economia global integrada a partir da década de 1840. Incorporou gradualmente as demais regiões do planeta em uma rede comercial e financeira integrada pelas melhorias crescentes dos transportes e das comunicações transoceânicas, o que se deu em paralelo com a expansão do liberalismo econômico – ideário que tinha por objetivo colocar por terra os obstáculos mercantilistas existentes à expansão das correntes de comércio. Vale dizer que o princípio geral do equilíbrio entre as potências e o afastamento dos projetos hegemônicos, que foram ungidos em Viena com o apoio dos ingleses, valiam exclusivamente para a geopolítica da Europa, mas não se aplicavam às esferas colonial e comercial, nas quais os ingleses tinham vantagens descomunais. A Grã-Bretanha manteve-se como a primeira e incontestável potência europeia até o final do seu período de apogeu econômico, ou seja, até o início da década de 70 do século XIX.

Uma segunda característica da nova ordem que se construiu em 1815 foi a ausência de guerras prolongadas entre grandes potências, ainda que alguns conflitos regionais limitados tenham eclodido no período, como a guerra entre a França e a Áustria de 1859, a Guerra da Crimeia (1853-56) e as guerras de unificação alemã nos anos 1860. Em contrapartida, as guerras de conquista em regiões afastadas e travadas, em geral, contra populações menos desenvolvidas para dar espaço à expansão global europeia caracterizaram melhor os conflitos militares no grande período da ordem de Viena.

História das Relações Internacionais

A REVOLUÇÃO INDUSTRIAL NA INGLATERRA

A proeminência indiscutível da Grã-Bretanha nas relações internacionais do século XIX, tanto na dimensão das relações intereuropeias como em nível global, é o resultado de uma longa transformação no perfil social, político e econômico desse país. O Estado que se tornou o epicentro da Revolução Industrial, na segunda metade dos Setecentos e na primeira metade dos Oitocentos, foi o dínamo da expansão do liberalismo econômico. Transformara-se em uma "potência diferente", com muitas especificidades que devem ser ressaltadas para explicar sua bem-sucedida ascensão como a primeira potência verdadeiramente global da história das relações internacionais.

O processo que se denomina Revolução Industrial não foi tão impetuoso e rápido nos seus efeitos e, ao contrário de outras dinâmicas revolucionárias, não atingiu instantânea e homogeneamente a Europa nem mesmo seu centro dinâmico, que foi a Grã-Bretanha. Mesmo assim, denomina-se "revolução" porque teve um impacto descomunal sobre as estruturas econômicas e sociais, e foi acompanhada por notáveis transformações tecnológicas que encetaram um ciclo virtuoso de acumulação de riqueza, expansão econômica, crescimento da influência e do poder políticos a níveis nunca antes percebidos.

Esse processo lento e gradual pode ser compreendido como o resultado distante da dinâmica histórica que envolveu toda a Europa Ocidental a partir do início da Idade Moderna. Nos séculos XVI e XVII, a rápida expansão dos espaços econômicos, que teve por base a incorporação das novas massas territoriais ao sistema europeu pelas grandes descobertas, e a funcionalidade que esse processo adquiriu na economia mercantilista (exploração das riquezas das colônias, rápido crescimento do comércio etc.) favoreceram a acumulação primitiva de capital e facilitaram a estruturação do moderno Estado nacional. O mercantilismo protegeu os mercados internos nacionais e fortaleceu as nações, que encontraram no comércio a via preferencial para a sua inserção internacional e para a produção de riquezas, como aconteceu com a Holanda e a Inglaterra a partir do início do século XVII.

Na Inglaterra, especialmente, o crescimento econômico propiciado pela expansão das atividades mercantis criou condições para a estruturação de um dinâmico sistema financeiro, que tanto serviu para financiar as guerras contra as tentativas de hegemonia que se desenrolaram no teatro europeu

40

A hegemonia britânica em um mundo conservador (1815-48)

(entre os séculos XVI e o final das guerras napoleônicas), quanto para apoiar a produção. A modernização das atividades agrícolas, que propiciou ganhos de competitividade no comércio da lã e de outros produtos – o que em parte explica o avanço sustentado do comércio exterior a partir do século XVI –, também encontrou na Inglaterra condições especiais para se desenvolver, como consequência de um lento processo de mudanças políticas e econômicas observadas desde o século anterior.

Com os Atos de Navegação (1651), a Inglaterra destruiu a supremacia marítima da Holanda e deu início a uma fase protecionista que teve a melhor expressão nas medidas adotadas durante a ditadura de Cromwell, entre 1653 e 1658. A isso se somou a existência, pioneira em toda a Europa, de condições políticas extremamente propícias para a expansão econômica, com a superação do Estado monárquico absolutista ainda na primeira metade dos Setecentos, o que representou a ascensão da burguesia e fundamentou o sistema político liberal. A Revolução de 1688 – denominada "Revolução Gloriosa" – favoreceu a ascensão política da burguesia e estabeleceu formas de controle sobre a monarquia, criando condições políticas para um novo surto de expansão do comércio e para a prosperidade agrícola. Com o mercado nacional unificado, com a hegemonia nos mares e com os recursos energéticos (carvão), a Inglaterra – dada a ênfase comercialista de sua política mercantilista – pôde acumular capitais para detonar o processo pioneiro de industrialização acelerada.

A crescente concentração da propriedade da terra facilitou, no início do século XVIII, a introdução de novas técnicas de cultivo e de novas culturas, aliadas à lenta, mas perceptível, mecanização das atividades agrícolas. O fechamento dos campos transformou os pequenos proprietários rurais em trabalhadores livres que, atuando no campo ou na cidade, aumentaram a oferta de mão de obra disponível. Ademais, um fator não menos importante foi o espírito empreendedor e aberto à inovação de parte destacada da sociedade inglesa, o que facilitou a internalização nas atividades produtivas das importantes inovações tecnológicas que caracterizaram a Revolução Industrial (novas fontes de energia; mecanização crescente da produção; e revolução nos transportes, com a abertura das primeiras linhas férreas e a invenção do barco a vapor etc.).

A indústria tradicional de lã foi a base do antigo sistema de produção, que antecedeu a Revolução Industrial, sendo caracterizada pelos rígidos controles impostos pelas necessidades da política comercial mercantilista. O historiador

41

Eric Hobsbawm argumenta, entretanto, que os estímulos para o desenvolvimento da Revolução Industrial podem ocorrer apenas em determinadas condições socioeconômicas, todas presentes na Inglaterra do século XVIII, e que a presença desses estímulos é mais provável em uma indústria produtora de bens de consumo de baixo custo e destinados aos segmentos populares, fabricados com matérias-primas acessíveis e baratas e, muito importante, com custos de transporte com impacto reduzido sobre o preço final do bem produzido. Uma indústria com essas características presta-se, de maneira especial, à expansão da industrialização se as mudanças tecnológicas tiverem baixo custo, e se sua gestão e operação não forem excessivamente complexas. Quanto mais simples e menos custosas forem as inovações, mais provável será sua adoção geral. Por tudo isso, parece natural que a indústria do algodão se tornasse a base do novo sistema fabril, uma vez que já havia experiência acumulada no setor têxtil, com a indústria da lã estando em melhores condições para a internalização das inovações tecnológicas características da Revolução Industrial. No caso, a introdução dos teares movidos a vapor, em substituição aos teares manuais, juntamente às máquinas para o processamento do algodão e às fiadeiras, foi a inovação que deu início ao industrialismo moderno.

Na Inglaterra havia, ainda, condições circunstanciais que estimularam a arrancada industrial. No caso, essas condições situaram-se na preponderância do sistema mercantil inglês, ou seja, nos seus vínculos dinâmicos com a economia internacional. Com efeito, a existência de uma vasta área de intercâmbio comercial, que incluía tanto as colônias inglesas e outras potências coloniais (que se inseriram na expansão da Revolução Industrial como supridoras de matérias-primas e como consumidoras de produtos manufaturados) quanto os mercados da Europa continental, favoreceu de modo decisivo a expansão do sistema, uma vez que havia a perspectiva certa de escoamento da produção manufatureira.

A convergência singular dessas dinâmicas que se desenrolaram desde o século XVI na Inglaterra fez desse país o único na Europa com as condições políticas, econômicas e sociais necessárias ao desenvolvimento inicial da indústria e, portanto, do capitalismo industrial. Mas o aprofundamento da Revolução Industrial dar-se-ia com o alargamento das condições de oferta de recursos, que até o final do século XVII eram escassos ou de manipulação excessivamente cara, como o ferro, cujos artefatos – especialmente as armas – eram

A hegemonia britânica em um mundo conservador (1815-48)

demandados prioritariamente pelo Estado. Desse modo, o desenvolvimento da indústria siderúrgica, que se deu com o emprego intensivo das novas fontes de energia (substituição do carvão vegetal pelo carvão mineral ou hulha), barateou a manipulação industrial do ferro, o que teve enorme impacto na crescente vulgarização de outras inovações típicas desses novos tempos – a locomotiva a vapor e as estradas de ferro.

A construção e a expansão das vias férreas, entre 1830 e 1850, deram condições para o desenvolvimento posterior da economia inglesa, particularmente nas suas dimensões financeiras e na sua capacidade de projeção internacional. Em 1830, a produção de aço britânico oscilava entre 600 e 700 mil toneladas, mas depois da expansão da rede ferroviária experimentada nas décadas de 1840 e 1850 chegou (entre 1847 e 1848) a 2 milhões de toneladas. Na verdade, as vias férreas transformaram o mercado de capitais, criando uma saída para a poupança acumulada pela expansão mercantil advinda dos ganhos de produtividade trazidos pela industrialização e absorvendo, nas palavras de Eric Hobsbawm (1979: 112-25), "a maior parte das 60 milhões de libras esterlinas que constituíam, a cada ano, o excedente de capital britânico à procura de oportunidades de investimento". Esse excedente de capitais favoreceu, portanto, não só a expansão dos meios de transportes na Grã-Bretanha, como também criou incentivos para os investimentos diretos em outros países.

A Revolução Industrial também teve consequências inesperadas para a sociedade. Parcelas crescentes da população rural foram atraídas para as cidades e os modos de vida tradicionais alteraram-se. As cidades cresceram em número, tamanho e população – por exemplo, entre 1801 e 1851, a população de Birmingham saltou de cerca de 70 mil pessoas para 250 mil, e a de Liverpool, de 75 mil para 400 mil. As penosas condições de vida da nova e crescente classe operária e o novo modo de exploração do trabalho nos grandes centros industriais favoreceram o surgimento de movimentos de reação à industrialização (com a destruição de fábricas, por exemplo), e criaram as condições para o surgimento de lideranças trabalhistas. O operariado tomaria consciência crescente da sua condição de nova classe ao longo do século XIX e seria auxiliado, nas suas reivindicações, o nascimento dos movimentos socialistas, que proliferaram na Europa a partir da década de 1830. As primeiras medidas de proteção do trabalho seriam tomadas para beneficiar a classe trabalhadora apenas em 1833, quando o Parlamento inglês votou a Lei de

Fábrica, que estabelecia a proibição do trabalho de crianças menores de 13 anos por jornadas superiores a 9 horas por dia. Em 1847, nova legislação trabalhista proibiu jornadas diárias com mais de 10 horas para os menores de 18 anos e para as mulheres. Apenas em 1874 foi promulgada a lei que estipulava a jornada diária de 10 horas para trabalhadores adultos do sexo masculino.

O historiador econômico David Landes lembra que a convergência de fatores propícios para o surgimento da Revolução Industrial na Grã-Bretanha, entretanto, não explicaria, por si só, o sucesso econômico desse país e o que se lhe seguiu na dimensão da política internacional. A Revolução Industrial permitiu o aumento dramático da produtividade econômica e o crescimento da riqueza nacional em níveis muito superiores aos do crescimento populacional. Apesar dos custos sociais elevadíssimos (exploração dos exércitos de mão de obra disponíveis, tensões sociais decorrentes da crescente mecanização da atividade manufatureira, inchaço dos centros urbanos etc.), a expansão da indústria na Grã-Bretanha proporcionou no médio prazo benefícios generalizados para o país, como o aumento da média dos salários reais, o que, por seu turno, propiciou a elevação da renda *per capita* geral (Landes, 1998). Estabeleceu-se um novo ciclo virtuoso, no qual o aumento da renda levou à elevação do consumo e da demanda por alimentos e artigos manufaturados, sendo atendida pelo crescimento do comércio de excedentes agrícolas, o que gerou nova demanda pela expansão das comunicações, com o estabelecimento de novas ferrovias e linhas navais.

Entre 1760 e 1830, ou seja, no período inicial da Revolução Industrial, quando os processos de inovação estavam circunscritos à Grã-Bretanha, verificou-se um extraordinário incremento na participação do país na economia internacional. Segundo Paul Kennedy (1989: 150-55), nesse período, a produção industrial britânica correspondia a cerca de 75% das manufaturas europeias, sua participação na produção mundial de manufaturados saltou de quase 2% para 9,5% e chegaria, até o final da década de 40 do século XIX, a aproximadamente 20%. No início dos anos 1850, mais de um terço dos navios mercantes do mundo era inglês.

O dinamismo econômico verificado teve impactos imediatos no crescimento dos índices do comércio exterior, tanto que na primeira metade dos anos 1800, as exportações inglesas correspondiam a cerca de um quinto das rendas nacionais, enquanto os mercados externos se tornavam vitais para determinados setores da nascente indústria britânica, como o dos têxteis. Em poucos anos, as importações de matérias-primas (para alimentar a demanda crescente provinda das manufaturas em expansão) e de alimentos também cresceram em importância, uma vez que, com o avanço da industrialização, a Grã-Bretanha deixava de forma gradual de ser uma sociedade agrícola e passava a ser predominantemente urbana e industrial. O Mapa 3 apresenta a disseminação da industrialização na Grã-Bretanha nesse período, bem como sua fase posterior, quando a Revolução Industrial atingiu a Europa continental.

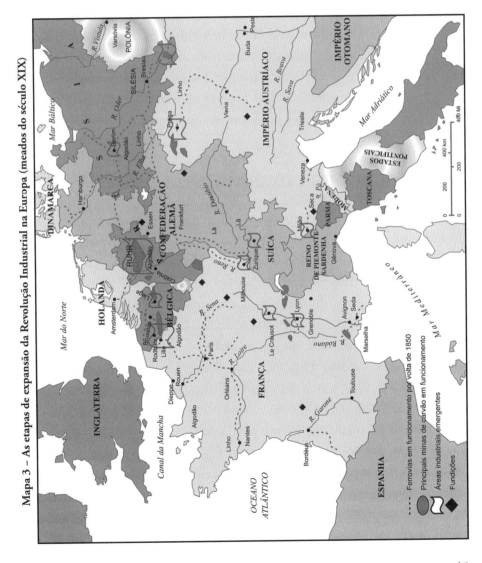

Mapa 3 – As etapas de expansão da Revolução Industrial na Europa (meados do século XIX)

História das Relações Internacionais

O mesmo aconteceu com o setor de serviços – a denominada economia "invisível" –, que passava a ter índices de crescimento impressionantes, justamente porque era a roldana que fazia girar o ciclo econômico encetado pela Revolução Industrial: o mercado financeiro e de crédito expandiu-se, as bolsas de mercadorias consolidaram-se, e o setor de seguros e fretes cresceu em ritmo idêntico ao das correntes de comércio da Grã-Bretanha. O setor financeiro, em especial, cresceu como decorrência direta da expansão concomitante das manufaturas e do comércio, uma vez que os capitais necessários para fomentar a expansão manufatureira, com os lucros ascendentes da indústria, tiveram alta rentabilidade, o que permitiu uma acumulação ainda maior de capitais que se tornaram disponíveis para novos investimentos. Em poucos anos, os grandes empreendedores britânicos davam início à "internacionalização" das suas atividades, com o aumento crescente dos investimentos produtivos no exterior: entre 1815 e o final da década de 1840, a média anual dos fluxos de inversões britânicos no exterior praticamente quintuplicou.

AS REVOLUÇÕES LIBERAIS (1815-48)

Os primeiros desafios impostos à ordem de Viena foram conflitos políticos de inspiração revolucionária que se desenrolaram nas primeiras décadas do século XIX, refletindo, ainda, a transformação do pensamento social que ocorreu na França durante a revolução, opondo os ideais liberais às instituições conservadoras das monarquias absolutistas. Nos primeiros 50 anos do novo século, à medida que a Revolução Industrial se expandia pela Europa, a onda revolucionária que surgiu na França em 1789 chegou a recantos bastante diversos, como Portugal, Espanha, Polônia, Alemanha, Bélgica, Grécia, Itália e, finalmente, retornou à França. Foram três grandes movimentos: o de 1820; o de 1830; e, finalmente, o de 1848. Nesse percurso, o ideário liberal foi amalgamado com o nacionalismo para produzir resultados imprevisíveis. Em muitos desses casos, a fúria das potências conservadoras voltou-se contra os insurgentes, sufocando energicamente, pelo menos por algum tempo, as reivindicações liberais. Em alguns outros, como aconteceu na Grécia e nas independências das colônias ibéricas nas Américas, prevaleceram outros interesses políticos e, especialmente, econômicos.

A hegemonia britânica em um mundo conservador (1815-48)

Em 1820, Portugal, Espanha e Itália conheceram seus movimentos revolucionários, com motivações semelhantes – acabar com o poder centralizador do Antigo Regime e instituir regimes constitucionais –, mas tiveram resultados desiguais. Em Portugal, a Revolução do Porto reivindicava o imediato retorno da família real, que se autoexilara no Brasil para escapar da expansão napoleônica, uma Constituição e o restabelecimento do regime colonial. A sorte do movimento revolucionário, que exigia a moderação dos poderes do rei Fernando na Espanha, foi, entretanto, diferente: instada pelas potências conservadoras da Quádrupla Aliança, que temiam que o levante espanhol inspirasse movimentos semelhantes em outras regiões, a França foi forçada a intervir, esmagando o movimento em 1823.

Na Itália, também em 1820, a sociedade secreta dos carbonários obteve do rei das Duas Sicílias uma constituição e um governo parlamentar, o que foi desfeito com a intervenção decidida da Áustria. Em 1821, foi a vez de os gregos reivindicarem sua independência do Império Otomano, o que contou com a hostilidade do governo austríaco, que temia pela reação dos turcos, mas teve a simpatia de uma difusa opinião pública europeia. Nesse caso, apesar das objeções do chanceler austríaco Metternich, a Grã-Bretanha, a França e a Rússia – considerando as questões estratégicas envolvidas em eventual independência grega para o equilíbrio de poder europeu – empreenderam uma ação contra os turcos e a Grécia conquistou sua independência em 1829.

A partir de 1830, as revoltas multiplicaram-se por toda a Europa. Na França, a restauração da monarquia e da dinastia dos Bourbon não foi suficiente para Carlos X, que tentou reintroduzir o absolutismo e alguns dos privilégios de que gozava a nobreza no Antigo Regime. A publicação das ordenações conservadoras, em julho daquele ano, que dissolvia a assembleia de maioria liberal, modificou o sistema eleitoral e estabeleceu medidas de censura prévia à imprensa. Motivou a insurgência da burguesia e de grande parte da população, que depôs o rei e entregou o trono a Luís Felipe, nobre da família Orléans com tendências liberais.

A revolta liberal na França repercutiu por toda a Europa e seu exemplo motivou a rebelião da burguesia da Bélgica – território com população majoritariamente católica que foi entregue à Holanda no contexto dos acertos territoriais de Viena. Em 25 de agosto de 1830, explodiu uma revolta popular contra as autoridades holandesas em Bruxelas e apenas dois meses depois,

História das Relações Internacionais

a Bélgica declarava-se independente, constituindo-se em uma monarquia constitucional. O sucesso dos revolucionários na França e na Bélgica inspirou intelectuais, estudantes e uma parcela importante do oficialato do Exército polonês, que resolveram levantar armas para se livrarem da dominação da Rússia, no entanto, sem o sucesso dos patriotas da Europa Ocidental: seu levante foi brutalmente esmagado pelo poderio russo ainda em 1831. A Itália, também, convulsionou-se em 1831 e 1832, quando a sociedade secreta dos carbonários obteve sucesso ao proclamar a república nos Estados pontificais, movimento que foi revertido pela rápida intervenção das forças austríacas. Todos esses movimentos, de forte inspiração nacionalista (de independência ou unificação), foram manejados com maior ou menor sucesso pelas potências do Congresso de Viena. É importante ressaltar que o viés conservador prevaleceu na reação que esboçaram para tolerar (no caso das independências da Grécia e da Bélgica) ou para esmagar as revoltas da década de 1830.

A Europa, contudo, permaneceu em estado de crise latente até o final da década de 1840, uma vez que os problemas econômicos e sociais alimentavam a instabilidade política que, além dos conflitos entre as forças liberais e conservadoras, incrementou-se com o surgimento de novos movimentos sociais que emergiram nas classes operárias dos centros urbanos.

A situação, portanto, era tensa e mostrou-se insustentável mesmo na França, que avançou depois da Revolução de 1830 para uma forma de governo constitucional. Nesse país, o governo de Luís Felipe desgastou-se de maneira rápida e, por volta de 1848, perdia celeremente o apoio interno, tanto por causa da crise econômica causada pela safra irregular de 1846 e pela paralisia do setor manufatureiro que produziu novas hordas de desempregados, quanto porque se recusava a aprofundar as reformas políticas necessárias para alargar a participação democrática dos segmentos populares. Nesse aspecto, a França recuou bastante desde a época das reformas sociais e políticas da Revolução de 1789: já tivera o sufrágio universal, depois foi revogado. Em 1848, apenas 3% da população tinha direito a voto. A oposição ao governo, formada por republicanos e socialistas e engrossada pelos segmentos populares, tomou as ruas de Paris em fevereiro daquele ano para reclamar as reformas políticas, conseguindo destituir o governo e depor o monarca.

O governo provisório constituído no vácuo de poder que se formou proclamou a república, aboliu a censura, pôs fim ao voto censitário e formulou políticas de compensação social – como a regulamentação das jornadas de trabalho, a legalização dos sindicatos operários e a implantação de oficinas nacionais que distribuíam alimentos, cuidados médicos e empregos em obras públicas –, bem como convocou uma Assembleia Nacional Constituinte. O clima de tensão, entretanto, não se desfez e explodiu em novas reivindicações apenas quatro meses depois quando, sob a liderança dos socialistas, a classe operária protestou vigorosamente contra a insuficiência das medidas adotadas e, de modo particular, contra o subsequente fechamento das oficinas nacionais. Após três dias de lutas de ruas, o movimento foi sufocado pelas forças policiais, deixando um saldo de quase dois mil mortos e feridos, além de mais um trauma na experiência da política francesa – a do radicalismo do socialismo operário.

Em dezembro de 1848, todavia, os franceses, ansiosos por estabilidade, foram às urnas para eleger seu primeiro presidente da República. Do pleito saiu vencedor Luís Napoleão, sobrinho do imperador, que conseguiu seduzir o eleitorado com a mística da liderança do seu nome e com a promessa de que conseguiria prevenir futuras desordens da classe operária. Apenas três anos depois de eleito, Luís Bonaparte deu um golpe de Estado, aboliu a República, restaurou a monarquia e proclamou-se Napoleão III, imperador dos franceses. Acabava melancolicamente o grande ciclo revolucionário francês que sacudiu o país diversas vezes, desde 1789, e que teve repercussões dramáticas por toda a Europa e no restante do mundo.

A situação de crise política, como se demonstrou, não era uma exclusividade da França no final da primeira metade do século XIX. Os demais países padeciam dos mesmos problemas econômicos e sociais e não equacionaram, no ciclo precedente, a questão da legitimidade, da nacionalidade e da inclusão política dos segmentos sociais que cresceram em importância desde o final do século anterior. A reação conservadora que se seguiu ao Congresso de Viena conseguiu apenas controlar, por alguns anos, as forças liberais que pressionavam por reformas políticas e sociais que pusessem fim efetivamente ao Antigo Regime, mas não as extirpar. Desse modo, seria natural que um novo surto revolucionário ganhasse força assim que a notícia da deposição do monarca francês, em março de 1848, fosse conhecida.

Ainda naquele mês de março, os governos da Prússia e de outros Estados germânicos atenderam a algumas das reivindicações sociais de reformas liberais, como a atenuação da censura, o estabelecimento de tribunais regulares e a formação de parlamentos nacionais. As forças liberais que ganharam repentinamente espaço político nos governos dos Estados germânicos decidiram convocar uma Assembleia Nacional que reuniria representantes de todos eles, com o objetivo de discutir a sua unificação. Essa Assembleia, composta por 550 representantes, reuniu-se em Frankfurt em março de 1849 e aprovou a criação de uma Federação dos Estados Alemães, que teria um único parlamento nacional e cuja coroa foi oferecida ao rei da Prússia, Frederico Guilherme, da dinastia dos Hohenzollern. Temendo a reação da Áustria, alijada dos debates e do projeto, e antevendo os ciúmes das demais dinastias alemãs, o monarca prussiano rejeitou a coroa da Alemanha unificada. Diante das pressões da Áustria, os príncipes alemães recuaram, destituíram os governos liberais, dissolveram a Assembleia de Frankfurt e restabeleceram o *status* político anterior. O fracasso do liberalismo assembleísta alemão, consubstanciado no recuo do projeto de unificação, teria consequências dramáticas para a história da Alemanha nas décadas seguintes. Em poucos anos, o único caminho viável, e que seria extremamente bem-sucedido no estabelecimento de um Império Alemão, seria aquele proposto pela Prússia autoritária.

O próprio Império dos Habsburgo austríacos conheceu os perigos da combinação explosiva entre o pensamento político liberal e o nacionalismo. A Áustria controlava seu império formado por múltiplas nacionalidades com mãos de ferro, por meio de um forte aparato policial. Em 1848, entretanto, movimentos revolucionários eclodiram por todo o império, começando por Viena, onde os liberais, também inspirados pela deposição do rei da França, em março, exigiram o abrandamento do poder de censura e de polícia, além de uma nova Constituição. O imperador Fernando I viu-se coagido a acatar as reivindicações dos revoltosos, aceitando a renúncia do gabinete conservador liderado por Metternich, afrouxando os controles sobre a imprensa e convocando uma Assembleia Constituinte. Mediante o sucesso do movimento liberal vienense, eclodiram revoltas em outras partes do império – Boêmia, Hungria e Itália.

Os tchecos da Boêmia, com extrema ousadia, reivindicaram a reconstrução do império em bases federativas, o que daria igualdade aos povos que compunham o mosaico multinacional dos Habsburgo. Na Hungria, província de composição multiétnica formada por magiares, croatas, sérvios e romenos, os revoltosos exigiram autonomia local e reformas sociais. O movimento liberal húngaro, encabeçado por lideranças magiares, reformou o sistema eleitoral, introduziu a liberdade de culto e de imprensa, aboliu os privilégios da nobreza e do clero e pôs fim à instituição feudal da servidão. No início de 1849, os húngaros declararam a independência da Áustria e, não contentes com a transformação do país em um Estado liberal, as lideranças magiares pretenderam incorporar as regiões croatas, romenas e eslovacas ao novo território. As autoridades austríacas exploraram as tradicionais rivalidades étnicas e encorajaram as minorias incorporadas a resistirem, ao lado dos exércitos austríacos e apoiados por forças da Rússia, à incorporação húngara. Diante de tamanha desproporção de meios, a rebelião magiar foi sumariamente esmagada.

Nas províncias austríacas da Itália setentrional (Milão e Veneza), a revolução chegou por contágio direto dos movimentos que eclodiram em Nápoles, na Toscana e nos Estados pontificais, onde os monarcas viram-se, de fato, forçados a introduzir reformas liberais. Entre 18 e 22 de março de 1848, os cidadãos de Milão e de Veneza forçaram a retirada dos austríacos, mas em pouco tempo, as forças dos monarcas italianos e dos Habsburgo encontraram condições de reagir e esmagaram os revolucionários. Em Roma, no entanto, a história foi diferente: os tumultos forçaram o papa a fugir em novembro de 1848 e uma república foi proclamada. Atendendo ao pedido do santo padre, o recém-eleito presidente da França, Luís Napoleão, enviou tropas que marcharam sobre Roma, desmantelaram a república nascente e restauraram a autoridade papal.

A vitória dos revolucionários, tanto em Viena quanto alhures, teve, como se vê, vida curta. Ainda em 1848, a abdicação de Fernando I em favor de seu sobrinho, Francisco José, abriu espaço para a reação conservadora, que conseguiu sufocar os movimentos liberais antes que tivessem condições de se consolidar. Em março de 1849, o governo descartou o esboço de Constituição liberal preparado pela Assembleia Constituinte e promulgou uma nova Carta conservadora.

O balanço da onda revolucionária que varreu a Europa entre 1820 e 1848 é contraditório. Em 1850, parecia que quase tudo voltara a ser como antes – a França foi, no mesmo ano, de uma monarquia constitucional hesitante para uma república de vida curta e retornou à monarquia; a Alemanha continuava dividida e subjugada pela Áustria; a Itália não se realizara como nação unificada; e os Habsburgo continuavam controlando com mão pesada seu império de muitos povos. Mas algumas coisas de fato mudaram. Se os propósitos liberalizantes e de unificação nacionalista não foram realizados, os movimentos revolucionários não foram totalmente perdedores, porque permitiram alguns ganhos: na Espanha e em Portugal, instalaram-se governos liberais; a Bélgica e a Grécia se tornaram independentes; na França, o sufrágio voltou a ser universal; parlamentos constitucionais foram estabelecidos na Prússia e em alguns dos estados alemães; e a servidão feudal foi abolida na Áustria e na Alemanha. Doravante, outras reformas liberais seriam gradualmente introduzidas nos principais países da Europa, mas a era das revoluções, que se iniciara na França em 1789, tinha efetivamente acabado. O Mapa 4 apresenta as revoluções na Europa, em meados do século XIX.

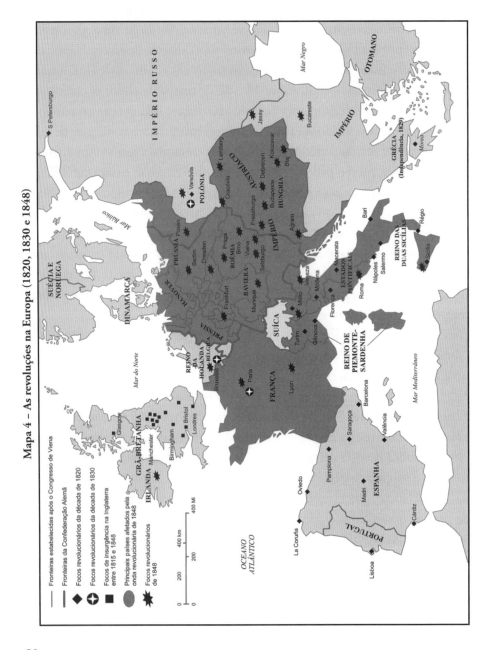

Mapa 4 – As revoluções na Europa (1820, 1830 e 1848)

AS INDEPENDÊNCIAS NA AMÉRICA LATINA E O REFLUXO DO COLONIALISMO

A ordem internacional que emergiu do Congresso de Viena de 1815 e restabeleceu a balança de poder girou sobre dois mecanismos até meados do século XIX: o primeiro deles restaurou o princípio do equilíbrio de poder e funcionou como uma hegemonia coletiva. Diz respeito às questões da legitimidade dinástica e da contenção das revoltas liberais – uma herança direta da instabilidade característica da política europeia desde a expansão da Revolução Francesa –, tendo mais impacto na gestão das relações intereuropeias; o segundo se estabeleceu com a criação de condições de expansão das forças econômicas europeias em nível global, articuladas e impulsionadas pelo liberalismo econômico internacional, cujo centro era a Grã-Bretanha.

O segundo mecanismo conferiu grande homogeneidade ao conjunto das relações que as grandes potências europeias estabeleceram com o restante do mundo ao longo de todo o século XIX, pelas quais se procuraram criar condições para a expansão dos mercados consumidores de produtos manufaturados e, em um plano mais geral, a perpetuação das condições de dependência dos centros economicamente avançados. As independências das colônias ibéricas na América e o refluxo do ímpeto colonizador europeu que se observou até a década de 1870 são duas das dinâmicas que se explicam pelo funcionamento concomitante desses dois mecanismos.

As colônias americanas de Portugal e da Espanha inseriram-se na expansão do capitalismo mundial, entre o século XVII e o início do século XIX, como importadores de produtos manufaturados e exportadores de matérias-primas, relações comerciais que se processavam com exclusividade com as suas metrópoles e configuravam o que se denomina pacto colonial. Entretanto, a expansão da Revolução Industrial na Europa, particularmente na Grã-Bretanha, articulada com a instabilidade política que se instaurou em 1789 e se estendeu até o final das guerras napoleônicas, agiu para transformar o quadro político na América Latina.

Com efeito, a decretação do bloqueio continental contra a Grã-Bretanha prejudicou muito o comércio desse país com os territórios ocupados por Napoleão Bonaparte, mas os ingleses souberam encontrar alternativas que, se não se igualavam às correntes comerciais europeias, ao menos compensavam

História das Relações Internacionais

temporariamente a perda desses importantes mercados. No caso, as vantagens que a Grã-Bretanha detinha na época, como a liderança no processo de industrialização (que criou uma economia de escala sempre a demandar por novos mercados), e o uso inteligente da preponderância naval serviram para reforçar a presença econômica inglesa em outras regiões do mundo, especialmente, no seu espaço colonial e em áreas que não foram englobadas pelo bloqueio (América Latina, Ásia, Antilhas, África, Oriente Médio). As Guerras Napoleônicas não tiveram um impacto direto na América Latina, mas a natureza das relações entre as metrópoles ibéricas e as suas colônias, com certeza, transformaram-se para se ajustar à instabilidade europeia.

As colônias espanholas, em sua maioria, gozaram de relativa independência durante o período e chegaram mesmo a se manterem fiéis ao rei da Espanha quando aprisionado pelas forças francesas e se recusaram a reconhecer José Bonaparte, em 1808, quando o seu irmão o fez monarca dos espanhóis. Na América portuguesa a situação foi distinta. O Estado português foi transferido para o Brasil em 1808, quando a corte de Lisboa fugiu apressadamente da invasão das tropas de Napoleão, contando com a proteção da Marinha inglesa.

Nesse período, o comércio com a Grã-Bretanha cresceu sustentadamente – no caso das colônias espanholas, pela impossibilidade de fazê-lo com a metrópole; e no caso do Brasil, porque os bons serviços da diplomacia portuguesa foram pagos com vantajosos acordos comerciais (firmados em 1810 e depois renovados sucessivas vezes, estabeleciam a tarifa de 15% *ad valorem* para os produtos ingleses e limitavam o consumo de produtos brasileiros no mercado inglês, onde concorriam com o açúcar e o café das colônias britânicas), que franquearam aos ingleses o acesso sem intermediações ao mercado brasileiro, deram-lhes as inomináveis vantagens da extraterritorialidade e cercearam o desenvolvimento de uma manufatura nacional. A Grã-Bretanha, portanto, esteve em condições extremamente vantajosas em um grande mercado consumidor, que se agregava pela via do liberalismo ao seu sistema de comércio e pôde colocar em prática um novo modo de fazer negócios, de criar e perpetuar dependências anos antes de ter se transformado em um mecanismo de uso generalizado nas relações econômicas internacionais das grandes potências europeias.

A partir de 1815, o estabelecimento do princípio da legitimidade consagrado no Pacto da Santa Aliança, que propugnava a intervenção das potências quando e onde fosse necessário restaurar a ordem ferida, teve impactos diretos sobre a evolução dos processos emancipatórios das colônias americanas no início dos anos 1820. Seria de se esperar que as grandes potências dessem ouvido aos pedidos de intervenção feitos pela Espanha, com o objetivo de restaurar a sua autoridade na região. Mas por que isso não aconteceu? Porque, no caso, o mecanismo da legitimidade de Viena foi compensado pelo da expansão econômica pela via do liberalismo.

Com efeito, a restauração dos vínculos coloniais na região interessaria apenas à Espanha e a Portugal. Mas a diplomacia inglesa liderada por George Canning fez os governos das demais potências – especialmente a França e os Estados Unidos – enxergarem que isso seria prejudicial aos seus próprios interesses econômicos, diante dos promissores mercados que se abriam à penetração estrangeira, sem a mediação das metrópoles. Assim, por que proteger os interesses dos dois decadentes impérios coloniais, se um mundo de bons negócios se anunciava com a concretização das independências na América? Portugal e Espanha estariam, portanto, entregues à própria sorte se decidissem reagir contra a insurgência de suas colônias, uma vez que as potências europeias e mesmo as mais conservadoras, como a Áustria e a Prússia, haviam decidido manter-se afastadas do processo e abdicado de fazer valer, no caso, a transcendência do princípio da legitimidade, que se mostrara tão importante na estabilização política na Europa na mesma época.

A conclusão dos processos de emancipação política das colônias ibéricas (no Brasil em 1823 e na América hispânica em 1824) se fez acompanhar do surgimento de um pensamento americano que buscou legitimar um sistema de poder autônomo, com duas vertentes bem caracterizadas. Em 2 de dezembro de 1823, o presidente dos Estados Unidos, James Monroe, em mensagem ao Congresso norte-americano, avisava que o país consideraria uma ameaça para sua paz e segurança qualquer tentativa, por parte das potências europeias, de tentar impor o princípio da legitimidade do sistema de Viena a alguma parte das Américas. Tratava-se de uma manifestação política de peso, considerando que o governo de Washington se declarava previamente hostil a qualquer tentativa de restauração. É evidente que a declaração do presidente norte-americano tinha um componente de força implícito. Mas será que os Estados Unidos realmente fariam a guerra contra as potências reacionárias europeias para garantir as independências das colônias ibéricas? Nesse sentido, a doutrina Monroe tinha, também, suas limitações.

História das Relações Internacionais

Foi instada pela Grã-Bretanha e, além de manifestar os bons argumentos da laboriosa diplomacia inglesa, incorporava as ameaças veladas e a vontade explícita dos ingleses de manter a Santa Aliança afastada das Américas.

A outra vertente era menos impositiva, mais idealista e procurou fundamentar a proteção das independências das colônias ibéricas na paz e na cooperação pan-americana: lastreada no pensamento de Simón Bolívar, foi anunciada no Congresso Anfictiônico do Panamá de 1826 e advogava as prerrogativas do império da lei e do direito para dirimir as controvérsias. Essa vertente foi menos efetiva, uma vez que as antigas colônias já estavam realmente divididas, tanto pelas diferenças políticas anteriores ao processo de independência, quanto pelas que se seguiram: enquanto toda a América hispânica se fragmentou em pequenas repúblicas, na parte portuguesa das Américas se ergueu uma monarquia que conseguiu manter o colossal território do Brasil unido. Mas, além das desconfianças subjacentes entre as partes do sistema que se esboçou, um dos aspectos mais importantes para compreender os limites dessa vertente é o fato de que a união das antigas colônias, proposta por Bolívar, não interessava nem aos grandes atores regionais (como o Brasil), muito menos à Grã-Bretanha, pois temiam que no futuro uma eventual liga interamericana se colocasse sob a liderança dos Estados Unidos ou que resistisse à penetração econômica europeia. As duas vertentes tinham, portanto, suas limitações, e não foram adequadas nem suficientes, como argumentos, para induzir um processo político diferente daquele que ocorreu, tocado diretamente pelos interesses da expansão do capitalismo industrial nas primeiras décadas do século XIX.

A conversão da América Latina em área privilegiada para a expansão econômica, pela via do liberalismo econômico imposto pela Grã-Bretanha, que logo foi seguida pelas demais potências europeias, teve importância fundamental para as relações internacionais da primeira metade do século XIX. O sucesso da diplomacia inglesa nos processos de independência da América ibérica foi incontestável. Obteve dos novos Estados latino-americanos inúmeras vantagens econômicas, na forma de tratados que conferiam à Grã-Bretanha muitas prerrogativas na área comercial (tarifas e navegação), impediram o desenvolvimento de manufaturas locais e perpetuaram o esquema de inserção tradicional na nova fase de expansão do capitalismo global, além de vantagens políticas (como os tribunais especiais para os súditos britânicos, por exemplo).

A hegemonia britânica em um mundo conservador (1815-48)

Esse modo de se relacionar com a nova periferia das relações internacionais logo se transformou em um "modelo", que enquadrou as relações das potências europeias com os povos atrasados de todos os quadrantes do globo. Em pouco tempo, percebeu-se que esse novo tipo de interação se mostrava até mais lucrativo do que o velho colonialismo de exploração, uma vez que permitia colher muitos frutos, sem ter de pagar os custos da defesa e da ocupação. Mas havia, também, uma crise moral generalizada que favoreceu o retraimento do colonialismo tradicional, uma vez que as independências na América Latina, alinhadas com o pensamento libertador secretado pela Revolução Francesa e com o sucesso da independência dos Estados Unidos, serviram para deslegitimar, em face das opiniões públicas europeias, as empresas coloniais. Elas simbolizavam o atraso do mercantilismo e das práticas de exploração imorais intensivas em trabalho escravo – todas incompatíveis com as instituições do liberalismo econômico e do capitalismo industrial –, e é por isso que os ingleses iriam dedicar-se com afinco à sua erradicação.

Isso não quer dizer que os empreendimentos coloniais tradicionais sucumbiram repentinamente, mas é um fato que essa tendência entrou em crise, mesmo que se perceba nas primeiras décadas do século XIX um alargamento territorial dos antigos impérios, como o britânico e o russo. A Rússia colonizava por contiguidade e expandiu-se sustentadamente, com a anexação de territórios vizinhos a leste, oeste e sul, incorporando parte da Polônia, a Finlândia, a Bessarábia e a Sibéria, o que resultou em um império de 17 milhões de quilômetros quadrados. O Império Britânico expandiu-se ao ritmo de 260 mil quilômetros quadrados por ano, entre 1815 e 1865. Mas o foco agora era outro. Privilegiava-se o colonialismo de povoamento, o que levou a modificações importantes no modo como as metrópoles relacionavam-se com as suas colônias. Isso aconteceu com a Grã-Bretanha, que manteve o Canadá, a Austrália e a Nova Zelândia, concedendo-lhes, em meados do século XIX, crescente autonomia, e a Índia, que era sua grande colônia de exploração, a qual ganhou um governo-geral com a missão de introduzir políticas públicas que proporcionassem condições de homogeneização da administração e de defesa, em substituição à exploração mercantilista das companhias de comércio. A França expandiu-se pelo norte da África, estabelecendo em 1830 a sua primeira colônia de povoamento na Argélia, que se transformaria mais tarde na base que daria condições para a expansão da sua influência por todo o Levante.

História das Relações Internacionais

A EXPANSÃO DOS ESTADOS UNIDOS

Enquanto as antigas colônias ibéricas na América se inseriam nas relações internacionais empurradas pelo liberalismo econômico, que lhes forjou novos vínculos de dependência, uma experiência muito diferente se processava ao norte do hemisfério. Com efeito, mesmo estando de fora do Concerto das Grandes Potências, os Estados Unidos seguiram um caminho diferente, de construção e fortalecimento nacional pela via do desenvolvimento econômico autônomo e de afirmação política, em um mundo dominado pelas potências europeias. A ação internacional do país guiava-se pelos interesses do seu desenvolvimento e adaptava-se às suas necessidades.

Houve um tempo em que foi necessário reafirmar a independência nas relações com a antiga metrópole. Por isso, ainda no período de turbulências das guerras napoleônicas, os homens de Estado norte-americanos não hesitaram em chamar a Inglaterra para uma "nova" guerra de independência (1812-14), na qual exigiram o controle nacional sobre a navegação e reafirmaram sua autonomia na política de comércio exterior, obtendo uma participação maior no comércio atlântico.

Mesmo mantendo uma distância sanitária e uma atitude altiva com relação ao imperialismo europeu, demonstrada em diferentes episódios que se sucederam nas primeiras décadas do século XIX, como a proclamação da doutrina Monroe, os Estados Unidos também tiveram uma versão própria de imperialismo. Com o encerramento da fase da consolidação da independência e das instituições republicanas, a política externa buscou os meios para a expansão territorial, fosse por meio da diplomacia ou da guerra, mas que atendessem às motivações psicossociais, ideológicas, econômicas e estratégicas, as quais justificassem a construção de uma grande nação de talhe continental, do Atlântico ao Pacífico.

A consistente ideologia nacional que foi a doutrina do Destino Manifesto, pela qual se justificava internamente o "direito" e a "necessidade" da expansão territorial em larga escala em nome da liberdade e da democracia, emprestou grande coerência às ações de conquista interna e externa empreendidas pelos Estados Unidos, pelo menos até a eclosão da Guerra da Secessão, em 1861. Outro aspecto fundamental para compreender a demanda por novos territórios é a necessidade de equilíbrio federativo, com a diminuição do peso político dos estados escravistas. Além disso, existiam concretos interesses econômicos na expansão territorial, para atender às demandas sociais decorrentes das ondas migratórias que afluíam para a América, que tiveram a virtude de criar fatos consumados mediante a ocupação de terras, geralmente alheias.

O fato é que entre o início do século XIX e o final da década de 1850, os Estados Unidos conheceram um importante processo de alargamento das suas fronteiras nacionais, que lhes deu uma configuração territorial muito semelhante àquela que têm atualmente. Esse processo iniciou-se ainda em 1803, quando o governo norte-americano adquiriu a Luisiana, até então território francês. Em 1819, aproveitando-se da debilidade da Espanha, quando estava empenhada na contenção das independências na América Latina, incorporaram a Flórida. Ao mesmo tempo, a expansão deu-se gradualmente a oeste, por meio do conflito de atrito com as populações indígenas, vagarosamente encurraladas para dar espaço à abertura de novas fronteiras, e em outras direções, com a compra de novos territórios, como o Oregon, adquirido da Grã-Bretanha em 1846.

Em março de 1836, os texanos de origem norte-americana declararam a sua independência do México, soberania que foi reconhecida pelos Estados Unidos e, mais tarde, gozou de certo reconhecimento internacional – tanto que a Grã-Bretanha e a França também a reconheceram –, mas em 1845, o governo de Washington anexou o Texas ao seu território. A partir de 1838, os norte-americanos definiram que a fronteira natural para a expansão do seu grande país, além do oeste, seria o sul, onde estava o México, com o qual travaram uma longa guerra de 10 anos, culminando em 1848 na anexação dos territórios do Arizona, do Novo México, da Califórnia, de Nevada e de Utah.

Desse processo de alargamento surgiu um território com quase 8 milhões de quilômetros quadrados, e que continuaria a crescer e a se transformar. Dos 23 estados que os compunham em 1820, os Estados Unidos passaram a ter 33 em 1860, enquanto a sua face social transformava-se graças à atração de imensos contingentes de imigrantes, e sua população crescia consistentemente, passando de pouco menos de 10 milhões a aproximadamente 31 milhões no mesmo período.

O liberalismo
e a expansão
do modelo inglês
(1848-70)

O APOGEU DA ORDEM LIBERAL BRITÂNICA –
UMA VISÃO GERAL DO PERÍODO

No final da década de 40 do século XIX, o sentido de ordem estabelecido em Viena, em 1815, parecia resguardado com o sufocamento das ondas revolucionárias que se abateram sobre a Europa, clamando por liberdade e pelos direitos da nacionalidade, e com a ação concertada das grandes potências, que impediu o rompimento do equilíbrio de poderes e o surgimento de uma nova hegemonia no continente. Mas esses eram os únicos aspectos que tornavam o mundo de 1848 semelhante ao de 1815 – em todos os outros, particularmente na dimensão econômica, muitas coisas haviam mudado. O período em questão foi marcado pela ascensão rápida da liderança britânica, estabelecendo as bases de uma nova ordem econômica mundial, costurada pelo liberalismo econômico.

A partir de meados do século XIX, a transferência de tecnologia industrial de uma região para outra permitiu um novo aumento na produtividade e estimulou a busca, por um lado, de novas fontes de matérias-primas e, por outro, de novos mercados consumidores para a produção manufatureira ampliada pela expansão da Revolução Industrial por toda a Europa. Esse processo está na base da competição dos principais atores europeus por áreas de exploração direta, de colonização e de regiões para a expansão da sua influência econômica, em nova forma de imperialismo que jogou as potências

História das Relações Internacionais

europeias em acirrada competição. Em contrapartida, esse também é o período do apogeu da Grã-Bretanha, no qual sua economia industrial tornou-se imbatível, sendo a um só tempo produtora de riqueza e grande indutora das transformações no perfil internacional do país, consolidando-se nessa época como o centro econômico do universo – com todas as vantagens e as desvantagens que disso decorriam.

As necessidades da expansão econômica favoreceram no período o aprimoramento das fórmulas do liberalismo econômico, secretadas desde o centro da economia industrial. Esse foi o momento da criação de novas formas de relações entre as potências europeias, especialmente da Grã-Bretanha, com o mundo extraeuropeu, pelo fortalecimento das dependências econômicas estruturais, por meio do imperialismo comercial e financeiro.

Entre 1850 e 1870, a transformação da Alemanha e da França em potências industriais e o início da disseminação da industrialização por outras economias europeias são fatores que permitem entrever os limites que o modelo liberal encontraria na fase subsequente, uma vez que flexibilizaram a total hegemonia britânica sobre o comércio internacional. As unificações da Alemanha e da Itália, levadas a cabo ao longo da década de 1860, introduziram no sistema europeu novos atores importantes, o que se deu concomitantemente com a ascensão gradual dos Estados Unidos como potência extraeuropeia, após o final da Guerra da Secessão. Em especial, a construção de uma potência alemã, econômica e militar efetivamente, balançou a ordem internacional consagrada no Congresso de Viena, permitindo que se desenhassem as linhas de um novo desequilíbrio de poder.

A EXPANSÃO DA INDUSTRIALIZAÇÃO PELO CONTINENTE EUROPEU

Como se viu no capítulo "A hegemonia britânica em um mundo conservador (1815-48)", as relações internacionais na primeira metade do século XIX tiveram um grande ator, a Grã-Bretanha, que se tornou preponderante sobre as demais potências europeias porque teve condições de, pioneiramente, colocar em funcionamento o dínamo da modernização econômica proporcionado pela Revolução Industrial, e foi capaz de obter ganhos de

O liberalismo e a expansão do modelo inglês (1848-70)

produtividade em grande escala provocados pela facilidade de internalizar as inovações tecnológicas. Além disso, a diplomacia britânica esteve a serviço da expansão econômica do país, abrindo-lhe mercados e facilitando a expansão dos negócios em nível global. Esse período também foi caracterizado pelo crescimento sustentado da economia internacional, para o que concorreu a expansão do capitalismo industrial e do liberalismo econômico e, especialmente, a relativa estabilidade política proporcionada pelo sistema de equilíbrio da ordem de Viena.

A supremacia britânica que se construiu no período, também, teve fatores endógenos extremamente relevantes. É primordial observar que os impactos das transformações proporcionadas pela Revolução Industrial estiveram concentrados, pelo menos até o final da primeira década do século XIX, na Grã-Bretanha e atingiram apenas marginalmente os demais países europeus. Para isso, concorreram: a fadiga econômica proporcionada pelas décadas ininterruptas de guerras; a escassez de capitais disponíveis para investimentos; as dificuldades para a obtenção e o desenvolvimento das novas tecnologias; a perda de mercados e de fontes supridoras de matérias-primas; e, o que é muito importante, as deficiências na formação de uma cultura liberal empreendedora. Assim, entre 1815 e 1848, não se verificaram modificações tão fundamentais nas estruturas econômicas dos principais países da Europa continental como aconteceram na Grã-Bretanha. A modernização industrial no continente foi um processo bastante heterogêneo, e algumas sociedades e governos foram mais ágeis em internalizar as inovações.

David Landes propõe que o processo de difusão da Revolução Industrial na Europa seja percebido e analisado de acordo com um gradiente de disponibilidade mecânica e de abertura à inovação: assim, as sociedades mais abertas à inovação foram aquelas do noroeste do continente (França, Países Baixos, parte dos Estados alemães, Suíça, nordeste da Espanha e Boêmia). Conforme se avança para o leste e para o sul, frequentemente esse nível de abertura cai, por vezes de modo dramático, o que faz com a Revolução Industrial tenha-se retardado em parte da Alemanha, na Áustria, no restante da península ibérica, na Itália, na Rússia e, claro, nos territórios do Império Otomano. Em boa parte dessa porção do continente, *grosso modo*, a produção agrícola continuou prevalecendo sobre a industrial, mesmo a partir da segunda metade do século XIX, quando boa parte das economias

63

História das Relações Internacionais

europeias ocidentais já se classificava como industrializadas ou em vias de rápida industrialização.

Em compensação, as condições que facilitaram a superioridade britânica tenderam a se generalizar no médio prazo. O historiador francês Jean-Baptiste Duroselle, no livro *Todo império perecerá*, ensina que uma das mais importantes lições da história é que todo aperfeiçoamento técnico obedece a uma *regularidade* permanente e universal, que é a sua disseminação. Isso aconteceu tanto no Neolítico, com a disseminação do manejo do bronze e do ferro, quanto na contemporaneidade, com as inovações tecnológicas da Revolução Industrial. A observação dessa regularidade histórica nos fornece outra importante lição, a qual ensina que nenhuma superioridade está indefinidamente assegurada, tanto na economia como na política. No caso, a própria natureza do capitalismo industrial fez com que as inovações que caracterizaram a Revolução Industrial se tornassem crescentemente difundidas.

O desenvolvimento da economia britânica, calcada na expansão manufatureira, e, por consequência, das correntes de comércio produziu modificações econômicas estruturais que afetariam, no longo prazo, a hegemonia industrial da Grã-Bretanha. A primeira dessas grandes transformações situa-se no fato de que o crescente acúmulo de capitais, proporcionado pela expansão da economia industrial, incentivou e facilitou o investimento externo em outras regiões do mundo, não só no setor industrial, como também na agricultura, especialmente no setor de transportes e infraestrutura (portos, estradas de ferro, frotas de navios mercantes). Nesse contexto, é importante lembrar que, no início da década de 1840, os lucros obtidos pelos industriais britânicos com as encomendas de bens de capital (ferrovias, navios e máquinas industriais) dirigidas ao consumo doméstico tornaram-se decrescentes, porque a demanda diminuía com a relativa saturação do mercado. A crescente liberalização unilateral do comércio exterior britânico, que coincidiria com o fim da proibição de exportação de tecnologias e com a saturação do mercado inglês, facilitou o escoamento dos excedentes de bens de capital e, no longo prazo, aumentou os fluxos do comércio internacional.

A expansão consentida e mesmo favorecida das inovações tecnológicas britânicas, portanto, permitiu, no médio prazo, a equalização das condições de exploração dos recursos naturais de cada país, eliminando as vantagens até então desfrutadas isoladamente pela Grã-Bretanha. Parecia que o país estava

O liberalismo e a expansão do modelo inglês (1848-70)

favorecendo o surgimento de competidores, mas, quando as consequências desse processo começaram a se fazer sentir, a economia britânica já avançava para um novo estágio de desenvolvimento, deixando de ter crescentemente base industrial a fim de ser tornar, sobretudo, um grande centro financeiro.

O fato é que o início da industrialização da Europa continental deu-se com considerável retardo. Enquanto a Grã-Bretanha estava envolvida na expansão da sua riqueza industrial desde a década de 1780, as principais potências europeias puseram em marcha seus processos modernizadores apenas a partir de 1815 – os quais demandaram esforços concertados, especialmente para a concentração do capital necessário para a fundação e o financiamento de indústrias; para a criação de infraestrutura de transportes moderna; e para a renovação tecnológica. Diversos mecanismos interagiram para prover essa estrutura: os capitais de investidores privados, os recursos de instituições financeiras privadas, a capacidade de investimento do Estado e os fluxos de capitais estrangeiros. Nesse jogo, valia a espionagem industrial, a tentativa de recrutamento de mão de obra especializada nas tecnologias de ponta (siderurgia, por exemplo), além do desenvolvimento de capacidade empreendedora própria, com a criação de escolas industriais especializadas.

Muitas iniciativas foram empreendidas pelos governos nacionais da Europa continental para a realização de um grande impulso modernizador e, nesse sentido, percebia-se que a experiência modernizadora europeia não foi homogênea. Em alguns países, a ação do Estado foi determinante para o crescimento da economia, por exemplo, com medidas importantes de financiamento público e mesmo com a adoção de legislações, que facilitaram dramaticamente a reunião de capitais em torno de empreendimentos industriais (metalurgias, têxteis e outros bens de consumo) e de infraestrutura (estradas de ferro, minas de carvão, canais de navegação etc.). A França foi pioneira no estabelecimento desses mecanismos, alargando o acesso ao financiamento bancário, facilitando a abertura de companhias (a Lei das Sociedades Anônimas foi promulgada em 1867) e com a criação de bancos de desenvolvimento industrial, sociedades de ações em comandita e de bancos de investimentos por ações. Em poucos anos, essas experiências de fomento estavam generalizadas pela Bélgica, pelos Países Baixos e pelos Estados alemães. Em outros casos, os projetos de modernização foram direta e integralmente financiados pelo poder público, como aconteceu na Rússia (onde os empreendimentos ferroviários, de mineração e de metalurgia eram subvencionados ou eram propriedade estatal), que estabelecera um padrão de desenvolvimento fortemente tocado pelo Estado.

Outros dois mecanismos foram muito importantes para a dinamização da economia industrial na Europa continental. O primeiro deles refere-se aos grandes fluxos de investimentos internacionais que surgiram com a abundância de capitais que procuravam boa rentabilidade e oportunidades de negócios lucrativos, injetando recursos financeiros e tecnologias tanto na industrialização como no fortalecimento do sistema financeiro europeu. Assim, uma boa parte das estradas de ferro da França foi construída com capitais ingleses, enquanto empresários franceses e belgas investiram no estabelecimento de modernas metalurgias na Prússia e em outros estados alemães que, por seu turno, aplicaram recursos nas instalações ferroviárias da Itália, num ciclo virtuoso que multiplicou os investimentos pelo continente europeu.

O segundo mecanismo fundamental foi a existência de políticas de comércio exterior extremamente protecionistas até a década de 1860. A própria Grã-Bretanha adotou o princípio do livre-comércio nas suas relações exteriores apenas em 1846 – isso quer dizer que os empresários britânicos gozaram, até então, de diferentes níveis de proteção tarifária que, indiscutivelmente, favoreceram a consolidação das indústrias inglesas. O mesmo aconteceu nos demais países europeus em vias de industrialização. O primeiro acordo de degravação tarifária de fato importante nas relações comerciais intereuropeias foi o Tratado Anglo-Francês de 1860 (também conhecido como Tratado Cobden-Chevalier), que, aliado a outros decretos do novo regime imperial francês, diminuiu significativamente os níveis de proteção da indústria do país – nesse momento já considerada um portento do industrialismo moderno. Daí por diante, outros acordos de degravação com a cláusula da nação mais favorecida foram firmados, expandindo o livre-comércio como princípio das relações econômicas entre as potências europeias, como sucedeu com a Bélgica e com os Estados alemães (o acordo da França com a União Aduaneira dos Estados Alemães, *Zollverein*, liderada pela Prússia, foi firmado em 1865). Igual mecanismo de proteção funcionou magistralmente nos Estados Unidos, que conseguiram alavancar suas indústrias, tornando cativo o mercado interno e protegendo-as da competição internacional por meio de elevadas tarifas aduaneiras – que, aliás, permaneceram entre as mais altas do mundo –, não seguindo a tendência de liberalização que se verificava nos anos 1860 na Europa.

A expansão da Revolução Industrial aumentou as participações relativas dos principais países europeus na produção manufatureira mundial. A França teve a sua fatia na produção industrial praticamente duplicada entre 1800 e 1860, e a participação dos Estados alemães no mesmo período teve um acréscimo de 50%. Na mesma medida em que a generalização da industrialização aprofundava as tensões sociais nos grandes centros urbanos, que passavam a ser a cada ano mais densamente povoados, e enfraquecia os vínculos tradicionais com a economia rural, também se consolidou como a força motriz da economia internacional. As correntes de comércio passaram por uma grande expansão entre 1850 e 1870, crescendo à taxa média de 4% ao ano, enquanto a concorrência crescente entre as nações industriais provocava um aumento generalizado da competitividade econômica – o que levou, no médio prazo, à tendência de queda dos preços dos produtos manufaturados.

No plano mais elevado da política internacional, da mesma forma que o industrialismo tornava o sistema econômico mundial mais diversificado, ou crescentemente multipolarizado, com a existência concomitante de novos centros dinâmicos do capitalismo, também afetava de forma direta as relações de poder no sistema europeu. Em pouco tempo, os signos do industrialismo e a grandiloquência dos seus números – como a produção anual de carvão e de ferro, os níveis de mecanização da indústria, a tonelagem da frota mercante e os quilômetros instalados de linhas férreas – transformaram-se em fatores de poder das nações, ao lado de dimensões tradicionais, como o número de efetivos em armas, a densidade populacional e a extensão do território. Combinados, os novos atributos do industrialismo com os do poder tradicional permitiram que se vislumbrasse um desajuste latente no equilíbrio da Europa.

O "IMPERIALISMO LIBERAL" E A HEGEMONIA MUNDIAL BRITÂNICA

A modernização e o crescimento da economia britânica decorrentes da Revolução Industrial foram, a um só tempo, a causa e a consequência do perfil da ação internacional que o país adotou a partir do final do século

XVIII. Em grande medida, esse perfil decorreu da afirmação da ideologia da economia política do liberalismo, que pregava a redução dos gastos governamentais e o controle do Estado sobre a economia e o indivíduo. Como preconizou Adam Smith em *A riqueza das nações*, publicado em 1776, era necessário limitar o poder do Estado ao mínimo necessário para a garantia da prosperidade – mesmo na área da defesa e da segurança –, ou seja, a manutenção de um Exército e de Marinha de Guerra regulares somente era aceitável para proteger a nação da violência dos outros Estados.

O enraizamento do liberalismo político e econômico nas instituições da Grã-Bretanha teve um grande impacto na afirmação de um determinado padrão de comportamento, que valeu para todo o século XIX: os homens de Estado na Grã-Bretanha estavam a cada dia mais convencidos de que a prosperidade do seu país devia-se, também, à manutenção de uma política externa, que facilitasse a expansão dos interesses econômicos da nação e evitasse, sempre que possível, o surgimento de tensões nos níveis regional e global. Segundo o ideário do *laissez-faire* que se apoderou da elite britânica, a Grã-Bretanha tinha cada dia menos interesse em adotar políticas que levassem a conflitos, porque seu comércio, suas finanças e suas indústrias eram cada vez mais integradas e dependentes da economia internacional. Em outras palavras, a paz traz sempre a prosperidade e vice-versa.

Esse padrão de comportamento internacional explica a obsessão com que a diplomacia inglesa se dedicou à busca de condições para a expansão internacional da influência política e econômica da nação, sendo seguida pelas demais potências europeias. Os britânicos souberam negociar ou impor, como lhes convinha, o liberalismo econômico aos países da periferia na forma de acordos de comércio que, evidentemente, beneficiaram sua expansão econômica. É nessa perspectiva que se explica o interesse da Grã-Bretanha em favorecer e proteger as independências das colônias ibéricas na América Latina na década de 1820 e, igualmente, a dedicação com que negociou e exigiu novas concessões para penetrar os mercados alheios.

A construção do liberalismo, como doutrina de expansão econômica internacional, é uma das consequências diretas da Revolução Industrial e se fez desde o centro do capitalismo industrial até a periferia internacional, ou seja, para o mundo extraeuropeu – onde suas fórmulas foram testadas com sucesso. Tendo como molde o tratado concedido em 1810 pelo rei de

O liberalismo e a expansão do modelo inglês (1848-70)

Portugal à Inglaterra, renovado pelo Brasil como pagamento pelo reconhecimento da sua independência até 1844, os ingleses estenderam o sistema de livre-comércio, ainda na década de 20 do século XIX, a toda a América Latina, daí para o resto do mundo. Nesse caminho, a diplomacia inglesa não esteve sozinha – ela apenas abriu o caminho para as exigências das demais potências europeias. Como a concessão do liberalismo na América Latina se fez sem negociação, uma vez que os novos Estados se submeteram às vontades da Grã-Bretanha para garantir suas independências, os europeus entenderam que poderiam obter vantagens semelhantes nas suas relações com outros países.

Assim, todo o mundo não europeu curvou-se às exigências da expansão econômica europeia. O Império Otomano concedeu, em 1838, à Grã-Bretanha, em troca de proteção contra as ambições da Rússia, um tratado de comércio que taxava em apenas 5% os produtos importados, significando a ruína das manufaturas locais. O mesmo aconteceu com o Egito, que gozava de relativa autonomia econômica e teve condições de implementar um projeto nacional de modernização, que foi abortado, entretanto, pelas imposições europeias, forçando-lhe à extinção dos monopólios estatais e à abertura incondicional ao comércio internacional em meados dos anos 1840.

O Império da China abriu-se à força à penetração britânica e ocidental. O episódio mais significativo foi a Primeira Guerra do Ópio (1839-42), motivada pelas resistências das autoridades chinesas em autorizar a entrada do produto cultivado na Índia e comercializado pela Grã-Bretanha. A partir de 1842, com o Tratado de Nanquim, os ingleses passaram a dispor na China de enclaves costeiros, e aos portos abertos ao comércio de privilégios que foram aumentados ao término da Segunda Guerra do Ópio, em 1858. A partir de 1844, França, Estados Unidos, Inglaterra e Rússia conquistaram o controle de áreas do território chinês, como Xangai e Tientsin. Processo de abertura forçada também aconteceu com o Japão, entre 1854 e 1858.

Apenas depois de esgotadas as possibilidades nas economias atrasadas é que o livre-comércio passou a ser realidade nas relações entre os países europeus, que persistiam nas práticas protecionistas para favorecer o surgimento e a consolidação das indústrias nacionais, enquanto impunham o comércio com baixas tarifas aos demais. A própria Grã-Bretanha adotaria o livre-comércio como um princípio da sua política exterior apenas em 1846, por meio da negociação de acordos comerciais calcados na cláusula da nação mais favorecida e em ajustes para a diminuição recíproca de tarifas. A França não seguiu estritamente os passos da Grã-Bretanha, mas a prosperidade que já se sentia com a expansão da Revolução Industrial encorajou a redução dos direitos alfandegários nas suas relações comerciais com os ingleses, por volta de 1860. O mesmo caminho foi depois seguido por Bélgica, Prússia, Itália etc. – e, em pouco mais de uma década, uma grande rede de acordos de comércio com níveis distintos de liberalização ligava as principais economias europeias. Esse sistema vigorou até o recrudescimento do nacionalismo e o advento da grande recessão mundial que abalou a Europa na década de 1870.

Em decorrência desse perfil de ação internacional, laboriosamente adotado como consequência da sua expansão econômica, a Grã-Bretanha se consolidou, por volta de 1850, como a maior potência do mundo. O longo reinado da rainha Vitória, entre 1837 e 1901, coincidiu com o período de apogeu da hegemonia mundial britânica, no qual a Grã-Bretanha assumiu a liderança incontestável nas áreas mercantil, industrial, militar e financeira. O apogeu da hegemonia britânica duraria pouco mais de duas décadas e seria marcado pelo retorno gradual das tensões características das relações intereuropeias. O período compreendido entre 1853 e 1871 foi singularmente agitado. Colocou à prova a direção segura da política exterior diligentemente provida pelos gabinetes liberais e conservadores que se alternaram no poder desde o final do século XVIII, a qual foi caracterizada pela defesa da liberdade de ação britânica nos assuntos europeus e pelo apoio às medidas que preservassem o equilíbrio de poderes. Mas o mundo estável construído em Viena em 1815, cuja natureza favoreceu a expansão britânica, estava prestes a ruir.

A primeira das grandes tensões que abalaram o balanço de poder europeu foi a Guerra da Crimeia, que opôs a Rússia a uma coalizão franco-britânica entre 1854 e 1856. Essa foi a única guerra travada pela Grã-Bretanha em território europeu entre o fim das Guerras Napoleônicas, em 1815, e a eclosão da Primeira Guerra Mundial, em 1914.

O conflito teve início com pequena querela envolvendo religiosos franceses e monges ortodoxos russos sobre a precedência na guarda dos lugares santos de Jerusalém e, sob esse pretexto, o czar Nicolau I resolveu avançar sobre os territórios dos principados otomanos da Moldávia e de Wallachia, no Danúbio (que compõem atualmente a Romênia). Na realidade, a Rússia tinha objetivos econômicos, procurando aumentar sua participação nas correntes de comércio que escoavam pelo Mediterrâneo. O Império dos turcos, por seu turno, subsistiu a partir da década de 1830 como cliente do expansionismo econômico britânico, contando com a proteção da Grã-Bretanha contra as pretensões das grandes potências, porque se erguia como um anteparo ao crescimento territorial da Rússia na Ásia Central. A diplomacia inglesa, ao contrário da francesa, não se moveu no caso, em busca do prestígio – interessava-lhe a sobrevivência do Império Otomano, com quem havia firmado, em 1838, importante tratado de livre-comércio e a preservação do estatuto estratégico dos estreitos de Bósforo e Dardanelos, fator-chave para a liberdade de ação inglesa entre a Ásia e a Europa.

As ações militares iniciaram-se em março de 1854 e, já no final do verão daquele ano, as forças anglo-francesas haviam conseguido expulsar os russos dos territórios otomanos invadidos. Mas, não contentes com isso, resolveram combater o potencial naval da Rússia, invadindo a península da Crimeia em setembro daquele ano, com o intuito de destruir as forças navais ancoradas na base de Sebastopol, centro da ação russa no mar Negro. A Batalha de Sebastopol teve fim no início de 1856 com a derrota das forças russas, e os assuntos da guerra foram regulados no Tratado de Paris (março de 1856), pelo qual a sobrevivência do Império Otomano era colocada sob garantia franco-britânica e a livre navegação pelo mar Negro assegurada pela internacionalização dos estreitos.

O estado geral das forças inglesas foi severamente afetado pelo despreparo relativo (nas dimensões estratégica, logística e de comunicações) para uma ação militar daquelas proporções, o que chocou a opinião pública e abriu um caloroso debate sobre as dificuldades que a maior potência do mundo enfrentava para levar a cabo uma guerra de proporções limitadas. A Guerra da Crimeia evidenciou os limites que o Estado liberal inglês tinha para lidar com as novas situações de crise na Europa.

A campanha da Crimeia também teve resultados importantes para a política europeia. Era o primeiro grande conflito envolvendo as grandes potências da Europa desde o final das guerras napoleônicas. À frente dos países envolvidos, já estava outra geração de homens de Estado, que talvez não tivessem o mesmo compromisso com a estabilidade do equilíbrio de

História das Relações Internacionais

poderes dos seus antecessores. A França de Napoleão III saía fortalecida na Europa Centro-oriental e a sua diplomacia tornava-se novamente prestigiada. A Rússia czarista derrotada deu início a uma nova fase de introspecção, na qual cuidou de atacar os problemas do atraso econômico e social por meio de reformas que foram limitadas, mas que tiveram um impacto bastante positivo no reposicionamento do potencial estratégico do país, que já não equivalia mais à preponderância ocupada na política europeia entre 1815 e 1848. A Áustria dos Habsburgo estava às voltas com os problemas do equilíbrio do seu império multinacional, enfrentando crescente oposição aos seus interesses na Itália e procurando conter os descontentamentos das nacionalidades na Hungria. A Prússia se preparava para atuar mais decididamente em favor da unificação alemã. A Grã-Bretanha, por seu turno, desgastada pelos limites do sucesso na Crimeia, teve que se concentrar nos debates internos sobre a reforma política e nos assuntos do império, especialmente no controle do motim cipaio que eclodiu na Índia em 1857.

O exercício da hegemonia, portanto, tem os seus custos. A campanha da Crimeia demonstrou que o ator hegemônico deveria estar pronto para participar, em condições de superioridade, dos movimentos que se mostrassem estratégicos para a defesa dos seus interesses nos planos regional e global. Todavia, enquanto a riqueza comercial e financeira transformava-se na grande conquista da Grã-Bretanha na primeira metade do século XIX, garantida mais pela diplomacia do que pela força, evidenciava-se que o país havia se descuidado de alguns dos atributos tradicionais do poder.

O pensamento liberal dominante limitou os gastos militares, especialmente os destinados à manutenção de um grande Exército permanente, e a ação militar britânica tornou-se extremamente dependente da sua supremacia naval. A consolidação do Império colonial, inclusive, reforçou essa tendência. A partir de 1848, a maior parte dos efetivos do Exército britânico estacionada no exterior foi destinada à defesa dos enclaves britânicos na Índia, que se tornaram cruciais para a expansão econômica global do país. A conquista definitiva do subcontinente indiano somente se completou em meados dos anos 1850 e as necessidades de estabilização do território recém-conquistado forçaram, com a revolta indiana de 1857, a uma mudança administrativa importante, com a criação de um vice-reinado um ano depois.

O liberalismo e a expansão do modelo inglês (1848-70)

A Guerra da Crimeia abriu um período belicoso nas relações internacionais. Na Europa, a obra territorial do Congresso de Viena seria abalada com a aceleração dos movimentos das nacionalidades, que produziria em poucos anos duas novas potências: a Alemanha e a Itália. Na América, os Estados Unidos seriam divididos por uma sangrenta guerra civil.

A CONSTRUÇÃO DE NAÇÕES
E O EQUILÍBRIO DE PODER NA EUROPA

A ordem internacional de Viena que proporcionou estabilidade à política europeia, a partir de 1815, construiu-se em um primeiro momento, principalmente, sobre o princípio da legitimidade monárquica, que justificou a repressão dos movimentos revolucionários da primeira metade do século XIX. Como se viu, as ondas revolucionárias que sacudiram a Europa, após 1815, foram inspiradas pela conjunção do clamor popular por reformas liberais; por maior participação política; e pela consolidação do nacionalismo como ideia de força, inspirado pela expansão dos ideais da Revolução Francesa, a partir de 1789 e, depois, pela reação "nacional" ao jugo do Império Napoleônico. Sob o Antigo Regime, a identidade nacional era particularmente construída em torno da monarquia, e os conflitos que opuseram as potências europeias eram especialmente rivalidades dinásticas. O sentimento nacional, entretanto, não pôde ser mais contido e, ao longo do século XIX, substituiu a fidelidade do povo ao monarca como traço de união das coletividades.

Ao longo do século, a "ideia nacional" ganhou ímpeto justamente porque os diferentes grupos linguísticos e étnicos que estavam espalhados pela Europa tomaram consciência da existência de nacionalidades, que existiam justapostas às fronteiras nacionais estabelecidas. Foi em parte uma construção intelectual, na medida em que se evidenciou crescentemente a existência de uma história, de uma literatura e de línguas comuns, que mais uniam do que separavam os povos de determinadas regiões. Mas o seu amadurecimento como força profunda nas relações internacionais da Europa também foi uma construção política e econômica, uma vez que os interesses do desenvolvimento econômico foram constrangidos pelo excesso de particularismos

73

e pela falta de unidade. Nesse sentido, pode-se afirmar que a unidade de nações como a alemã e a italiana, divididas pela história, é tanto uma ideia popular e revolucionária, como uma necessidade da expansão mercantil e industrial das burguesias.

O movimento das nacionalidades, portanto, não foi mais sufocado – e ele foi uma das poucas ideias que perpassou por todo o século XIX e a ele sobreviveu. As tentativas de imposição da ideia nacional que emergiram entre 1815 e 1848 pela via revolucionária e democrática foram caladas, mas a ideia nacional se imporia de qualquer modo, pelas construções tradicionalistas, as quais se inspiraram no romantismo literário e no historicismo, que procuraram dar ênfase às singularidades pátrias, com o culto aos particularismos dos passados nacionais. Essa segunda vertente do ideal nacional esteve em voga na Europa a partir de meados dos anos 1800, e suas melhores expressões políticas foram os processos de unificação da Itália e da Alemanha.

A península italiana estava historicamente dividida em áreas de influência bem precisas. O Reino da Lombardia-Veneza e os ducados de Parma, Módena e da Toscana eram governados por príncipes Habsburgo; os Bourbon governavam o Reino das Duas Sicílias; o papa reinava sobre os Estados pontificais; e apenas o Reino da Sardenha-Piemonte tinha uma dinastia verdadeiramente italiana. A unidade italiana tentada pela sublevação popular fracassou com os movimentos de 1848, contidos pela reação conservadora ou pela ingerência direta da Áustria, que conseguiram reverter eficientemente a situação política e esmagar os movimentos liberais.

A situação começou a mudar com a ascensão de Emanuel II ao trono do Reino da Sardenha-Piemonte (1849), que nomeou como primeiro-ministro, em 1852, Camilo Benso, conde de Cavour, que lançou as bases para a união da Itália. Para obtê-la, Cavour necessitava do apoio estrangeiro contra a previsível reação da Áustria – para tanto, fez com que o Reino da Sardenha participasse da coalizão franco-britânica na Guerra da Crimeia, o que lhe deu direito a participar das negociações do Tratado de Paris de 1856. Nessa oportunidade, a diplomacia de Cavour aproximou-se de Napoleão III, com quem firmou um tratado secreto de aliança em janeiro de 1859, pelo qual a França se comprometia a apoiar o Piemonte contra a Áustria e, em troca, receberia os condados de Nice e de Savoia. Cavour teria as suas pretensões sobre a Lombardia-Veneza, pertencente à Áustria, reconhecidas. A guerra com a Áustria teve início em maio daquele ano. Franceses e sardo-piemonteses tiveram vitórias na Lombardia, mas a mobilização da Prússia e a reação dos católicos franceses fizeram Napoleão recuar, assinando a paz em separado com a Áustria. Apesar disso, a guerra continuou, conduzida por Cavour e pelos movimentos republicanos, liderados por Garibaldi. A derrota austríaca foi consumada com a anexação lombarda, mas os Habsburgo preservaram Veneza. As campanhas militares de 1859 repercutiram em toda a Itália e movimentos secessionistas eclodiram em Módena, Parma e Toscana, que se uniram a Piemonte. Garibaldi comandou a luta contra as forças do rei da Sicília, destituindo-o – e a população do antigo reino decidiu em plebiscito unir-se a Piemonte. Quando Cavour morreu, em 1861, a obra da unificação estava quase completa – Vítor Emanuel II declarou-se rei dos italianos e transferiu a capital para Florença. Para a conclusão da obra de unificação, restavam a incorporação de Veneza e uma deliberação sobre os destinos dos Estados pontificais.

A conquista de Veneza foi possível graças à guerra travada entre a Áustria e a Prússia, à qual os italianos se aliaram. Vencida em 1866, a Áustria foi forçada a ceder e Veneza passou à Itália após um plebiscito. O papa contava com a proteção da França desde a revolução de 1848, mas a queda de Napoleão III, deposto em consequência da guerra franco-prussiana, liquidou as garantias que os franceses davam ao santo padre, que teve de se conformar com a invasão de Roma pelas forças da Itália e a conversão da cidade eterna em capital dos italianos. Criou-se uma situação insólita, na qual o papa Pio IX declarou-se prisioneiro na cidadela do Vaticano e recusou-se a qualquer conciliação com os italianos, que lhe negaram os poderes seculares. A questão romana e do pontificado somente seria resolvida em 1929 pelo Tratado de Latrão, pelo qual se criou o Estado do Vaticano.

A unificação italiana teria uma consequência maior do que o surgimento de um novo e importante Estado na Europa. Quando Napoleão III resolveu apoiar as pretensões de Cavour em relação à Áustria, repercutindo o princípio das nacionalidades que teve uma aplicação importante na política externa da França na época, estava ao mesmo tempo, talvez sem perceber, rompendo o delicado equilíbrio de poderes da Europa Centro-Oriental. Esse equilíbrio havia sido estabelecido em torno da primazia da Áustria, que liderava a Confederação Germânica, mas que balançava com a ascensão política e econômica gradual da Prússia. Os Estados alemães já estavam divididos com relação às prerrogativas dos Habsburgo austríacos sobre as dinâmicas políticas e econômicas que lhes diziam respeito – tanto que a Áustria foi deixada de fora da *Zollverein*, uma união alfandegária constituída em 1834 sob a liderança prussiana, que favoreceu o crescimento do comércio e estimulou as atividades econômicas na região. O enfraquecimento da Áustria, derrotada na guerra de unificação italiana, fortaleceu ainda mais a liderança da Prússia e reativou seu desejo de conquistar a hegemonia alemã por meio da unificação, para o que acionou os meios clássicos da guerra externa e da diplomacia de alianças.

Ao ser coroado rei da Prússia em 1861, Guilherme I, da casa dos Hohenzollern, nomeou como primeiro-ministro Otto von Bismarck, em 1862, um nobre conservador e obstinado defensor da autoridade da monarquia. Para Bismarck, uma guerra com a Áustria parecia inevitável, pois a seu ver apenas o afastamento dos austríacos dos negócios alemães poderia favorecer o crescimento da influência da Prússia sobre os estados da Alemanha e preparar a unificação. Objetivando levar a cabo a reforma da Confederação Germânica, a Prússia e a Áustria foram à guerra em 1864 contra a Dinamarca, para apoiar as pretensões de independência dos ducados de Holstein e de Schleswig, de população predominantemente germânica. Vitoriosos, os prussianos anexaram Schleswig, ao passo que os austríacos ficaram com Holstein.

Menos de dois anos depois, entretanto, Bismarck declarou guerra à sua antiga aliada, enquanto esta estava entretida nas guerras de unificação italiana, com a pretensão de lhe tomar o antigo ducado dinamarquês. Com as forças divididas, a Áustria foi derrotada em apenas sete semanas, para isso contou com a abstenção das demais potências europeias obtida pela diplomacia prussiana. Com isso, Bismarck logrou o objetivo inicial de unir a região setentrional da Alemanha, criando a Confederação Germânica do Norte. Os Estados alemães do sul, de maioria católica e hostis ao autoritarismo prussiano, permaneceram fiéis à Áustria. Para atraí-los e consumar a unificação total da Alemanha, Bismarck teria de lançar mão da "ideia nacional" para inflamar o patriotismo de todos os alemães, levando-os a ultrapassar as diferenças que os separavam do projeto unificador da Prússia. Isso teria de ser feito por meio de uma nova guerra. O Mapa 5 apresenta o processo de unificação da Alemanha.

Mapa 5 – O processo de unificação da Alemanha (1866-71)

A França de Napoleão III havia assistido perplexa ao sucesso de Bismarck na criação da Confederação Germânica do Norte, e a perspectiva de um eventual sucesso prussiano em atrair os Estados do sul e formar uma grande Alemanha era simplesmente aterrorizante. Por isso, setores importantes da opinião pública, dos meios militares e da diplomacia francesa defendiam a necessidade de uma ação rápida para conter o ímpeto unificador da Prússia – nem que, para tanto, fosse necessária uma guerra. O prestígio internacional da França estava comprometido pelo fracasso na tentativa de impor uma monarquia ao México (1862-67), e os movimentos táticos da diplomacia de Napoleão III criaram muitos problemas para a estratégia europeia francesa: o apoio ao papa indispôs a França com a Itália em vias de unificação; suas

História das Relações Internacionais

pretensões sobre a Bélgica a indispôs com a Grã-Bretanha; e as exigências feitas à Prússia, para que esta aquiescesse com as pretensões da França sobre o Grão-ducado do Luxemburgo e os territórios bávaros a oeste do Reno, irritaram Bismarck. A França estava, pois, diplomaticamente isolada.

O pretexto para uma guerra entre a França e a Prússia surgiu com a sucessão do trono vago da Espanha, que foi oferecido a Leopoldo von Hohenzollern, príncipe da casa do rei da Prússia. A França exigiu que Guilherme I renunciasse perpetuamente à candidatura alemã à coroa es-panhola, o que irritou a monarquia prussiana, que não era dada a ultima-tos. A publicação de um documento secreto da diplomacia francesa sobre o tema da sucessão espanhola, devidamente adulterado pela diplomacia de Bismarck, foi o estopim da crise diplomática que levou a França a declarar guerra contra a Prússia, em 19 de julho de 1870. Bismarck obtinha a sua guerra contra o único inimigo que, após a Áustria, poderia amalgamar as opiniões públicas alemãs em torno da causa nacional – o arrogante e prepo-tente império de Napoleão III.

Como Bismarck havia previsto, os Estados do sul juntaram-se aos efe-tivos prussianos para, rápida e decisivamente, esmagar as forças francesas, em Sedan, em 4 de setembro daquele ano, capturar o seu imperador e sitiar Paris, forçando a França a capitular. As demais potências europeias assistiram à derrota da França sem nada fazer. Em 18 de janeiro de 1871, os príncipes alemães reunidos no Salão dos Espelhos do Palácio de Versalhes, nos arredo-res de Paris, proclamaram Guilherme I da Prússia imperador da Alemanha. Na França, encerrava-se laconicamente o segundo império com a proclama-ção da Terceira República, que herdou pesadas indenizações a serem pagas à Alemanha e teve de carregar até o final da Primeira Guerra Mundial, em 1918, a inominável perda das províncias da Alsácia e da Lorena, anexadas por Bismarck (Duroselle, 1995: 131-38).

As décadas de 1850 e 1860 foram o período de expressão bem-suce-dida das nacionalidades. A afirmação da "ideia nacional", que culminou nas unificações da Itália e da Alemanha, em grande medida atendeu aos interesses dos atores mais preponderantes nos cenários regionais e contou com a relativa indiferença das demais potências, especialmente a da Grã-Bretanha, que observou de longe o rápido surgimento dessas novas potên-cias. A Sardenha-Piemonte, no caso italiano, e a Prússia na Alemanha foram

78

O liberalismo e a expansão do modelo inglês (1848-70)

as grandes vencedoras da causa nacional, que teve também um grande derrotado – o Império Austríaco. Com efeito, as derrotas para a França e o Piemonte, em 1859, e para a Prússia, em 1866, custaram à Áustria a perda das suas províncias italianas e germânicas.

A derrota para a Prússia, particularmente, teria outras consequências para o equilíbrio do império de múltiplas nacionalidades da Áustria, forçando-a a rever o delicado arranjo de povos que compunham o seu território. Em 1867, a monarquia dos Habsburgo foi obrigada a fazer concessões aos magiares – a mais forte das nacionalidades não germânicas que compunham o Império Austríaco –, dando-lhes autonomia administrativa, judiciária e de educação. O acordo de 1867 dividiu os territórios dos Habsburgo em Áustria e Hungria, mantendo os dois países em uma única monarquia, à época encabeçada por Francisco José (imperador da Áustria e rei da Hungria), e a administração compartilhada dos negócios de Estado (relações exteriores, assuntos econômicos e defesa), que passaram a ser conduzidos por um ministério constituído por representantes das duas nacionalidades. Com a constituição do "novo" Império Austro-Húngaro, as nacionalidades alemã e magiar mantiveram sua preponderância sobre os demais grupos nacionais, que tiveram suas próprias aspirações sufocadas pelo novo arranjo. A partir da década de 1870, o governo austro-húngaro fracassou em solucionar os problemas das minorias, os quais passaram a se constituir nos mais persistentes da política europeia e contribuiriam, em última instância, para a dissolução do império ao final da Primeira Guerra Mundial.

O balanço do movimento das nacionalidades da década de 1860 e 1870, entretanto, é auspicioso. O século que se iniciara sob os escombros da Revolução Francesa viu despontar o liberalismo e o nacionalismo como ideias de forças, que foram impulsionadas em movimentos revolucionários, contidas em contrarrevoluções e consolidadas na unificação. Novas tensões surgiram nessa longa evolução, e novos fatos mudaram a feição da política internacional e das relações intraeuropeias. O principal deles foi o surgimento de uma poderosa nação na Europa Central, com a unificação da Alemanha. Em 1870, sua população já era maior do que a da França, com a diferença de que tinha um nível educacional muito mais elevado, e já possuía uma boa estrutura universitária e científica.

A Alemanha unificada surgira repentinamente como a maior potência da Europa continental, com um grande e bem treinado Exército, forças navais em expansão e, especialmente, dotada de excelente estrutura de transportes e comunicações, além de um parque industrial moderno e em franca expansão. Com o surgimento desse novo e fortíssimo ator nas relações internacionais da Europa, o equilíbrio do sistema construído no Congresso de Viena de 1815 estava definitivamente rompido. A diplomacia europeia teria de encontrar um novo modo para ajustar as diferenças que, naturalmente, surgiriam entre as potências e para definir um novo eixo de equilíbrio entre elas.

O DESENVOLVIMENTO DOS ESTADOS UNIDOS

Enquanto a Europa assistia ao avanço da causa das nacionalidades, do outro lado do Atlântico os Estados Unidos continuavam no seu caminho de rápido crescimento, beneficiando-se da expansão das correntes de comércio e do aprofundamento das transformações econômicas proporcionadas pela Revolução Industrial. O país se inserira com singularidade na expansão econômica britânica que se processou desde o início do século XIX. Era o principal fornecedor de matérias-primas, em especial do algodão que alimentava as manufaturas da Grã-Bretanha, ao mesmo tempo que recebia aportes crescentes de capitais ingleses, que eram investidos na modernização da infraestrutura produtiva e de transportes.

Por volta de 1860, a participação norte-americana na produção mundial de manufaturados já era maior do que a da Alemanha e a da Rússia. Nesse momento, o país era cortado por cerca de 50 mil quilômetros de ferrovias, extensão adequada para um país de talhe continental, mas que era 30 vezes maior do que a malha ferroviária da Rússia e 3 vezes mais extensa do que a pioneira das estradas de ferro, a Grã-Bretanha. No início dos anos 1860, os empreendedores norte-americanos preparavam-se para o grande salto da integração nacional, que seria a construção das primeiras estradas de ferro transcontinentais, ligando a costa atlântica ao Pacífico.

A expansão interna prosseguia, com a consolidação do território e com a ocupação efetiva das fronteiras, levada a cargo por grupos crescentes de migrantes internos e imigrantes europeus. A população dos Estados Unidos

O liberalismo e a expansão do modelo inglês (1848-70)

cresceu significativamente desde o início do século XIX, o que se deve à expansão da imigração europeia, que passou de cerca de 14 mil pessoas por ano na década de 1820 para quase 260 mil nos anos 1850, contingentes em boa parte alfabetizados e com conhecimentos técnicos. Apesar do grande fluxo de imigrantes, da disponibilidade de terras e da facilidade para ocupá-las (em 1862, o *Homestead Act* autorizou a distribuição de terras aos estrangeiros, acelerando a ocupação do território rumo ao oeste e ao Pacífico), aliados ao grande crescimento industrial do norte do país, a mão de obra tornou-se escassa, o que incentivou o aprofundamento da mecanização da produção, estimulando os ganhos de produtividade no campo e na indústria.

O crescente dinamismo dos Estados Unidos, entretanto, evidenciou as enormes diferenças existentes no país – entre o Norte urbano, mercantil e industrial, e o Sul rural e agroexportador –, comprometendo o equilíbrio federativo, justamente porque começaram a pesar em muitas dimensões da vida social, política e econômica norte-americana. Com efeito, a industrialização do norte deu-se ao longo do meio século anterior à base de políticas comerciais protecionistas, que favoreceram a consolidação do mercado consumidor interno de produtos manufaturados. Já o Sul manteve sua feição econômica tradicional, integrado às correntes de comércio internacional como exportador de matérias-primas, especialmente de algodão, o qual passou a ser mais demandado com a expansão da Revolução Industrial inglesa. As visões de economia política dos grupos dominantes nas duas regiões tornaram-se irreconciliáveis: ao passo que o Norte advogava a manutenção de altas tarifas de importação para favorecer o crescimento do mercado interno, que poderia ser integrado pelo beneficiamento local do algodão (favorecendo a expansão da indústria têxtil do norte), o Sul pleiteava a diminuição dos encargos que pesavam sobre as exportações e as importações, facilitando o aumento das vendas de produtos primários e a manutenção do mercado cativo das manufaturas inglesas.

A importância do comércio exterior cresceu sustentadamente até meados do século XIX e, por volta de 1860, as exportações de fibras representavam mais de 50% das vendas externas dos Estados Unidos, fazendo que o peso econômico dos estados sulistas aumentasse de modo considerável. A economia do Sul era baseada na mão de obra escrava, cujo tráfico estava proibido desde 1807 e contra a qual pesava desde a década de 1820

81

História das Relações Internacionais

um consistente debate nacional que dividiu a opinião pública dos estados nortistas e sulistas. Em 1820, o Acordo do Mississipi estabeleceu uma linha divisória na federação, pela qual a escravidão era autorizada apenas nos estados que se situavam abaixo do paralelo 36. A sociedade norte-americana estava dividida sobre a escravidão, e o debate interno ganhou uma clara divisão geográfica – os movimentos abolicionistas cresceram e receberam importância política no Norte, enquanto o Sul, oligárquico e conservador, os reprimia. Essas contradições ganharam a forma de um conflito latente, que culminou em 1861 na eclosão da Guerra de Secessão.

Em dezembro de 1860, a Carolina do Sul desligou-se da União Federal, no que foi seguida por outros seis estados sulistas. Em fevereiro de 1861, representantes dos sete estados decidiram formar uma nova federação, os Estados Confederados da América, com capital em Richmond, Virgínia, separando-se definitivamente dos estados do Norte. Em pouco tempo, outras unidades juntaram-se à nova confederação, que passava a ser composta por Virgínia, Carolina do Norte, Carolina do Sul, Geórgia, Flórida, Alabama, Mississipi, Luisiana, Arkansas, Texas e Tennessee. Mesmo separados do Norte, os sulistas iniciaram a ofensiva. Em 12 de abril de 1861, a Confederação declarou guerra à União, formada por Virgínia ocidental, Maryland, Delaware, Nova Jersey, Connecticut, Rhode Island, Massachusetts, Maine, Nova York, Vermont, Pensilvânia, Ohio, Indiana, Kentucky, Illinois, Missouri, Iowa, Wisconsin, Michigan, Minnesota, Kansas, Oregon e Califórnia.

A Confederação estava desde o início em franca desvantagem estratégica – tanto de efetivos em armas, quanto de meios tecnológicos e econômicos para sustentar um conflito de largas proporções. A União contava com melhores condições militares, com uma extensa malha ferroviária (que facilitaria o transporte de suprimentos e de tropas), com uma força naval maior e mais aparelhada e, evidentemente, com melhores condições econômicas para financiar o seu potencial militar por mais tempo. A União foi ágil ao estabelecer um severo bloqueio aos portos do sul, depois estendido a todo o litoral da Confederação, o que levou o Sul ao sufocamento causado pela interrupção das correntes de comércio que lhe proporcionavam o acesso a manufaturados europeus, especialmente de armas. A Guerra Civil americana estendeu-se até abril de 1865, sendo vencida pela União, deixando um saldo de 600 mil mortos.

82

O liberalismo e a expansão do modelo inglês (1848-70)

A Guerra da Secessão marcou o encerramento de um ciclo longo da história dos Estados Unidos. A partir de 1865, com a superação gradual das tensões da federação e o reequilíbrio do sistema econômico, o país envolver-se-ia em uma nova fase de desenvolvimento, calcada na crescente difusão do industrialismo. O poder da indústria nos Estados Unidos fundamentar-se-ia na exploração dos recursos naturais de um país de tamanho continental, na consecução de uma moderna infraestrutura produtiva, na expansão da agricultura moderna e na implementação de uma política comercial altamente protecionista, o que favoreceu ainda mais a consolidação do mercado doméstico, que crescia qualitativamente com o aumento da renda nacional e numericamente com a atração de novos fluxos de imigrantes. Até o início do século XX, o país abandonaria as feições de uma potência introspectiva, que crescera para dentro, e se converteria em um poder de talhe mundial, transformando-se em uma das maiores potências industriais do mundo.

O declínio da *Pax Britannica* (1870-90)

O DESAFIO À HEGEMONIA BRITÂNICA – UMA VISÃO GERAL DO PERÍODO

O período que se abriu em 1871, com a conclusão das guerras de unificação da Alemanha, e que se estendeu até 1914, com a eclosão da Primeira Guerra Mundial, teve como principal característica a ausência de conflitos armados entre as potências europeias – isso não significa que tenha sido um tempo sem grandes tensões. Nesses 43 anos de paz, o sistema de Estados construído no Congresso de Viena foi completamente reestruturado, processo que foi provocado por mudanças singulares da política e da economia europeias. Essa reestruturação teve como consequências principais a universalização da hegemonia europeia por todo o planeta e a transformação do equilíbrio de poderes, que abandonava gradualmente a sua tradicional configuração multipolar para assumir novas formas, calcadas na existência de dois polos que se bateriam em guerra a partir de 1914.

Esse grande período é dividido em duas fases com características bem precisas, que têm em comum apenas a gradual derrocada da proeminência econômica britânica e a predominância política da Alemanha na cena internacional. Processou-se, nesse momento da história das relações internacionais, o movimento que se tornaria crucial para a política mundial no século XX, que foi a ascensão dos Estados Unidos, principalmente, e de outros países, na escala mundial da riqueza e da modernização industriais. Entre os anos 1880 e o final do século XIX, os Estados Unidos transformaram-se na maior economia industrial do mundo e, em pouco tempo, passaram a ser o motor do comércio internacional, enquanto a Grã-Bretanha, afetada pela crise da grande depressão que se abateu sobre a economia mundial entre 1873 e 1896, deixava gradualmente (e de modo ainda imperceptível) de ser o centro dinâmico do capitalismo industrial.

De 1871 a 1890, as relações entre as grandes potências foram dominadas pelo sistema de alianças construído por Bismarck e pela corrida por novos territórios coloniais, retomando o processo que foi contido logo após as independências das colônias ibéricas na década de 1820. Nessa fase, embora a Alemanha se apresentasse com potencial econômico e militar suficientes para romper as regras do equilíbrio de poderes consagrados na política europeia desde 1815, preferiu apostar em uma política cautelosa que não pusesse em risco a sua unificação e, especialmente, no isolamento internacional da sua grande rival, a França.

A Grã-Bretanha persistia na política que já se tornara tradicional, de se manter afastada das disputas de poder na Europa continental que não afetassem diretamente seus interesses, que passara a ser conhecida como *isolamento esplêndido* – justamente porque se alimentava e dava condições para a expansão dos seus interesses políticos e econômicos. As dinâmicas internacionais sofreram importantes inflexões proporcionadas pela universalização de um novo paradigma científico e tecnológico, que teve consequências descomunais nos níveis de crescimento e de competitividade econômicos das grandes potências, no que se convencionou denominar *Segunda Revolução Industrial*. Entrementes, os Estados Unidos e o Japão, que estiveram alheios aos conflitos da grande política europeia, consolidavam sua modernização e crescimento econômicos e preparavam as bases para a expansão que marcaria a política mundial na fase subsequente.

A fase que se abriu em 1890, com a queda de Bismarck, e se encerrou em 1914, não é objeto deste livro, mas é importante que as suas características gerais sejam rapidamente reprisadas. Nela, a política europeia foi marcada pela crescente tensão entre as grandes potências, que se arranjaram em blocos de poder com interesses cada vez mais divergentes. Ainda era um arranjo caracterizado pela busca do equilíbrio, que se tornava, entretanto, mais instável. A Alemanha passou a reivindicar um novo *status* internacional, condizente com suas condições econômicas e militares, enquanto a divisão do mundo em impérios coloniais e em áreas de influência econômica constituía um novo ponto de fricção entre as potências. O mais importante de tudo é que nessa fase começam a se romper as regras da tradição anti-hegemônica que caracterizavam a política internacional, desde 1815, o que levaria à catástrofe da Primeira Guerra Mundial em 1914.

A ECONOMIA MUNDIAL EM TRANSFORMAÇÃO

O ciclo que se abre em 1870 e se estende até meados da década de 1890 foi marcado por dinâmicas que solaparam o sistema de equilíbrio de poderes estabelecido em 1815, com repercussões inquestionáveis no modo como as potências europeias se relacionavam entre si e como estabeleceram novas formas de dominação sobre as demais regiões do mundo. A origem dessas novas dinâmicas da política internacional está localizada nas importantes transformações que se processavam na economia mundial a partir de então.

O período em questão é caracterizado como uma longa depressão econômica, que se estendeu entre 1873 e 1896, com sintomas contraditórios. Por um lado, ainda que as correntes de comércio tenham crescido a ritmos mais lentos nesse intervalo, por outro, a produtividade industrial mundial aumentou sustentadamente, de acordo com a generalização da industrialização. Nas palavras de Eric Hobsbawm, a economia mundial tornava-se, enfim, mais pluralista, uma vez que ao mesmo tempo que o domínio econômico europeu se tornava verdadeiramente global, nos últimos 20 anos do século XIX surgiram novos atores de peso, os quais dividiam as correntes de comércio e as áreas de influência econômica de modo relativamente equilibrado, fazendo que a preponderância da Grã-Bretanha no comércio internacional arrefecesse de forma vagarosa. Os Estados Unidos se consolidaram nesse período como líderes industriais do mundo, aproveitando-se do crescimento do seu mercado interno após a Guerra Civil para impulsionar a sua modernização econômica. A Alemanha passava por rápido e dinâmico processo de industrialização, juntamente a outras economias europeias que foram apenas marginalmente tocadas pelo ímpeto modernizador que se processou a partir dos anos 1850.

História das Relações Internacionais

As relações econômicas internacionais atingiram um novo patamar de complexidade, com o crescimento exponencial dos fluxos de investimentos externos diretos (em ferrovias, portos, serviços de comunicação e *utilities* urbanas – como iluminação pública, transportes etc.), feitos pelas maiores economias industriais (lideradas pela Grã-Bretanha, à qual seguiam os Estados Unidos, a França e a Alemanha), propiciando a inclusão no capitalismo global de regiões inteiras até então desconectadas dos circuitos econômicos. Os fluxos financeiros aumentaram na mesma velocidade dos investimentos diretos no estrangeiro, sendo essa uma das características mais marcantes das transformações que ocorreram na economia mundial no período em tela. Com efeito, a acumulação de capitais proporcionada pela proeminência da produção industrial no comércio internacional da Grã-Bretanha nas décadas anteriores permitiu que Londres se transformasse na maior e mais importante praça das finanças internacionais, fazendo que a economia britânica deixasse de ser predominantemente industrial. À medida que a concorrência dos novos países industrializados ia corroendo as participações britânicas nas correntes do comércio internacional, crescia a importância do setor financeiro na economia do país, que passara, portanto, a ser o maior exportador de capitais e de serviços (fretes e seguros) do mundo. A partir de 1870, o mercado financeiro londrino e a Marinha mercante inglesa tornaram-se verdadeiramente imprescindíveis para a economia mundial. Em poucas palavras, a Grã-Bretanha deixou de ser o motor industrial para ser o dínamo financeiro do mundo.

O período que se abriu em 1870 é caracterizado, também, por intensas transformações nas relações do homem com o seu meio e, em consequência, por grande desenvolvimento científico que teve impactos dramáticos sobre a economia e a sociedade. Nesse tempo, assistiu-se à formação de um novo paradigma científico e tecnológico, que, como dissemos anteriormente, se convencionou denominar Segunda Revolução Industrial ou Revolução Técnico-científica, muito diferente da primeira, porque as transformações nos processos produtivos que dela decorriam não eram resultados de experimentos ocasionais de homens práticos, ou seja, do empirismo tecnológico, sendo antes cientificamente planejados pelas grandes empresas – ou seja, a ciência era utilizada como instrumento para o desenvolvimento de novas tecnologias e de novos materiais industriais. Foram desenvolvidos novos métodos para a produção em grande escala de aço e de produtos químicos, graças à utilização

88

O declínio da Pax Britannica *(1870-90)*

sistemática de novas fontes de energia em substituição ao carvão, como a eletricidade e o petróleo. O historiador Geoffrey Barraclough afirma que o cotidiano depois de 1870 se tornou muito diferente, em virtude das aplicações tecnológicas decorrentes dos novos conhecimentos científicos, como o motor de explosão, os transportes públicos mecanizados, a circulação maciça de notícias impressas a baixo custo, a radiotelegrafia, as primeiras fibras sintéticas etc. O aprimoramento dos conhecimentos na medicina, na nutrição, na química e o florescimento da bacteriologia provocaram verdadeira revolução social. O desenvolvimento de técnicas, como a refrigeração, a pasteurização e a esterilização, permitiu a conservação de alimentos em grandes quantidades e o seu transporte por distâncias maiores, facilitando o comércio de gêneros alimentícios produzidos em regiões afastadas dos grandes centros consumidores e, por extensão, a queda dos seus preços. O aumento da expectativa de vida do homem comum foi um dos resultados mais impressionantes desse estado de desenvolvimento científico, e só não se transformou em um problema de consequências mais graves para as estruturas econômicas e sociais porque se deu paralelamente à elevação da produtividade agrícola em nível global.

Entre 1870 e 1890, segundo Hobsbawm, a produção de ferro dos cinco principais países produtores foi mais do que duplicada, passando de 11 para 23 milhões de toneladas, enquanto a produção de aço foi multiplicada por 20, para citar um exemplo dos impactos que as novas tecnologias tiveram sobre determinados mercados. Em contrapartida, em decorrência dos ganhos de produtividade que se verificaram graças aos progressos técnicos que caracterizam nesse momento a consolidação da indústria, a oferta de produtos manufaturados aumentou em descompasso com a demanda, levando à queda dos preços e ao acirramento da competição em torno dos mercados consumidores (que não cresciam na mesma proporção da produtividade), o que culminou na diminuição dos lucros das atividades manufatureiras.

As novas tecnologias foram responsáveis pelo processo da crescente concentração empresarial que se verificou a partir de então, uma vez que o negócio industrial de pequeno porte perdeu condições de competição diante da crise da superprodução que estava nas origens da depressão econômica, a qual caracteriza o período em análise. A pequena empresa não tinha condições de sobreviver em conjuntura tão desfavorável, mesmo porque lhe faltou crédito para financiar a instalação das novas tecnologias, o que era preciso para os ganhos de escala de produção necessários para enfrentar a concorrência acirrada desses novos tempos. A crise econômica forçou as empresas em condições de sobreviver à busca de alternativas para um novo ritmo de crescimento, levando-as à integração vertical, por meio de processos de fusões e incorporações e de racionalização dos métodos produtivos. Em todos os setores em que havia a possibilidade técnica de exploração de ganhos de escala surgiram grandes conglomerados, integrados verticalmente em suas cadeias produtivas, aptos a operar nos grandes mercados nacionais e internacionais. Paralelamente ao processo de concentração industrial, surgiram as necessidades de novas técnicas de controle da produção e da administração nos grandes conglomerados, respondidas pelo desenvolvimento da "administração científica", experimentada pioneiramente nos Estados Unidos por F. W. Taylor na racionalização dos procedimentos produtivos da indústria siderúrgica norte-americana.

Algo semelhante aconteceu no setor financeiro, especialmente nas principais praças do mercado. A partir de 1880, o setor bancário passou por uma espetacular concentração, que fez desaparecer os bancos de província e as tradicionais casas bancárias familiares, absorvidos por grandes conglomerados financeiros que se organizavam em sociedades por ações e desenvolviam as suas atividades, nacional e internacionalmente, por intermédio de uma vasta rede de agências e de correspondentes bancários. O resultado de todas essas dinâmicas, quando percebidas em conjunto, foi a criação de grandes trustes e cartéis, alguns dos quais com tamanha preponderância sobre o mercado que rapidamente criaram oligopólios e monopólios. Esse processo foi observado particularmente nas indústrias emergentes, como a química e a de exploração de petróleo e de comercialização de seus derivados, modificando a face do grande capitalismo em países como os Estados Unidos e a Alemanha. No setor financeiro, a concentração empresarial foi mais característica na Grã-Bretanha, na França e nos Estados Unidos.

A expansão das redes de transporte, com a construção dos principais sistemas ferroviários, e o desenvolvimento da construção de navios a vapor de grande tonelagem, ao lado da queda dos fretes internacionais – proporcionados pela abertura do canal de Suez em 1869, que reduziu a distância entre a Europa e o Oriente –, facilitaram o comércio da produção agrícola das regiões que, até então, estiveram apartadas da economia global. Isso provocou uma diminuição acentuada dos preços dos alimentos nos países europeus e,

O declínio da Pax Britannica *(1870-90)*

portanto, da renda das atividades rurais, ainda muito importantes para as economias europeias, uma vez que, na média, quase a metade dos homens trabalhadores da Europa Ocidental, à exceção da Grã-Bretanha, tirava seu sustento do campo. A crise do setor agrícola e a concentração empresarial do setor industrial tiveram por consequência o rápido aprofundamento da tendência ao adensamento dos grandes centros urbanos, produzindo dinâmicas sociais totalmente inéditas, as quais originaram a moderna sociedade de massas.

A grande depressão teve, desse modo, repercussões cruciais sobre a estrutura social, já que a crise econômica forçou a queda dos salários reais (ou sua estagnação), enquanto a modernização tecnológica das atividades industriais refreava o crescimento dos índices de emprego. As pressões sociais aumentaram na mesma proporção em que os efeitos da depressão se faziam sentir sobre a estrutura econômica, e foram apenas controlados pela migração ultramarina, cujo volume se adensou consideravelmente nos anos 1880, até se configurar em fenômeno de massas, que ofereceu uma importante válvula de escape para as pressões sociais em países como Itália, Espanha, Áustria-Hungria, Rússia e nos territórios dos Bálcãs.

A crise econômica do período uniu os dois setores – o agrário e o industrial – na reivindicação comum que fizeram aos governos nacionais de restabelecer medidas que preservassem a indústria e a agricultura da concorrência estrangeira. Assim, a partir de 1878, as tarifas protecionistas retornaram ao rol de instrumentos de que lançavam mão os governos nacionais para alavancar os setores dinâmicos e para proteger os menos competitivos das suas economias, transformando-se em um elemento fundamental do cenário econômico internacional.

Entre o final da década de 1870 e o início dos anos 1890, assistiu-se ao triunfo do protecionismo e à reversão do livre-cambismo como práticas no comércio internacional. Os Estados Unidos estabeleceram as primeiras tarifas protecionistas ainda durante a Guerra Civil (em 1861, a Tarifa Morrill), que foram elevadas a quase 50% em média até o início dos anos 1890, quando foram promulgadas as Tarifas McKinley. A Rússia o fez a partir de 1877, seguida da Itália e da Áustria. O Império Alemão sucumbiu à pressão dos setores agrários e estabeleceu as taxas protecionistas em 1879. Na França, as tarifas protecionistas foram introduzidas para proteger o setor agrário – particularmente afligido pela infestação de filoxera, que dizimou as vinícolas do país entre 1872 e 1889 – e para preservar as indústrias nacionais da invasão da produção estrangeira. Desse modo, o país transformou-se no campeão das tarifas punitivas com a promulgação, em 1892, das denominadas Tarifas Méline.

A Grã-Bretanha ficou solitária na defesa do liberalismo comercial. Com efeito, a grande depressão, característica do período, impôs ao governo e às elites econômicas britânicas uma escolha curiosa, diametralmente oposta à que foi feita pelos governos dos demais países do núcleo capitalista. Apesar de a participação britânica nas correntes de comércio internacional ter decrescido no período compreendido entre 1870 e 1890, o *volume* exportado cresceu significativamente, impulsionado pela perseverança da simbiose que se desenvolvera entre a economia manufatureira exportadora britânica e as economias agroexportadoras das Américas; dos domínios (Canadá e Austrália); das colônias; e mesmo de outros países europeus. Devido aos custos elevados da produção nacional comparados com os dos produtos agrícolas importados, a Grã-Bretanha nada fez para deter o declínio do seu próprio setor agrícola, abandonando-o à própria sorte com a importação crescente de parcelas de matérias-primas e dos gêneros alimentícios consumidos no país, a ponto de, no período em tela, pouco mais da metade dos alimentos consumidos na Grã-Bretanha ser importada. O fato é que as altas taxas de lucratividade do setor financeiro londrino tornaram-se mais atraentes do que as atividades agrícolas, mesmo para os grandes proprietários rurais britânicos.

Não existe consenso na análise histórica sobre as consequências da escalada protecionista que acometeu os países do núcleo capitalista no período em análise. Por um lado, é fato que as tarifas elevadas, ao tornarem proibitivas as importações de produtos manufaturados estrangeiros, tornaram cativos os mercados nacionais e realmente estimularam o crescimento do setor industrial. No entanto, não se verificaram a criação de desvios de comércio importantes nem mesmo a diminuição do volume transacionado pelos países afetados pelo fenômeno. Dessa forma, o protecionismo industrial favoreceu o aumento global da produção, em níveis até maiores do que na fase anterior, caracterizada pela preponderância do livre-comércio. Por outro lado, a escalada protecionista teve consequências dramáticas para a política internacional do último quartel do século XIX, uma vez que a competição comercial acrescida entre os Estados europeus levou à repetição frequente de guerras comerciais, como aconteceu entre a França e a Itália, entre 1887 e 1896; ou contribuiu decisivamente para a deterioração das relações políticas entre as partes, como aconteceu com a Alemanha e a Grã-Bretanha (ao longo da década de 1890), e entre a Alemanha e a Rússia, a partir de 1887.

Esses conflitos foram causas determinantes das inflexões que se processaram nas políticas externas dos principais países do continente a partir dos anos 1880, traduzidas no enrijecimento do sistema de alianças que então se construía e levou à formação de blocos de poder antagônicos. As ligações entre a economia política internacional desse período com a ação internacional das potências europeias também se fizeram sentir na dimensão das mentalidades, contribuindo decisivamente para a ascensão do nacionalismo radical que transformou o cenário político na Europa e nos Estados Unidos. O fortalecimento gradual das propostas políticas nacionalistas repercutiu sobre o pensamento político e econômico das principais potências da época, levando à popularização das doutrinas neomercantilistas que conjugavam argumentos de natureza econômica e política, e para a afirmação e a recuperação das condições nacionais de poder e de influência nas relações internacionais. Sob essa perspectiva, a concorrência não opunha apenas os conglomerados empresariais, mas também nações inteiras, cujos governos eram impelidos a pensar e a agir como se os ganhos econômicos e políticos dos oponentes representassem perdas irreparáveis para seus próprios interesses vitais.

A depressão econômica que marcou o período, juntamente à rapidez e à intensidade da industrialização, e a repercussão das ideias nacionalistas amplificaram as pressões sobre a ação internacional dos Estados do núcleo capitalista, incentivando as políticas imperialistas e o desenvolvimento de novas formas de dominação dos povos atrasados, inclusive e principalmente a conquista colonial. Essa é uma das características mais marcantes do período compreendido entre 1870 e 1890, que é um capítulo à parte do processo de europeização do mundo que marca essa época.

A EUROPA SOB A DIPLOMACIA DE BISMARCK

Ainda que a política europeia continuasse organizada como a pentarquia definida em 1815, o equilíbrio de poder tornou-se muito diferente a partir de 1870-1871. A França derrotada pela Alemanha experimentou uma

História das Relações Internacionais

fase de introspecção, na qual se dedicou à restauração das condições do seu prestígio internacional. A Grã-Bretanha, que dominava a economia global, passava a conhecer, a partir de então, o inédito incômodo da concorrência das demais potências industriais, vendo-se também forçada a reconsiderar a política de isolamento dos assuntos da Europa continental que implementara com sucesso desde o início da fase anterior. A Áustria-Hungria, alijada da tradicional influência que exercia na Europa Central pelo advento da Alemanha, dedicou-se ao manejo dos problemas que caracterizavam o mosaico de nacionalidades que compunha seu império e à competição com a Rússia pelas áreas de influência no combalido Império Otomano. A Rússia, perdedora da corrida da modernização industrial, continuava sendo o gigante do Oriente, dona de um impressionante império de talhe continental, que pretendia fazer crescer sobre os escombros do Império Turco, competindo com os austríacos nos Bálcãs e com os ingleses na Ásia Menor. A Itália, recém-unificada, padecia com o atraso econômico, por isso, nunca chegou a fazer parte do panteão dos países poderosos, mas estava em melhores condições para influenciar a grande política continental do que a Espanha e a Suécia, que perderam irreversivelmente o *status* de potência. Finalmente, o fato verdadeiramente novo nas relações internacionais, a partir de 1870, foi o surgimento da Alemanha como ator preponderante da política europeia.

A construção vitoriosa do Império Alemão constituiu uma das principais inflexões da história das relações internacionais do último quartel do século XIX. O arranjo de poder na Europa foi efetivamente alterado, e nenhuma das grandes potências da época podia declarar-se indiferente ao surgimento desse novo e poderoso ator. A partir de então, as relações intereuropeias seriam dominadas pela Alemanha unificada, que surgiu no concerto das nações impulsionada pelo crescimento da economia de forte base industrial, pela capacidade de criação científica e tecnológica e, especialmente, pelo Exército e pela diplomacia laboriosos que atuaram decisivamente para garantir a independência do novo império. Fruto da engenharia política do chanceler prussiano Otto von Bismarck, o Império Alemão ocupou o centro da política europeia, influenciando diretamente boa parte das suas dinâmicas mais fundamentais. A preponderância das concepções políticas e de segurança do chanceler alemão na política europeia foi tão grande que se falaria, para qualificar o período 1870-90, em uma Europa bismarckiana,

94

O declínio da Pax Britannica *(1870-90)*

uma vez que nos Estados europeus como um todo a questão das relações com a Alemanha tornou-se central e a todos inquietava. Afinal, quais eram as intenções do novo Império Alemão? Pretenderia Bismarck transformar a preponderância política alemã sobre a Europa em uma nova hegemonia?

A partir de 1871, a Alemanha sob a liderança de Bismarck tinha ambições comedidas. As grandes metas do líder prussiano estavam circunscritas à obtenção de garantias para a independência e a integridade do novo Estado. Para tanto, duas frentes foram definidas. No plano doméstico, além de criar condições para o crescimento econômico, era crucial reforçar a coesão do império, eliminando as resistências das minorias absorvidas no processo de unificação – das províncias francesas da Alsácia e da Lorena, mas, também, das minorias polonesas e dinamarquesas incorporadas na guerra contra a Áustria. No plano externo, era urgente garantir a integridade do Império Alemão contra seus vizinhos e evitar que a França tivesse condições de se reerguer e de reclamar uma revanche. Para isso, empenhou-se na preservação do *status quo* das relações internacionais da Europa, sugerindo à opinião pública europeia que a Alemanha era um Estado territorialmente satisfeito, não tendo, portanto, interesse em qualquer aumento de poder. Bismarck visava, com isso, desarmar eventuais coligações que surgissem contra o Reich, mas, também, atuava em uma linha preventiva, buscando aliados que o ajudassem a manter o isolamento internacional da França, construindo um complexo sistema de alianças que subverteu o *modus operandi* da diplomacia europeia estabelecido desde 1815.

O primeiro dos sistemas de alianças erguido por Bismarck data de 1872-1873 e coincide com o fim da ocupação militar da França, que conseguira pagar integralmente as pesadas indenizações de guerra impostas pela Alemanha em tempo recorde. Na ocasião, urgia jogar com as rivalidades da política europeia para levantar um sistema de alianças que reforçasse o isolamento internacional dos franceses. Contando com a abstenção britânica dos assuntos da Europa continental, sintetizada na política do *splendid isolation* (isolamento esplêndido), e com a hostilidade que opunha a opinião pública francesa à Itália unificada, Bismarck calculou que as únicas potências que poderiam eventualmente se aliar à França eram a Áustria-Hungria e a Rússia. Portanto, era urgente comprometê-las, sob qualquer pretexto, e prevenir uma eventual aproximação da França. O argumento que reuniu os três imperadores – Guilherme I da Alemanha, Francisco José da Áustria-Hungria e Alexandre I da Rússia –, em setembro de 1872, foi a solidariedade monárquica. Desse encontro resultou uma série de acordos: o acordo firmado entre a Alemanha e a Rússia, em março de 1873, estabeleceu uma aliança militar, garantida pela promessa de neutralidade da Áustria-Hungria. O arranjo, que passou a ser conhecido como Entente dos Três Imperadores, foi, ainda, encorpado com a adesão da Itália, em 1874.

O primeiro dos sistemas de alianças de Bismarck, entretanto, foi efêmero. O principal problema na sua manutenção correspondia aos interesses irreconciliáveis que tinham a Rússia e a Áustria-Hungria, que competiam pela supremacia sobre os territórios turcos dos Bálcãs. A eclosão das revoltas contra o domínio turco na Bósnia-Herzegovina e na Bulgária, em 1875, motivou a intervenção da Rússia, que declarou guerra contra o Império Otomano, dela saindo vencedora em 1878. Nesse ano, a Rússia obteve dos turcos o Tratado de San Stefano, pelo qual era criada a Grande Bulgária, tornando independentes os territórios otomanos dos Bálcãs. A Áustria-Hungria rejeitou violentamente os termos do tratado, pelos quais eram criadas as condições para afirmação da hegemonia russa sobre os Bálcãs, e exigiu a sua revisão. O Tratado de San Stefano foi revisado na conferência convocada por Bismarck e realizada em Berlim em junho-julho daquele ano. Na conferência, as áreas de influência nos Bálcãs foram remanejadas e divididas entre a Rússia e a Áustria-Hungria, mas seu resultado melindrou a diplomacia russa, que percebeu a indisfarçável preferência de Bismarck pelos interesses austríacos.

Nesse momento, a Rússia começava a se afastar da Alemanha que, por seu turno, dava início à construção do seu segundo sistema de alianças, tendo por base os entendimentos com os austríacos (Dupla Aliança), pelos quais se firmava, em outubro de 1879, uma aliança preventiva contra a Rússia. Contraditoriamente, Bismarck ainda buscaria a reconstrução da aliança com os russos e, assim, propôs a restauração da Entente dos Três Imperadores. Pelo acordo firmado em junho de 1881, com duração inicial de três anos, o chanceler prussiano obteve a neutralidade da Rússia na eventualidade de uma guerra franco-alemã, e a Rússia, em troca, ganhou promessa análoga, no caso de uma guerra contra a Áustria-Hungria.

O segundo sistema de alianças seria aprimorado, em 1882, com a adesão à Dupla Aliança da Itália (que estava melindrada pela conquista da Tunísia, por onde tentava iniciar a construção do seu Império colonial, pelos franceses),

O *declínio da* Pax Britannica *(1870-90)*

seguida pela Romênia, que a ela se juntou em 1883. Entretanto, a eclosão da "crise búlgara", que se desenrolou entre 1885 e 1888, na qual os interesses da Rússia se chocaram mais uma vez com os da Áustria, comprometeu a Entente dos Três Imperadores, que teve fim em 1887. A preocupação de Bismarck, entretanto, era evitar que a Rússia, sentindo-se isolada e preterida pela diplomacia alemã, se aproximasse da França. Para evitar tal reversão na estratégia de isolamento internacional da França que construíra com esmero desde a fundação do Império Alemão, Bismarck negociou com a Rússia o Tratado Secreto do Resseguro, firmado em junho de 1887, pelo qual as partes garantiam neutralidade recíproca na eventualidade de uma guerra defensiva. A Alemanha reconhecia a proeminência sobre a Bulgária, em detrimento dos interesses da Áustria, e prestava apoio político à pretensão de abertura dos estreitos de Dardanelos e de Bósforo às naves de guerra russas.

Ainda em 1887, Bismarck obteve a renovação do Tratado da Tríplice Aliança (Alemanha, Áustria-Hungria e Itália) por cinco anos, favorecendo, também, a assinatura dos Acordos do Mediterrâneo, fundados sobre a perspectiva da manutenção do *status quo* no Mediterrâneo e no estreito de Bósforo, com o objetivo de deter o crescimento da influência da Rússia e da França. Os dois acordos foram firmados em fevereiro e em dezembro daquele ano por Grã-Bretanha e Itália, a eles aderindo a Áustria-Hungria no mês seguinte e a Espanha logo depois. Com a conclusão dos Acordos do Mediterrâneo, Bismarck obtinha indiretamente a vinculação formal da diplomacia britânica ao seu sistema de alianças. O conjunto dos tratados de 1887 constitui o terceiro sistema de alianças de Bismarck.

Os sistemas de alianças construídos por Bismarck tornavam as relações intereuropeias extremamente complexas. É fato que, com eles, conseguiu a proeza de tornar as relações da totalidade das potências europeias com a Alemanha verdadeiramente centrais e, em alguns casos, estabelecer uma ligação de dependência política, como aconteceu com a Áustria-Hungria e com a Rússia. Em compensação, a intrincada trama de engajamentos tecida pelas alianças bismarckianas tornara todo o sistema bastante contraditório. Ao mesmo tempo que assumia uma postura marcadamente favorável aos interesses da Áustria-Hungria no contexto da Dupla Aliança, Bismarck agia no sentido contrário no episódio do Tratado Secreto do Resseguro com a Rússia. A ambiguidade diplomática alemã, entretanto, desfez-se com a atenção conferida aos

Acordos do Mediterrâneo, pelos quais se formava um bloco de Estados que se engajavam formalmente para deter a expansão russa sobre os Bálcãs.

Os sistemas de alianças construídos pelo chanceler alemão visavam encaminhar os problemas fundamentais das relações internacionais na Europa no período, que eram a competição entre a Rússia e a Áustria, e entre a França e a Alemanha, mas sua evolução contraditória acabou por frustrar, no médio prazo, essas intenções. A Rússia percebeu a preferência velada da diplomacia alemã pela Áustria-Hungria. Em razão disso, as relações teuto-russas passaram por tensão crescente, agravadas por problemas que se acumularam na vertente econômica, causados pelo aumento das tarifas de importação impostas pela Alemanha à produção agrícola russa em 1879; e pela proibição decretada em 1887 de negociação dos títulos da dívida externa russa no mercado financeiro alemão. A deterioração das relações teuto-russas desembocou justamente onde Bismarck não desejava – na aproximação entre Rússia e França.

Não obstante, a diplomacia de alianças obteve um resultado muito importante, diretamente vinculado à consolidação do Império Alemão, agindo para a preservação da paz e para desfazer eventuais coligações contra o país. A eclosão de uma guerra entre a Áustria-Hungria e a Rússia, por exemplo, foi evitada pelo menos em duas ocasiões graças à habilidade da diplomacia alemã, que soube preservar os interesses do Reich, contentando seus aliados com compensações efêmeras. A preservação da paz, portanto, ainda que não parecesse aos observadores da época uma das grandes ambições de Bismarck, era um dos objetivos principais da sua política externa. No seu cálculo estratégico, ainda que brandisse a ameaça do uso da força, não convinha deixar transparecer aos inimigos esse ânimo pacifista.

O clima político na França e na Alemanha, fortemente marcado pela ascensão do nacionalismo chauvinista como força política de expressão, colaborou para a permanência da tensão entre os dois grandes rivais europeus. Alguns episódios que marcaram as relações franco-alemãs no período em tela sintetizam esse estado de ânimo. O primeiro deles ficou conhecido como a crise do "alerta de 1875", no qual Bismarck ameaçou a França com a decretação de uma guerra preventiva após a promulgação da nova lei militar francesa, quando o governo de Paris promovia o rearmamento. O "caso Schnaebelé", de 1887, foi provocado pela prisão de um comissário de polícia francês pela guarda imperial alemã, e foi responsável para que os ânimos nacionalistas se exaltassem de ambos os lados. Mas o episódio que melhor resume o estado é o da crise aberta pelo general Boulanger, que se estendeu de 1885 a 1887. Membro do gabinete de governo na França, Boulanger defendia abertamente a revanche contra os alemães, incitando a opinião pública francesa após a promulgação da nova lei militar da Alemanha.

A Alemanha, sob o comando decidido de Bismarck, desempenhou um papel extraordinário nas relações internacionais da Europa. Sua diplomacia procurava a estabilidade das relações intereuropeias como condição para a consolidação do império e a sua afirmação como potência de primeira grandeza, mas acabou sendo a causa de novas tensões. Com efeito, o sistema de alianças bismarckiano pôs a Europa no caminho das alianças permanentes que produziriam, poucos anos depois, os blocos de poder que se oporiam na Primeira Guerra Mundial. Emprestou, portanto, rigidez e complexidade ao sistema que funcionava desde 1815 de modo extremamente fluido. Os esquemas pelos quais Bismarck regulou as relações da Alemanha com a Europa tiveram influência duradoura sobre a estrutura das relações internacionais.

Os marcos da política interna alemã, nos quais a política de Bismarck se fundou, mudaram ao final dos anos 1880. O velho imperador Guilherme I, fundador do Reich, morreu em março de 1888, sendo sucedido por seu filho já sexagenário, Frederico III. Príncipe de orientação liberal, Frederico simbolizou, por muitos anos, uma opção democrática para a Alemanha, cujo sistema político fora fundado pelas forças conservadoras, mas pouco tempo teve para iniciar a reforma das instituições e prepará-las para a evolução constitucional, falecendo apenas três meses depois de coroado. O herdeiro então coroado, o jovem e impetuoso Guilherme II, tinha uma personalidade extremamente complexa: conservador e autoritário, pretendeu desde o primeiro momento do seu reinado uma concentração de poderes ainda maior do que aquela de que dispunha já tradicionalmente o *Kaiser*. Em outras palavras, pretendia exercer diretamente o poder, sem intermediários, como expressão tardia da melhor tradição absolutista que já se tornara antiquada na Europa. Indisposto com o herdeiro do trono alemão devido ao manejo de problemas da política doméstica, Otto von Bismarck renunciou ao posto de chanceler em 18 de março de 1890 (Duroselle, 1995).

A renúncia de Bismarck evidenciou a existência de um conflito político fundamental na Alemanha, que opunha duas visões nacionais de relações internacionais. De um lado, Bismarck formulou e implementou consistentemente uma política externa que pretendia garantir a independência e a integridade do império, obtendo-lhe a preponderância na política continental. Com isso, pretendia conservar as condições do poder alemão e não as dispersar em aventuras como a expansão colonial, à qual outras potências se entregaram com ânimo a partir da década de 1880. A visão oponente, agora consagrada com a coroação do jovem imperador, considerava, ao contrário, que o desenvolvimento industrial e financeiro do império impunha a necessidade da expansão do poder alemão, que não se continha mais ao território nacional nem poderia se limitar à Europa. O poder nacional alemão deveria encontrar a escala mundial, na qual saciaria sua sede de prestígio e sua vontade de exercer a potência. O advento dessa *Weltpolitik* ("política mundial"), em substituição à política conservadora do sistema europeu bismarckiano, passava a caracterizar as ambições internacionais da Alemanha a partir de 1890, e seus desígnios de expansão seriam a fonte de todas as tensões que sacudiram a Europa e as relações internacionais, eclodindo na Primeira Guerra Mundial.

O NOVO IMPERIALISMO

A partilha da África, em uma nova corrida colonialista que retomou o processo estancado no início do século XIX, e as novas formas do imperialismo econômico, que sujeitaram política e economicamente as regiões atrasadas do mundo, são duas das dinâmicas que influenciaram de modo mais intenso as relações internacionais no grande período que se estende de 1871 a 1914. As duas dinâmicas são em grande medida complementares e, por vezes, torna-se difícil separá-las e mesmo defini-las isoladamente. O novo colonialismo do último quartel do século XIX é, de maneira substancial, distinto da corrida por possessões territoriais que deu início ao processo de europeização do mundo ainda no século XVI, devendo ser entendido como um fenômeno inédito nas relações internacionais. Em grande medida, está relacionado com o aprofundamento do imperialismo econômico informal, que caracterizou a fase de expansão do capitalismo industrial pela imposição do livre-comércio anterior a 1871.

As duas dinâmicas, de todo modo, estão profundamente imbricadas com a evolução das relações intereuropeias a partir de 1871 e, nessa perspectiva, é conveniente verificar a existência de dois períodos bastante distintos. Entre 1871 e 1890, o desenvolvimento das ambições coloniais das grandes potências não teve maiores consequências sobre as relações intereuropeias, funcionando, na verdade, como uma "válvula de escape", a qual permitiu que muitas das tensões da política europeia se tornassem administráveis. Dessa forma, nesse período, a competição por novos espaços coloniais não teve uma influência determinante sobre a política continental, uma vez que algumas das potências europeias nem mesmo participaram dessa primeira fase da corrida colonial.

A Alemanha, por exemplo, via as desmesuradas ambições expansionistas da França com extrema benevolência, já que elas entretinham a sua rival em distantes competições que não influíam no equilíbrio estratégico europeu. A partir de 1890, entretanto, a natureza dessa competição modificou-se, justamente quando boa parte do mundo já se encontrava dividido. Escasseavam os territórios que ainda poderiam ser divididos, ao mesmo tempo que aumentava o número de potências interessadas em obter colônias, com a chegada tardia da Alemanha e da Itália. Nessa fase, o recrudescimento da concorrência entre as potências por novos territórios produziu novas tensões fora e dentro da Europa, afetando de modo extremamente negativo a política europeia.

Após 1871, as possibilidades de expansão das grandes potências no território europeu foram bloqueadas pelo fortalecimento dos movimentos das nacionalidades. As unificações alemã e italiana tornaram as zonas de expansão territorial na Europa extremamente exíguas, não só devido à nova configuração geopolítica do continente, mas também em virtude da rearticulação das áreas de influência. Nesse momento, restavam abertas à competição das grandes potências apenas os antigos territórios do Império Otomano nos Bálcãs, frequentemente sacudidos pelas pretensões territoriais da Áustria-Hungria e da Rússia. Ademais, a velha política das compensações territoriais, característica do arranjo de poder que emergiu no Congresso de Viena, também se tornava antiquada, com o amadurecimento do debate público sobre os direitos das minorias e com o fortalecimento do nacionalismo integrista como tendência política expressiva em grande parte dos países europeus. Bloqueados na Europa, a expansão econômica e o jogo do equilíbrio das grandes potências encontraram vazão nos territórios tribais da África negra, bem como nos antigos reinos semifeudais da África do Norte e da Ásia. O Mapa 6 ilustra o resultado do processo de expansão europeia na Ásia.

História das Relações Internacionais

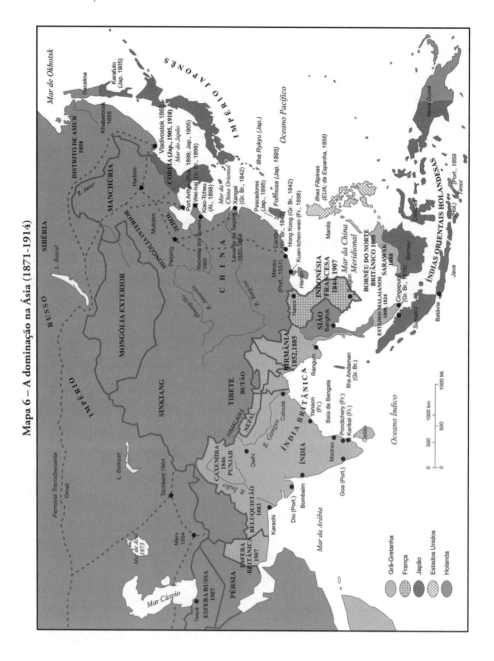

Mapa 6 – A dominação na Ásia (1871-1914)

O declínio da Pax Britannica *(1870-90)*

As causas da corrida colonial que comprometeu as potências europeias, a partir de 1871, são múltiplas e complexas. São de natureza econômica, porque se inscrevem na busca de novas fontes de matérias-primas, na conquista de novos mercados consumidores e nas necessidades de remuneração do capital financeiro, ávido por investimentos rentáveis. São também de natureza política, estratégica e psicológica, dimensões nas quais eram contabilizadas as considerações de prestígio internacional, as necessidades de exaltação do sentimento nacional e a vontade de expandir a matriz civilizacional europeia, tanto por razões religiosas como por causa da consciência de superioridade que tinha cada um dos países envolvidos. A segunda ordem de fatores sintetiza o darwinismo social, que surgiu nesse período como expressão ideológica do nacionalismo. De acordo com esse pensamento, defendiam-se vigorosamente a conquista de novos territórios e a constituição de impérios como uma expressão da força e da capacidade de sobrevivência das nações mais bem-sucedidas, econômica e culturalmente, sobre os povos mais atrasados. De todo modo, não é possível encontrar explicações monistas para o fenômeno da corrida colonial. Ele não pode ser compreendido, portanto, como o resultado exclusivamente de uma das ordens de fatores elencadas, mas como uma combinação imponderável de considerações de ordem econômica, estratégica, psicossocial e ideológica.

A corrida colonial foi um fenômeno surpreendente, tanto pela velocidade com que se processou quanto pelas extensões geográficas envolvidas. Até o final da década de 60 do século XIX, apenas duas das grandes potências tinham o *status* de potências coloniais – a Rússia, que colonizava por contiguidade, formando o mais coeso Império colonial do planeta; e a Grã-Bretanha, que detinha possessões nas Américas, a Índia, a Colônia do Cabo (na África Austral) e outras pequenas posses no litoral ocidental africano. Em 1875, como se vê no Mapa 7, pouco menos de 10% do território da África estava sob o domínio europeu, e as potências coloniais eram ainda poucas e possuíam uma presença já tradicional. Além da presença britânica já mencionada, a França dominava a Argélia desde 1830, o Marrocos parcialmente desde 1844 e pequenos enclaves na costa ocidental, sendo o mais importante deles o Senegal, onde a presença francesa datava de 1854. Portugal, por seu turno, mantinha suas possessões inalteradas desde o século XVII.

Mapa 7 – A dominação europeia na África (1875)

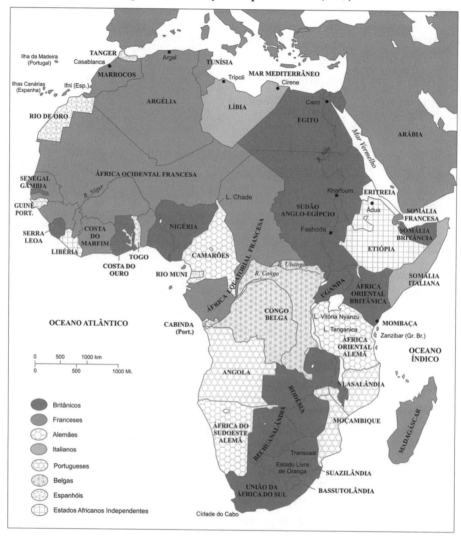

O fato é que as possessões coloniais não tinham, até o final dos anos 1860 e o início dos 1870, maior utilidade econômica no esquema de expansão do capitalismo industrial, preferindo as potências europeias estabelecer formas de dominação indiretas, explorando o caminho da dependência informal e o da inserção desses espaços nas correntes comerciais pela via do livre-comércio. As ambições pelos territórios africanos surgiram tardiamente, portanto. Algumas posições possuíam grande valor estratégico, como acontecia com o Egito, libertado da dominação do Império Otomano, em

O declínio da Pax Britannica *(1870-90)*

1830, mas desde cedo submetido à hegemonia britânica, devido à sua posição privilegiada nas rotas comerciais que ligavam as Índias à Europa. Essa posição foi ainda mais valorizada após 1869, quando se inaugurou o canal de Suez. Outros enclaves, como a Colônia do Cabo, passaram a ter maior valor econômico depois das descobertas das imensas reservas de diamantes e de ouro, entre o final dos anos 1860 e o início dos 1870.

A vertiginosa divisão da África alteraria em poucos anos esse quadro, de modo que, a partir da segunda metade dos anos 1870, a quase totalidade do continente africano fora retalhada, a ponto de, ao final do século XIX, mais de 90% do seu território estar dividido na forma de possessões coloniais europeias, como é possível perceber no Mapa 8. Esse processo foi iniciado pela expansão francesa na África Ocidental, com o começo da exploração dos territórios interiores no Senegal, em 1876. Três anos depois, o rei da Bélgica, Leopoldo II, patrocinou a constituição da Associação Internacional para a Exploração e a Civilização da África Central, instituição privada que tinha o objetivo de explorar economicamente os territórios adjacentes à bacia do rio Congo. O propósito do monarca belga era a criação de um "Estado livre", circundando as limitações jurídicas existentes no seu país para a aquisição de territórios e colônias. A nova presença belga não tardaria a se chocar com os interesses da França e da Grã-Bretanha, ciosas das suas conquistas recentes na África Equatorial e, particularmente, dos riscos que a competição impunha aos seus interesses comerciais.

História das Relações Internacionais

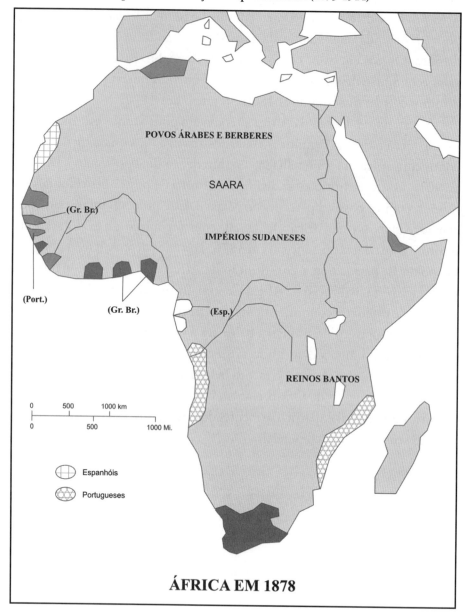

Mapa 8 – A dominação europeia na África (1875-1914)

ÁFRICA EM 1878

Bismarck assistiu à escalada da competição entre as potências coloniais com interesse e, especialmente na controvérsia aberta sobre o Congo, como uma oportunidade para uma reaproximação tática da França. Sua intenção era encorajar as ambições coloniais do país rival, afastando-o ainda mais

O declínio da Pax Britannica (1870-90)

da política europeia, aplacando eventualmente seu desejo de revanche e de reintegração das províncias de Alsácia e Lorena. Para tanto, o chanceler prussiano convidou o presidente do conselho de governo francês, Jules Ferry, a copatrocinar uma conferência internacional com o objetivo de regular as diferenças sobre a África Central.

Essa conferência teve lugar em Berlim entre novembro de 1884 e fevereiro de 1885. Reuniu representantes de 14 Estados europeus e sua convocação inscreveu-se na tradição diplomática criada pelo Congresso de Viena, a partir do qual as grandes questões da política europeia eram tratadas em encontros semelhantes, com a finalidade de estabelecer consensos entre os interesses das grandes potências. Os países convidados para o encontro de Berlim foram os mesmos que firmaram a ata final de Viena, aos quais se somaram alguns outros interessados no assunto da expansão colonial – Estados Unidos, Bélgica, Itália e Turquia. O modelo adotado para os trabalhos do encontro foi o da regulamentação da navegação no rio Danúbio, elaborada também em 1815. A ideia de Bismarck era que em Berlim se definisse um regime internacional que regulamentasse a navegação e a ocupação das bacias dos rios Congo e Níger.

O objetivo último do encontro não era propriamente partilhar o território africano, mas garantir as condições para o livre-comércio nas regiões em disputa por Grã-Bretanha, Bélgica e França e, secundariamente, definir as formalidades que teriam de ser observadas pelas potências interessadas para que suas conquistas no continente fossem consideradas efetivas. A ata final da Conferência de Berlim assegurou, então, a liberdade de comércio e de navegação nos dois grandes rios africanos, compreendendo a navegação de grande e de pequena cabotagem, entre o mar e os portos interiores, e em todos os seus afluentes.

No que concerne às condições estabelecidas para as novas conquistas de territórios, a conferência inovou o estado do direito internacional, estabelecendo a necessidade de *ocupação efetiva* do espaço reivindicado, que deveria se traduzir pelo exercício pacífico (o que significa não contestado pelas populações locais) de todas as funções estatais. Estas deveriam ser executadas por meio de medidas concretas e de instalações suficientes para permitir ao Estado ocupante, diretamente ou por intermédio dos seus agentes, o estabelecimento da sua soberania de fato no território reivindicado. As novas

107

conquistas deveriam ser notificadas às demais potências signatárias da ata final. A Conferência de Berlim tornou, portanto, mais rígidas as regras para a ocupação territorial, bem como seu reconhecimento internacional, revertendo a tendência consagrada, especialmente pelos britânicos, de delimitar simples esferas ou zonas de influência a partir do comércio legítimo, que equivalia a uma posse menos custosa e menos comprometedora do que as ocupações efetivas.

A Conferência de Berlim teve como resultado a intensificação da competição por territórios na África, da qual todas as potências passaram a participar. Entre 1885 e 1890, as grandes potências coloniais rearticularam suas políticas de expansão. A Grã-Bretanha buscou condições para assegurar suas posições estratégicas no comércio, garantindo a posse de Gana e da Nigéria e ocupando o Egito, transformado em protetorado britânico, com o afastamento da França. Para conformar a posse tranquila do Egito, os britânicos estenderam seu domínio colonial sobre todo o vale do Nilo, incorporando o Sudão e, mais adiante, Quênia e Uganda. Na África Austral, o conflito com os bôeres (colonizadores de origem holandesa há muito estabelecidos no subcontinente) foi aprofundado pela posse dos territórios valorizados pelas descobertas de jazidas de ouro e diamante, o que levou a duas guerras sangrentas (1880-81 e 1889-1902), culminando no estabelecimento de um protetorado sobre as repúblicas sul-africanas. A Alemanha e a França, por seu turno, transacionaram suas áreas de influência e as fronteiras das suas colônias mediante acordos bilaterais.

Em apenas cinco anos, desde o encerramento da Conferência de Berlim, findou-se a partilha total do continente africano. O evento marcou o fim da primeira fase da corrida colonialista, na qual as disputas por territórios pouco afetavam o equilíbrio da política europeia, e preparou a transição para a fase seguinte, iniciada em 1890, em que todos os ganhos territoriais de determinada potência eram considerados perdas irremediáveis para o poder nacional das demais.

A partilha territorial da África foi uma das mais dramáticas dinâmicas do novo imperialismo europeu, mas não foi a única. A América Latina havia se convertido em zona de baixa pressão desde o final dos impérios coloniais ibéricos no início do século XIX – na região, vigoravam ainda as regras da submissão pela via da influência econômica informal, consistentemente

O declínio da Pax Britannica *(1870-90)*

implementadas desde que a área se tornara formalmente independente. Esse modelo de dominação, dito imperialismo informal, estabeleceu relações políticas e econômicas assimétricas, que favoreceram a consolidação da presença econômica das grandes potências industriais nas regiões e nos países menos desenvolvidos. Buscaram-se, por essa via, mercados consumidores, fontes de matérias-primas e oportunidades para investimentos de capitais. Contudo, na Ásia eram concomitantes os dois modos de dominação – partilha territorial com zonas de influência e imperialismo econômico informal.

A expansão da Rússia e da França na Ásia foi o motivo que levou à intensificação da competição entre as potências, uma vez que colocou em risco as fronteiras do tradicional Império colonial britânico no continente, que tinha a Índia no seu centro. Com efeito, nesse momento, a Índia tinha enorme valor econômico e estratégico para a Grã-Bretanha, detendo grande importância como espaço de reciclagem dos excedentes de capital (investidos em infraestrutura urbana e de transportes) e, particularmente, como mercado consumidor dos setores da economia industrial que já se tornavam decadentes, como o de têxteis. A Grã-Bretanha se via, portanto, naturalmente compelida a defender o subcontinente indiano e sentia-se pressionada pela expansão territorial da Rússia no sudeste e no leste asiáticos, a qual ameaçava as fronteiras das áreas de influência britânicas. A eclosão de conflito entre a Rússia e as forças afegãs, em 1884, levou a diplomacia de Londres, temerosa dos riscos que a expansão russa portaria para seus interesses, a transformar o Afeganistão em um Estado independente, formalizado em um estatuto de protetorado que funcionava, na prática, como um Estado tampão a separar a Rússia da Índia.

A França tinha uma presença anterior na Ásia, ocupando desde 1867 a Cochinchina. A extensão dos domínios franceses na península da Indochina, com a instauração de um protetorado sobre os antigos reinos de Anã e de Tonquim em 1882, e sobre o Laos em 1893, foi o motivo que levou a Grã-Bretanha, em reação, a fortalecer seu domínio sobre a Malásia e a anexar a Birmânia. Adicionalmente, o antigo reino do Sião, atual Tailândia, foi convertido em um Estado tampão, separando a zona de influência francesa das fronteiras da Índia.

O mais impressionante processo de estabelecimento de zonas de influência, contudo, desenrolou-se na China, que não teve o seu território

109

História das Relações Internacionais

formalmente retalhado entre as potências, mas foi aberta à força aos interesses das potências estrangeiras. Convertida em espaço de competição econômica desde a década de 1840, quando o final da Guerra do Ópio (1839-1842) a subjugou totalmente, a China foi mais uma vez motivo de competição, no final do século XIX, entre a Grã-Bretanha, a Rússia, a França, a Alemanha, os Estados Unidos e, por último, o Japão. O país foi dividido formalmente em áreas de influência econômica exclusiva e sofreu intervenções diretas das forças militares das grandes potências estacionadas em seu território, que ali estavam para garantir o comércio e os interesses políticos de umas contra as outras. A dominação estrangeira e a subjugação da soberania nacional, entretanto, fomentaram o nacionalismo chinês, que eclodiu em violentas revoltas populares sufocadas pela intervenção estrangeira, como a Rebelião Taiping (1850-64) e a Revolta dos Boxers (1900).

Não existe consenso na análise histórica acerca dos ganhos econômicos proporcionados pelo novo imperialismo. Por um lado, a exploração colonial direta mostrou-se custosa, o que põe em dúvida a utilidade econômica de processos como a partilha da África, por exemplo. As despesas decorrentes das necessidades da ocupação efetiva dos territórios, como as de defesa e de administração, nem sempre foram compensadas por correntes de comércio dinâmicas e intensas o suficiente para justificá-las. Por outro lado, o avanço des novos modos de imperialismo informal mostrou-se mais produtivo no médio e longo prazos, servindo para consolidar a presença econômica das grandes potências industriais nas regiões abertas à competição estrangeira. Isso aconteceu na América Latina, que concentrava no início da década de 1890 cerca de um quarto dos investimentos da Grã-Bretanha e dos Estados Unidos no exterior, por exemplo, organizados em operações altamente lucrativas (empréstimos e contratos de exploração de projetos de infraestrutura urbana e de transportes). As presenças econômicas alemã e francesa também cresceriam consistentemente nos países latino-americanos a partir do início dos anos 1890, a ponto de que, no final do século XIX e início do século XX, punha-se em séria dúvida a perseverança da proeminência britânica na região.

O imperialismo informal também teceu as suas redes de interesses em outras regiões do mundo. A expansão da Segunda Revolução Industrial e a exploração econômica em alta escala de novas fontes de energia e de novos materiais, como o petróleo e a borracha, por exemplo, revestiram de alto

O declínio da Pax Britannica *(1870-90)*

valor estratégico as relações econômicas privilegiadas com determinados países da América Latina e do Oriente Médio. Na década de 1880, a competição pela proeminência econômica e por áreas de influência fez com que o Império Otomano se transformasse em presa fácil dos interesses financeiros da Alemanha e da França. A Rússia, que se definira pela aliança com a França em detrimento das conturbadas relações políticas e econômicas com a Alemanha, transformou-se rapidamente em zona de influência privativa do grande capital francês. E assim aconteceu por todo o mundo – os grandes grupos financeiros britânicos, norte-americanos, austríacos, belgas e holandeses repartiram entre si outros grandes negócios, como as malhas ferroviárias em expansão, os investimentos em infraestrutura urbana (transportes e iluminação públicos, telégrafos e comunicações etc.).

O novo imperialismo, em suas duas vertentes – a da exploração colonial direta e a do imperialismo informal – acelerou a constituição de uma economia de mercado global, concluindo o processo de expansão do ocidente europeu que teve início no século XVI, fomentando pacífica ou violentamente a difusão da civilização ocidental. Como dinâmica característica do último quartel do século XIX, o novo imperialismo também produziu relações políticas e econômicas profundamente assimétricas entre os Estados industrializados que dominavam o restante do mundo subdesenvolvido.

A Primeira Guerra Mundial e a ilusão da Paz de Paris (1914-29)

A GRANDE GUERRA: ORIGENS E EVOLUÇÃO POLÍTICO-DIPLOMÁTICA (1914-18)

A Primeira Guerra Mundial encontra as suas origens em fatores políticos ligados ao aprofundamento dos nacionalismos e de várias contraposições entre as grandes potências europeias. Depois da humilhação da derrota em 1871, a França queria recuperar a Alsácia e a Lorena subtraídas pelo Império Alemão, que, a partir de 1890, tinha elaborado uma política externa para uma projeção global chamada *Weltpolitik*. Os Impérios Austro-Húngaro e Russo eram rivais na projeção da própria influência nos povos eslavos, sobretudo na região balcânica, em consequência da exclusão quase completa do Império Otomano do continente. No âmbito global, depois dos acidentes franco-britânicos na África no final do século XIX, Londres e Paris recompuseram a própria rivalidade através da "entente cordial" (entendimento cordial) de 1904. Ao contrário, foi clara a rivalidade entre os imperialismos francês e alemão nas duas crises marroquinas em 1906 e 1911. Ao mesmo tempo, essa crescente tensão provocou uma corrida aos armamentos dos vários atores europeus.

Nesse contexto, o assassinato em Sarajevo, no dia 28 de junho de 1914, do herdeiro ao trono austro-húngaro, o arquiduque Francisco Ferdinando, desencadeou profundas consequências para o frágil equilíbrio internacional. O responsável pela morte do príncipe real austríaco foi Gavrilo Princip, revolucionário bósnio membro de uma organização secreta sérvia, a Mão Negra.

113

História das Relações Internacionais

Em 28 de julho de 1914, a declaração de guerra do governo de Viena contra o de Belgrado, acusado de proteger o responsável pelo assassinato, ativou os mecanismos diplomáticos e militares dos dois blocos que se contrapunham na Europa. Em poucas semanas, boa parte do continente estaria envolvida em um conflito que se protelaria até o começo de novembro de 1918. Se, por um lado, os impérios centrais e seus aliados tinham objetivos de guerra mais bem definidos e coesos em volta do domínio do continente, por outro, é importante discutir sobre as finalidades dos países vitoriosos do conflito.

Animados por uma discórdia que iria caracterizar também as discussões de paz, os membros da Entente (inicialmente Grã-Bretanha, França, Rússia, às quais depois iria se agregar a Itália) comprometeram-se a não chegar a uma paz separada com a Alemanha, a Áustria-Hungria ou o Império Otomano. Até 1917, momento de ruptura determinado pelo ingresso na guerra dos Estados Unidos como potência associada à Entente e pela saída da Rússia bolchevique, a diplomacia era caracterizada por acordos secretos nos moldes da tradição europeia do século anterior. Eles eram funcionais à atração de novos aliados no esforço bélico ou a incentivar mais firmes comprometimentos em troca de promessas de compensações territoriais no momento da definição da paz.

Esse foi o caso da entrada no conflito da Itália e da Romênia. Vinculado à Tríplice Aliança, mas com entendimentos com Londres, Moscou e Paris desde o começo do século, o governo de Roma declarou inicialmente a própria neutralidade. Depois de sondar as ofertas das duas partes do conflito, a Itália entrou em guerra ao lado da Entente, graças a um pacto assinado em Londres com França e Grã-Bretanha, em abril de 1915, que garantiria futuras compensações territoriais. Com acordos parecidos, participou do conflito também a Romênia (1916) e foi fortalecida a presença russa. No Oriente Médio, com a promessa de criação de um Estado árabe independente, Paris e Londres conseguiram minar a estabilidade do Império Otomano em guerra desde novembro de 1914 e mobilizar as populações árabes locais. Todavia, o acordo secreto entre os diplomatas Sykes (Grã-Bretanha) e Picot (França) de 1916 determinava a futura partilha da região em duas distintas áreas de influência entre as duas potências europeias. A contradição que permeou os acordos com os árabes é clara também pela declaração que o chanceler britânico, Lorde Balfour, apresentou ao barão de Rothschild, prometendo o estabelecimento de um lar para o povo hebraico na Palestina.

114

A Primeira Guerra Mundial e a ilusão da Paz de Paris (1914-29)

Esses exemplos de diplomacia secreta manifestam os objetivos de alguns dos protagonistas da Primeira Guerra Mundial, mas é importante sublinhar aqueles dos principais membros da Entente: França e Grã-Bretanha. O governo francês, além do tradicional revanchismo para compensar a humilhante derrota na guerra de 1870-71 e recuperar as regiões da Alsácia e da Lorena, propunha-se a extirpar a ameaça de hegemonia alemã no continente europeu, assim como afirmar e ampliar a própria presença na África e no Oriente Médio, região estratégica pelo ponto de vista geográfico e pela presença do petróleo que, na época, estava se afirmando como principal recurso energético para o crescimento econômico e industrial. Os britânicos, continuando a própria tradição diplomática, queriam evitar uma potência hegemônica na Europa (uma possível aliança com Berlim fracassou no começo do século pela indisponibilidade alemã) e compartilhavam os desejos franceses de se fortalecerem no continente africano, no Oriente Médio e no Extremo Oriente (graças também a uma aliança desde 1902 com o Japão, o qual entrou em guerra contra Berlim para ocupar os domínios alemães na Ásia).

Até 1917, o conflito europeu encontrava-se num impasse sem a capacidade das partes de chegar a uma vitória final ou a uma solução pacífica. A guerra submarina, conduzida pela Alemanha para eliminar os obstáculos criados pela Entente de isolar os impérios centrais, ameaçou fortemente os interesses comerciais de Washington, provocando a decisão do governo estadunidense de colaborar com Paris e Londres. Livres dos comprometimentos da diplomacia secreta, os Estados Unidos, principal potência econômica do mundo, apresentavam objetivos totalmente diferentes dos europeus. A "nova diplomacia", inspirada pelo presidente americano Woodrow Wilson, foi realizada a partir de 1916 com o objetivo de revolucionar o sistema internacional por meio de uma organização mundial baseada nos princípios do liberalismo, do capitalismo e da democracia.

Em 8 janeiro de 1918, numa sessão conjunta do Congresso americano, o presidente Wilson apresentou em 14 pontos os objetivos de guerra do próprio país, entre os quais: supressão das barreiras comerciais, liberdade dos mares, redução dos armamentos, proibição da diplomacia secreta, além dos princípios de autodeterminação dos povos. A esses princípios, rezava o último ponto, deveria se adicionar uma "sociedade geral das nações estabelecida em virtude de convenções formais que tivessem como objeto o fornecimento de garantias recíprocas de independência política e territorial para os pequenos e grandes Estados". A enunciação dos pontos teve um impacto fortíssimo nos participantes do conflito e na opinião pública internacional. Especialmente, o princípio de autodeterminação enunciado por uma potência extraeuropeia (a primeira a se livrar do controle colonial) alimentou as esperanças dos movimentos anticoloniais. Eles viam nas declarações de Wilson as premissas para uma iminente independência dos países europeus. Esses sentimentos não animavam, então, exclusivamente os líderes das populações dos impérios multinacionais europeus, mas fomentaram também movimentos pan-árabes, pan-islâmicos, pan-africanos, indianos e asiáticos que tentariam apresentar as próprias reivindicações nas negociações da paz. À força das palavras, Wilson adicionou a força da economia e a das armas, que tiveram um papel determinante na resolução do conflito europeu. Apesar dos ataques alemães na frente ocidental no começo de 1918, a injeção de Forças Armadas americanas a partir do mês de julho teve a capacidade de alterar de forma definitiva os equilíbrios bélicos a favor da Entente, levando ao armistício alemão em novembro de 1918.

E um fato posterior que alterou profundamente o conflito foi a emersão de outro elemento no sistema internacional: a revolução bolchevique na Rússia. À "nova diplomacia" estadunidense contrapôs-se um modelo revolucionário que tinha como objetivo final a paz e a justiça mundial, que iria ser alcançada através da ação da classe operária e dos partidos comunistas. A revolução de outubro de 1917 eliminou o império czarista e levou os líderes Vladimir Lenin e Leon Trotski a emitirem o "Decreto da Paz" em novembro de 1917, que proclamava a solidariedade de classe, o princípio de autodeterminação dos povos e a condenação da diplomacia secreta. A necessidade de afirmação do novo governo revolucionário determinou o abandono da guerra e a Paz de Brest-Litovsk em março de 1918 com a Alemanha, a Bulgária, o Império Otomano e a Áustria-Hungria. O acordo provocou enormes perdas territoriais (países bálticos, Finlândia, Ucrânia e Polônia russa) por parte do governo de Moscou e garantiu uma capacidade maior de ação alemã na frente ocidental. A emersão do regime bolchevique, fortemente contraposto às teses liberais wilsonianas, iria desencadear o surgimento depois do fim do conflito de breves experiências revolucionárias na Baviera, na Hungria e na Bulgária. Apesar da criação de um "cordão sanitário" constituído na Europa e na Ásia para reprimir a ameaça revolucionária (objetivo comum de Wilson e de todos os países ocidentais), a Rússia bolchevique, ainda que isolada internacionalmente, conseguiu afirmar o próprio regime e constituiu uma das maiores ameaças à paz duradoura proposta em 1919.

O fim do conflito foi determinado de forma repentina pelo colapso do Império Austro-húngaro e pelo pedido alemão de armistício ao governo estadunidense em novembro de 1918. A conclusão da Primeira Guerra Mundial levou as potências vencedoras a se reunirem em Paris, a partir de dezembro de 1918, a fim de resolver os inúmeros problemas causados por quatro anos de sangrentos conflitos que tinham alterado o mapa europeu e mundial, assim como as economias e as sociedades. Da conferência participaram as potências vitoriosas, excluindo os países derrotados, os quais tiveram de aceitar as imposições dos principais atores. Os "Grandes Quatro" eram representados por Estados Unidos, Grã-Bretanha, França e, de forma mais limitada, a Itália.

Os exponentes dos quatro países apresentavam objetivos profundamente distintos. A Grã-Bretanha compartilhava boa parte das teses wilsonianas (sobretudo, com o apoio à proposta de uma Liga das Nações), confirmava os próprios interesses como império global (especialmente na África e no Oriente Médio) e aparecia mais flexível em relação a uma paz dura com a Alemanha. A França, ao contrário, reverberando o posicionamento do líder nacionalista Georges Clemenceau, propunha um reconhecimento da Alemanha como principal responsável pelo conflito, e uma forte debilitação territorial e econômica de Berlim. A essas potenciais tensões adicionava-se a contraposição italiana às teses estadunidenses contrárias à atribuição de territórios de língua alemã ou eslava que contradissesse o princípio de nacionalidade e de autodeterminação. O estabelecimento de uma paz duradoura anunciava-se difícil e complicada, num processo de tensão interna entre os vencedores e que excluía os vencidos.

OS TRATADOS DE PAZ, O NASCIMENTO DA LIGA DAS NAÇÕES E A RECONFIGURAÇÃO DO MAPA MUNDIAL

A guerra redesenhou profundamente o mapa europeu e, parcialmente, mundial. Com poucas exceções, houve modificações territoriais em todos os países do continente. O novo sistema internacional foi definido em Paris a partir de janeiro de 1919, quando foi inaugurada a Conferência de Paz.

História das Relações Internacionais

A base de negociação das 32 delegações era constituída pelo armistício assinado por representantes alemães em Rethondes, na França, no dia 11 de novembro de 1918. A assinatura alemã era condicionada aos 14 pontos de Wilson (exigência estadunidense para evitar uma paz separada).

Os frutos principais das discussões em Paris foram a criação da Liga das Nações e os tratados de paz com os países derrotados. Sob o impulso do presidente Wilson, chegou-se à aprovação do texto do Pacto da Liga das Nações, órgão que iria garantir a paz através de um sistema de segurança coletiva e com um comprometimento dos países-membros em renunciar à guerra para resolver as disputas internacionais. Além disso, a organização internacional a ser sediada em Genebra iria supervisionar a gestão dos novos territórios. Eles seriam adquiridos pelas potências coloniais com o sistema de mandatos internacionais para o controle das antigas colônias alemãs na África e no Extremo Oriente, assim como alguns ex-territórios otomanos no Oriente Médio. O presidente Wilson exigiu que o Pacto se tornasse parte integral dos tratados de paz com os países derrotados.

A Liga das Nações

Sediada em Genebra a partir de 1920, a Liga das Nações foi formada inicialmente por 48 Estados, a maioria do continente europeu e das Américas, com a participação de poucos membros asiáticos e africanos, como Libéria, Irã, Japão, China e Siam (atual Tailândia). A organização era composta por um órgão executivo, o Conselho, do qual participavam cinco membros permanentes (os vencedores da guerra) e quatro rotativos; por uma assembleia de todos os países-parte; e por um secretariado internacional. Além disso, existiriam comissões e comitês técnicos que trabalhariam em temas específicos. Ao lado da Liga, colocavam-se organizações que agiriam de maneira autônoma. Devota a garantir a segurança internacional (mas sem uma própria força militar), a organização ocupar-se-ia também da preservação das minorias, da proteção dos refugiados e do fortalecimento das fronteiras, tarefas nas quais foi eficaz no primeiro pós-guerra. Ativa formalmente até 1946, a Liga teve a sua máxima expansão para 58 membros em 1935, e começou um lento declínio por causa dos multíplices golpes ao sistema de Versalhes.

O principal deles, assinado em Versalhes no dia 28 de junho de 1919, era com a Alemanha, considerada pelos vencedores a responsável moral pela eclosão do conflito. O custo da guerra foi elevado. Pelo ponto de vista territorial, o antigo Império Alemão perdeu 80 mil quilômetros quadrados. De maneira específica, a Alemanha renunciou à Alsácia e à Lorena, aos distritos de Eupen e Malmedy a favor da Bélgica, à Posnânia, à Prússia ocidental, assim como às cidades de Danzigue (que foram postas sob controle internacional) e de Memel, cedida para a Lituânia. O futuro da região do Schleswig-Holstein, de porção da Prússia oriental, da Alta Silésia e da Sarre ia ser decidido com plebiscitos a serem supervisionados pela Liga das Nações. O tratado previa como garantia de segurança contra conflitos imediatos a ocupação das cidades renanas de Colônia, Mogúncia e Coblença por um período de 15 anos.

Proibia-se, além disso, a união entre Alemanha e Áustria para evitar a formação de um grande Estado germânico. Militarmente, para punir o militarismo alemão, as Forças Armadas do país foram limitadas a um Exército profissional de cem mil homens, com um corpo reduzido de oficiais e sem a possibilidade de adquirir armamentos pesados. A margem esquerda do Reno foi desmilitarizada, assim como uma faixa de 50 quilômetros na margem direita. Uma comissão de controle com poderes amplos ia ser criada para supervisionar o respeito das cláusulas. Pelo ponto de vista econômico, o Tratado de Versalhes impunha o pagamento de reparações, cujo valor total foi fixado posteriormente em 132 bilhões de marcos de ouro. A imposição de cláusulas tão duras para os alemães não foi compartilhada por todas as delegações. O jovem economista britânico John Maynard Keynes criticou fortemente o regime de reparações, e antevia iminentes e graves dificuldades para a retomada econômico-industrial da Europa. Amplos setores da sociedade da Alemanha, que tinha se tornado uma república parlamentar (a chamada República de Weimar), criticaram o tratado, considerado uma humilhante decisão imposta pelos vencedores.

Os tratados de paz com os outros países seguiram a lógica do tratado assinado com a Alemanha. O Império Austro-Húngaro dissolveu-se e proibiuse a volta dos Habsburgos ao poder na Áustria e na Hungria, que decidiram pela divisão entre dois Estados distintos depois do conflito. O Tratado de Saint-German-en-Laye decretou a separação do governo de Viena de todos os domínios da época imperial, assim como do controle dos territórios onde as populações alemãs eram majoritárias, como era o caso de Tirol do Sul e de regiões da recém-criada Tchecoslováquia. O tratado confirmava a proibição de *Anschluss* (união) com a Alemanha. O Tratado de Trianon com o governo

História das Relações Internacionais

húngaro, que era então um governo conservador depois de uma fase revolucionária liderada por Béla Kun, determinou a perda da Eslováquia, da Ruténia subcarpática, de Banato, Bačka, Baranya e Burgenland, deixando três milhões de húngaros fora das próprias fronteiras nacionais. A Bulgária, através do Tratado de Neuilly-sur-Seine, renunciou aos territórios perdidos na segunda guerra balcânica, assim como aos territórios macedônios e ao acesso ao mar Egeu na Trácia ocidental. O Tratado de Sèvres reduziu enormemente o Império Otomano, satisfazendo os desejos de árabes, gregos, armênios e colocando os estreitos e a cidade de Constantinopla sob o controle de uma administração internacional.

Os tratados de Paris sancionaram uma ampla redefinição do mapa europeu com a criação de novos Estados, como a Tchecoslováquia, o Reino dos Sérvios, Croatas e Eslovenos (a partir de 1929, Reino de Iugoslávia) e Polônia. Todavia, não foi determinada uma solução para os problemas da Europa oriental, derivados da falta de relações com o governo bolchevique na Rússia. As fronteiras soviético-polonesas foram definidas depois de um conflito armado entre os dois países. O Tratado de Paz Polonês-soviético assinado em Riga, em 1921, garantiu ao governo de Varsóvia um domínio de boa parte do antigo Império Czarista, incluindo amplos territórios ucranianos e bielo-russos. Na mesma área, nasceram os Estados bálticos de Estônia, Letônia e Lituânia.

O primeiro golpe à Paz de Paris foi dado por parte do movimento nacionalista turco, liderado pelo antigo general otomano Mustafa Kemal. Com ações bélicas de sucesso, os turcos expulsaram os gregos da Anatólia, e no Tratado de Lausana obtiveram a restituição de Trácia oriental, Esmirna, Armênia e Constantinopla, eliminando a remanescente autoridade do sultão. Na região adriática, a fronteira ítalo-iugoslava foi definida depois de uma áspera contraposição entre os dois Estados. O Tratado de Rapallo, assinado em 1920, garantiu a região da Ístria, algumas ilhas e Zara para a Itália, e a Dalmácia para a Iugoslávia, criando o Estado Livre de Fiume. Posteriormente, o Tratado de Roma de 1924 dividiu o Estado, atribuindo a cidade de Fiume para a Itália, e Sušak para o governo de Belgrado.

Se o mapa territorial europeu tinha sido profundamente modificado pelo conflito, o fim do Império Colonial Alemão e do Império Otomano alterou a geografia dos outros continentes. O ingresso em guerra dos Estados

A Primeira Guerra Mundial e a ilusão da Paz de Paris (1914-29)

Unidos e a contrariedade à diplomacia secreta impediram a simples redistribuição entre as potências vencedoras dos territórios antes controlados por Berlim e Istambul. Através dos tratados de paz e do estabelecimento da Liga das Nações, criou-se um sistema de mandatos para a administração dos antigos domínios coloniais das potências derrotadas, a ser atribuído a potências que iriam garantir a futura independência.

Durante as negociações em Paris, esse sistema foi fortemente criticado por parte dos representantes dos movimentos anticoloniais, os quais pediram a plena aplicação também no contexto extraeuropeu do princípio de autodeterminação dos povos, parte dos 14 pontos de Wilson. Com poucas exceções, todavia, os anseios das elites políticas das colônias foram frustrados em virtude dos interesses das potências vencedoras.

Em 1919, duas potências apareciam como as mais fortalecidas pelo resultado do conflito: a Grã-Bretanha e o Japão. O Império Britânico tinha expandido as próprias fronteiras, chegando a controlar mais de um terço dos territórios do planeta. O Japão, que foi envolvido de maneira limitada nas atividades bélicas, consolidou-se como nova grande potência na Ásia Oriental, aprofundando a própria presença na China e controlando porções mais extensas dos territórios no oceano Pacífico. À aparente força britânica contrapunham-se, todavia, as evidências de uma potência em crise com um vasto Império colonial, onde eram sempre mais fortes (sobretudo na Índia) os movimentos para a emancipação de Londres. Era a antecipação do processo de descolonização que iria sacudir o sistema imperial europeu ao longo das décadas seguintes.

Como antecipado, no Extremo Oriente e no Pacífico, o Japão assumiu o controle dos antigos territórios alemães na China (dos quais saiu somente depois de longas negociações e em troca de compensações econômicas) e das ilhas Marianas, Marshall, Carolinas e Palau. A Austrália obteve o controle da porção alemã da Nova Guiné e das ilhas alemãs ao sul da linha equatorial, enquanto Nova Zelândia e Reino Unido passaram a administrar, respectivamente, as ilhas Samoa e a ilha Nauru. Nesse âmbito geográfico, os Estados Unidos começaram a perceber a presença japonesa como uma crescente ameaça aos próprios interesses na região.

De forma parecida, os territórios alemães foram distribuídos às potências vencedoras. França e Grã-Bretanha expandiram os próprios impérios englobando Togo e Camarões; a Bélgica assumiu o controle de Ruanda e

121

História das Relações Internacionais

Urundi; a Portugal foi atribuído o pequeno território de Quionga; à África do Sul foi concedida a África do Sudoeste (atual Namíbia); e Londres administrou também Tanganica.

Foi mais complexa a reorganização territorial do antigo Império Otomano na Anatólia e no Oriente Médio. Às ambições de autodeterminação das populações locais contrapunham-se, de fato, os interesses do novo Estado turco e das potências coloniais europeias. A vitória das tropas turcas na guerra contra os gregos provocou uma troca de populações entre a península anatólica e a helênica e o fim da milenária presença grega em Esmirna. De forma parecida, armênios (com exceção daqueles presentes na Armênia soviética) e curdos tiveram de renunciar à criação dos próprios Estados depois de uma longa persecução turca que se estendeu para depois do conflito. A veleidade árabe de criar uma grande e única nação chocou com dissídios internos os vários atores locais, mas, sobretudo, com as ambições de Grã-Bretanha e França. As duas potências europeias compartilharam substancialmente o controle da região, feita exceção pela recém-estabelecida Arábia Saudita, a qual depois de uma guerra entre tribos hashemitas e sauditas passou sob o controle destas últimas. A substância dos acordos secretos franco-britânicos de 1916 foi confirmada em 1920, quando à França foram atribuídos os mandatos na Síria e no Líbano, enquanto a Grã-Bretanha (já presente no Egito) obteve o controle indireto nos reinos do Iraque, na Transjordânia (ambos com monarquias lideradas pela dinastia hashemita) e direto na Palestina, para onde era contínuo um fluxo migratório hebraico (seguindo as teses sionistas e, sobretudo, a declaração de Lorde Balfour).

O sistema de mandatos

A fim de evitar a expansão formal dos impérios coloniais, respeitar um dos princípios da diplomacia de Wilson e resolver o problema dos territórios alemães e otomanos, foi criado no âmbito da Liga das Nações o sistema de mandatos, atribuídos a algumas potências vencedoras para conduzir as antigas colônias para futura independência. Os mandatos dividir-se-iam em A, B e C, dependendo do grau de maturidade política das populações locais para o autogoverno. Apesar da independência formal de alguns mandatos A (como é o caso do Iraque em 1935), esse sistema de administração assumiu as características dos protetorados existentes em várias partes do mundo.

A FRÁGIL PAZ
E A ILUSÃO DA SEGURANÇA COLETIVA

Desde a assinatura dos tratados de paz, o sistema internacional mostrava diversos elementos de fraqueza. Os governos dos países derrotados apresentavam como objetivo das próprias políticas externas a revisão dos duros acordos de Paris, e a União Soviética continuava isolada, mesmo depois do fim das tentativas ocidentais de apoiar a restauração de um governo filo-ocidental. As divisões entre os governos vencedores ampliaram-se quando em 1920 o Senado dos Estados Unidos não ratificou o Tratado de Versalhes. Essas circunstâncias não provocaram somente a derrota política de Wilson, mas também impediram a presença das tropas estadunidenses para garantir a segurança na fronteira ocidental alemã, como inicialmente estava previsto nos tratados. Foi o começo de um período isolacionista norte-americano que perdurou até 1941. O Japão e, como visto, a Itália apresentavam certa insatisfação perante a solução adotada em Paris.

O fracasso de uma solução nova ao problema da segurança coletiva induziu os países europeus a voltar aos tradicionais instrumentos diplomáticos. A França temia a restauração do poder alemão e tentou afirmar a própria primazia no contexto europeu. O governo de Paris criou um sistema de alianças com os países da Europa Oriental, como foi o caso dos acordos com Polônia, Tchecoslováquia, Romênia e Iugoslávia. Esses países criaram também um sistema de alianças para prevenir a restauração dos Habsburgo, o revisionismo húngaro ou a ameaça soviética. Por essa razão, os governos de Praga, Bucareste e Belgrado criaram a chamada "Pequena Entente", a fim de se protegerem do revanchismo húngaro. Do outro lado, Polônia e Romênia se uniram num acordo antissoviético. Os países derrotados e insatisfeitos saíram do isolamento internacional através de acordos mútuos. A colaboração teuto-soviética, começada desde a fase final da guerra, foi formalizada com o Tratado de Rapallo, de 1922, e com o Tratado de Amizade, de 1926. Um acordo secreto entre Moscou e Berlim minava uma das cláusulas do Tratado de Versalhes, garantindo que a Alemanha pudesse desenvolver novas e poderosas armas em território soviético, beneficiando os dois países. A colaboração secreta ia perdurar até o segundo conflito mundial. De maneira parecida, a Rússia bolchevique assinou um acordo de cooperação com outro

História das Relações Internacionais

país isolado, a Turquia kemalista, reconhecendo a soberania de Ancara sobre os distritos de Kars e Ardahan.

Apesar das tensões do começo da década de 1920, houve otimismo sobre a possibilidade de criar formas novas de colaboração internacional. Isso apareceu com clareza depois da maior crise do período determinada pela política de execução dos tratados de paz por parte da França em relação ao pagamento das reparações alemãs. Em 1923, o governo de Berlim declarou a própria incapacidade de pagar as gravosas condições econômicas impostas pelos Tratados de Versalhes e San Remo (no qual se definiram as formas do pagamento). França e Bélgica, com o apoio da Itália, reagiram ocupando militarmente as regiões carboníferas da Renânia. Os proventos da produção minerária iriam pagar a dívida alemã. Os mineiros renanos optaram por uma política de boicote e abstenção do trabalho patrocinada pelo governo alemão, fortemente dividido sobre a política a ser adotada. Tal ação franco-belga mostrou-se altamente improdutiva e fomentou as tensões entre Grã-Bretanha e França, assim como propiciou uma espiral inflacionária na Alemanha que aumentou a crise econômica, política e social no país.

A solução econômica ao problema foi encontrada com a intervenção econômica dos Estados Unidos, interessados no pagamento da dívida de guerra por parte da França e, sobretudo, na retomada industrial alemã. Através do Plano Dawes, em 1924, e do Plano Young, em 1929, os Estados Unidos garantiram uma linha de crédito e investimento que ia assegurar o desenvolvimento econômico alemão, mas que contemporaneamente ia ligar de maneira profunda a economia germânica ao andamento do mercado econômico e financeiro estadunidense. Se, por um lado, a segurança econômica foi garantida com uma solução multilateral, por outro, alcançou-se a paz na Europa Ocidental temporariamente pelo envolvimento direto das principais potências do continente. Graças à ação do primeiro-ministro alemão, Gustav Stresemann, e do chanceler francês, Aristide Briand, conseguiu-se chegar a um acordo que estabilizou a fronteira da região do Reno. Com os acordos de Locarno, na Suíça, de 1925, a Alemanha aceitava a fronteira ocidental com a garantia dada por Grã-Bretanha e Itália. O "espírito de Locarno", todavia, não afastou totalmente as difidências recíprocas entre os atores europeus. A Alemanha liberal de Weimar não tinha abandonado as próprias pretensões de revisar as fronteiras ao sul e ao oriente do país. A leste, acordos menos rígidos do que aqueles de Locarno garantiram as fronteiras, mas não exigiram um firme compromisso dos países ocidentais para assegurar a integridade territorial de Polônia e Tchecoslováquia.

A normalização da Alemanha dentro do contexto internacional levou o governo de Berlim a entrar na Liga das Nações como membro permanente do Conselho Executivo, fortalecendo o órgão internacional, que era ativo na busca da solução para as controvérsias internacionais, com a finalidade última de alcançar a segurança coletiva. Os esforços nesse sentido foram claros com as conferências de Washington, de 1921 e 1922. Na primeira, alcançou-se um acordo sobre a questão dos armamentos navais. Na segunda conferência, chegou-se a uma definição dos equilíbrios no oceano Pacífico e na China, país em relação ao qual persistiam os interesses japoneses. No final da década, a segurança coletiva alcançava seu apogeu. A proposta apresentada pelo chanceler francês Briand para o seu homólogo americano Kellogg transformou-se num acordo para a renúncia à guerra ao qual aderiram 57 países.

No final da década, o mundo vivia a ilusão de um sistema internacional, em que ao clamor das armas ia se substituir a solução diplomática para alcançar a paz. A crise que atingiu a bolsa de valores de Nova York, em outubro de 1929, iria mostrar, no entanto, a fraqueza do sistema econômico-financeiro com repercussões profundas nos equilíbrios políticos e sociais de todos os países europeus. A frágil e aparente harmonia internacional foi rapidamente destruída pela retomada dos nacionalismos, que levaram os países a erguer barreiras econômicas e a reivindicar uma redefinição dos acordos da Paz de Paris.

1929-45: O fracasso da ordem internacional de Versalhes e a Segunda Guerra Mundial

A GRANDE DEPRESSÃO E SEUS EFEITOS INTERNACIONAIS

A Crise de 1929 teve um forte impacto para o sistema internacional. As causas da maior crise do capitalismo são várias, e se identificam nas peculiaridades da economia estadunidense posterior à Grande Guerra. A supervalorização do preço das ações das empresas, junto a uma espiral especulativa e ao otimismo difuso no mercado, gerou uma grande facilidade na concessão de créditos por parte dos bancos. Os primeiros sinais de crise estiveram claros na segunda metade dos anos 1920, com a fraqueza do setor agrícola, no qual grandes investimentos ocorreram, mas sobretudo na contração da demanda interna como reação a um excesso de produção.

Esses elementos provocaram o colapso do mercado acionário de Nova York em outubro de 1929 com a retirada de capitais por parte dos investidores. A consequência imediata nos Estados Unidos foi a falência de boa parte do sistema bancário e de um número elevadíssimo de empresas, a que se seguiu um repentino aumento do desemprego. Sem intervenção por parte do governo liderado pelo presidente republicano Herbert Hoover, a economia estadunidense, vistas as baixíssimas exigências do mercado interno, perdeu, no auge da crise, 45% da produção industrial, assim como 25% dos empregos.

História das Relações Internacionais

A recessão foi global com repercussões econômicas, políticas e sociais imediatas em outras partes do mundo. Na Alemanha, cuja retomada econômica estava fortemente ligada aos investimentos de Washington, assistiu-se ao fracasso do sistema de crédito do país. A crise econômica atiçou o mal-estar social que provocou em poucos anos o colapso da frágil democracia da República de Weimar e a ascensão do nacional-socialismo. Da mesma forma, a Grã-Bretanha e, pouco depois, a França e a Itália foram investidas pelo colapso econômico-financeiro estadunidense, que também atingiu de maneira violenta as frágeis democracias da Europa Central e Oriental. O impacto, todavia, não ficou restrito à América do Norte e à Europa. A crise provocou o colapso do preço das matérias-primas, afundando os sistemas econômicos dos territórios dos impérios coloniais e as economias da América Latina.

Sem uma imediata reação dos Estados nas economias, a resposta da maioria dos países consistiu em medidas protecionistas no âmbito comercial. Com a aprovação do *Smoot-Hawley Tariff Act*, o Congresso estadunidense impôs em 1930 tarifas às importações de até 60%. De modo parecido, as grandes potências coloniais europeias se fecharam, criando formas de comércio limitadas às áreas dos próprios impérios, dando espaço para uma ideia de uma possível autossuficiência dos sistemas coloniais. Apesar da crescente interdependência econômica, houve um bloqueio do comércio internacional contemporâneo à crise, provocando um aumento da recessão econômica. Às políticas protecionistas de vários Estados (sobretudo Alemanha, Japão e Itália) corresponderam renovadas ambições de expansão territorial. Exceção foi União Soviética que, livre da influência do sistema de mercado, se manteve imune à crise e as suas políticas econômicas começaram a serem enxergadas com interesse por parte de vários intelectuais na Europa e na América do Norte.

A recessão abalou fortemente o sistema criado em Versalhes. Os primeiros sinais de fragilidade puderam ser vistos nos países mais atingidos pela crise econômica. É o caso da Alemanha e da Áustria, que em 1931 propuseram ultrapassar a conjuntura econômica negativa através de uma união aduaneira entre os dois países. O projeto encontrou, todavia, a oposição da França, de boa parte dos países da Europa Central e da Itália. A proposta foi descartada depois do parecer negativo do Tribunal Permanente de Justiça

1929-45: O fracasso da ordem internacional de Versalhes e a Segunda Guerra Mundial

Internacional. Nesse sentido, a França ainda pouco afetada pela crise tentou propor um plano de ajuda para a Áustria, o qual, contudo, fracassou por causa da crise econômica francesa a partir de 1931.

A pedido das autoridades alemãs, os Estados Unidos, por meio de uma moratória de um ano aprovada pelo Congresso e pelo presidente Hoover, decretaram a suspensão dos pagamentos das reparações do país vencido na Primeira Guerra Mundial. Nesse contexto, houve uma tentativa de negociação internacional para ajudar a Alemanha, que foi obstaculizada novamente pela contrariedade da França. O governo de Paris, de fato, entendia que era necessário vincular o cancelamento das dívidas interaliadas com a eliminação das reparações da Alemanha. A resposta negativa estadunidense ao posicionamento francês levou os países da Europa, junto aos Estados Unidos, a se reunirem numa conferência em Lausanne em 1932 para encontrar uma solução ao problema do pagamento das reparações e das dívidas. Na cidade da Suíça, decidiu-se por reduzir as reparações alemãs ao valor de três bilhões de marcos de ouro a serem pagos em um ano. A medida buscava aliviar a crise econômica da Alemanha, que, de qualquer maneira, não conseguiu respeitar o compromisso. Assim como Berlim, os demais países europeus não honraram a dívida com Washington. Essa situação justificou o aprofundamento do isolacionismo estadunidense por não confiar no respeito dos pactos por parte dos países do Velho Continente. Foi nesse momento que se afirmaram sempre mais medidas protecionistas generalizadas entre a maior parte dos países da comunidade internacional, dando o primeiro grande golpe no sistema econômico-liberal vislumbrado em Versalhes.

O isolacionismo dos Estados Unidos

O isolacionismo é uma política ou doutrina de isolamento de um país para evitar compromissos e responsabilidades internacionais. Essa foi uma postura de política externa adotada por parte da Grã-Bretanha num período do século XIX, através do "isolamento esplêndido", com o qual Londres evitava alianças com outras potências europeias. De forma parecida, até a Primeira Guerra Mundial, os Estados Unidos evitaram se envolver nos negócios internos da Europa. Essa política foi parcialmente retomada em âmbito político e militar, mas não financeiro, no período entre as duas guerras mundiais. É importante notar como o isolacionismo não caracterizou as relações com outras áreas do planeta, como o hemisfério ocidental ou a área do Pacífico, onde os Estados Unidos mantiveram fortes interesses. Sobretudo em relação à América Latina, é relevante destacar como Washington substituiu as multíplices intervenções militares na América Central e no Caribe da primeira metade do século XX para uma política de "boa vizinhança", marcada pela cooperação com a região. A política isolacionista foi abandonada em 1941, com a entrada dos Estados Unidos na Segunda Guerra Mundial e, principalmente, com a participação na Aliança Atlântica em 1949.

A fraqueza da Liga das Nações

É nesse contexto que se pode inserir o substancial fracasso da Liga das Nações. O sistema de segurança coletiva começou a manifestar os primeiros sinais de fraqueza com o fim do projeto de federação europeia, que tinha sido promovido, em 1929, pelo primeiro-ministro e chanceler francês das relações exteriores, Aristide Briand. Além das circunstâncias gerais, uma menor propensão à construção da integração regional esteve ligada à morte do político francês, em 1932, e do ministro das Relações Exteriores alemão, Gustav Stresemann, em 1929.

Foi em realidade na Ásia Oriental que a Liga enfrentou a primeira grande crise, quando foi incapaz de resolver a questão de Manchukuo. Em 1931, de fato, o Japão impôs à China o pleno controle da região da Manchúria, depois de um acidente que ocorreu num território da ferrovia controlada por uma companhia japonesa. Essa crise comportou um choque entre Japão e China, além da criação de um Estado fantoche na região.

Aos protestos chineses, todavia, não correspondeu uma reação substancial por parte da Liga, tendo em vista a falta de interesse da Grã-Bretanha, a qual naquele momento estava enfrentando a recessão econômica.

A Liga das Nações criou uma comissão para apurar as responsabilidades, admitiu o Japão como responsável e convidou a comunidade internacional a não reconhecer o governo imposto na Manchúria. Essa crise provocou a saída do Japão da organização internacional no mês de março de 1932. Parece importante destacar como a Grande Depressão teve consequências muito graves para o Japão e como as medidas restritivas dos Estados Unidos fortaleceram o ultranacionalismo japonês, que levou o Exército a determinar os princípios da política externa do país até o final da Segunda Guerra Mundial, em 1945. O nacionalismo e o militarismo japonês conduziram o país, depois de um breve período liberal, a querer catalisar as energias asiáticas para o domínio da China contra o colonialismo imposto pelas potências ocidentais.

Outro grande problema que mostrou a fraqueza do sistema de Versalhes e da Liga das Nações esteve ligado à impossibilidade de encontrar uma solução para a questão do desarmamento global. Em 1932, foi convocada uma grande conferência sobre o desarmamento, mas o choque entre França e Alemanha em relação à possibilidade de garantir a paridade de direitos entre todos os países vencedores e derrotados levou a Alemanha a sair da conferência de maneira temporária e a voltar posteriormente, quando o pedido alemão foi aceito pelos demais membros da conferência. No entanto, a ascensão nazista no final de janeiro de 1933 impeliu o país a abandonar a conferência e a Liga das Nações. Esses problemas representaram uma nova fase para o sistema internacional, criando os pressupostos para um novo conflito mundial.

A ALEMANHA NAZISTA E A TENTATIVA DE REAÇÃO AO HITLERISMO (1933-36)

Como notado, enquanto os membros da Liga das Nações tentavam resolver as questões econômicas e de desarmamento, a Alemanha passava por uma profunda transformação política que provocou a ascensão do nacional-socialismo ao poder. O movimento foi fruto da carreira política de Adolf Hitler entre 1919 e 1933. Ao longo do período posterior à Primeira Guerra Mundial, o líder político alemão elaborou os planos para a futura política externa alemã, resumidos no livro manifesto dele, *Minha luta (Mein Kampf)*. O primeiro ponto da obra consistia na recusa da derrota de 1918 e da aceitação das cláusulas do Tratado de Versalhes. Esse cenário – escrevia Hitler – precisava ser substituído por uma nova hegemonia alemã sobre o continente através da reunificação dos povos alemães e da expansão ao Leste, subjugando os povos eslavos e derrotando a União Soviética.

O partido nacional-socialista foi marginal até a eclosão da Crise de 1929. Nas eleições de 1932, o partido cresceu até 32%, contando com o apoio das Forças Armadas e dos setores conservadores da sociedade e da política alemã. Essas circunstâncias levaram Hitler a assumir o cargo de primeiro-ministro em 1933 e a substituir o presidente Paul von Hindenburg na chefia do Estado quando da sua morte, em 1934. Hitler concentrou, então, todos os poderes nas próprias mãos e nazificou em curto período a Alemanha, eliminando qualquer tipo de oposição. Assim como no caso de Mussolini na Itália, que tinha estabelecido um regime fascista, Hitler foi aceito pela comunidade internacional depois de ter chegado ao poder. O objetivo inicial da política externa nazista era, de fato, a consolidação interna e as boas relações com os potenciais inimigos e com os seus vizinhos diretos. Exemplos disso foram os pactos bilaterais, o concordado com a Santa Sé, assinado em 1933, e o pacto de não agressão com a Polônia. Em realidade, isso mostrou o cinismo da Alemanha que, enquanto garantia os outros membros da comunidade internacional, rearmava-se com a criação de uma indústria militar própria.

As declarações hitlerianas para a revisão do Tratado de Versalhes no começo foram consideradas não diferentes daquelas anunciadas inicialmente pela Alemanha de Weimar. A ameaça alemã, todavia, não foi subestimada pelos países europeus, sobretudo por Itália, França e União Soviética. No caso italiano, é importante sublinhar como a política externa fascista foi moderada nos primeiros 10 anos do regime começado em 1922. A Itália era, de fato, um dos membros protagonistas na Liga das Nações, na qual ela exercia aparentemente o papel de grande potência por causa das limitações alemãs, da ausência de Estados Unidos e União Soviética. É preciso lembrar que a Itália foi, a princípio, favorável à ocupação de Ruhr, garantiu os acordos de Locarno e foi favorável ao Pacto Briand-Kellogg. A Itália possuía uma política prudente em relação à Alemanha, porque um forte Estado pan-germânico podia ser perigoso para a sua própria estabilidade, considerando a presença de uma comunidade de língua alemã na região de Trentino. Ao mesmo tempo, Roma possuía excelentes relações com a Grã-Bretanha e com os Estados Unidos. Apesar disso, é fundamental enfatizar como o governo de Roma teve uma política hostil à Iugoslávia, à qual se contrapôs uma amizade com o movimento nacionalista croata, com a Romênia e com a Hungria para a implementação de uma política hegemônica na área da Europa Central e balcânica.

Inicialmente, não existia uma convergência entre nazismo e fascismo. Em 1932, a Itália era consciente da crise do sistema de Versalhes. Por esse motivo, propôs à França um pacto entre quatro nações para a manutenção da paz e a solução das grandes questões internacionais. A revisão da paz de 1919 era possível, mas somente mediante a ação da Liga das Nações. Em junho de 1933, houve um acordo que, contudo, nunca foi ratificado por Paris por medo da exclusão das pequenas potências e por causa também de um desgaste entre França e Itália. Em 1934, o primeiro encontro entre Mussolini e Hitler foi marcado pela frieza do líder italiano com o homólogo alemão.

A difícil relação aprofundou-se com o assassinato do primeiro-ministro austríaco, Engelbert Dollfuss, por mãos de nazistas austríacos numa tentativa de golpe para unificar a Áustria com a Alemanha. Essa primeira tentativa de *Anschluss* (união) austro-alemã provocou uma reação negativa por parte da Itália. Mussolini mobilizou as tropas na fronteira com a Áustria, assim como declarou o apoio italiano para a independência austríaca, enquanto Hitler, ainda fraco, distanciou-se do evento. Da mesma forma, o distanciamento entre Mussolini e Hitler foi notável quando, em janeiro de 1935, no encontro entre o chefe italiano e o ministro das relações exteriores da França, Pierre Laval, alcançaram-se acordos sobre vários contenciosos. Os governos de Paris e Roma chegaram a entendimentos para contatos entre os Estados-Maiores nos dois países para uma estratégia antigermânica em caso de guerra.

Além dos acordos com Itália, a França reagiu à ascensão de Hitler através de uma política elaborada pelo chanceler francês Louis Barthou, que promoveu tratados para garantir a segurança dos países da Europa Centro-Oriental. Isso justificou a manutenção da proximidade com a chamada Pequena Entente, assim como a retomada do relacionamento com a União Soviética em função antialemã. Nesse sentido, em 1932, Paris e Moscou assinaram um pacto de não agressão e acordos comerciais, com base na ideia francesa de alcançar um pacto do Leste Europeu inspirado na ideia de segurança coletiva. O pacto foi limitado naquele momento a França, Tchecoslováquia e União Soviética, mas foi concebido para envolver eventualmente também a Alemanha.

O novo relacionamento franco-soviético garantiu a entrada de Moscou na Liga das Nações em setembro de 1934. Essa estratégia foi parte de uma política de contenção da Alemanha que também envolveu a Iugoslávia, apesar do atentado que levou à morte o chanceler francês Barthou e o rei Alexandre da Iugoslávia. A nova política francesa de aproximação com a União Soviética em 1935 conduziu a um tratado de ajuda recíproca, possível por meio da nova política externa soviética. Moscou teve como objetivo derrotar a Alemanha nazista. Com essa finalidade, a União Soviética e a Internacional Comunista (ou *Comintern*) buscaram a cooperação com as democracias liberais da Europa Ocidental para criar governos sustentados por amplas coligações de partidos antifascistas, as chamadas frentes populares.

Essa nova estratégia de Moscou provocou a resposta positiva das forças da esquerda democrática de toda a Europa. Em 1935, era aparente uma resistência à ascensão do nazismo, mas houve vários elementos que desmentiram esse movimento. O primeiro foi em janeiro de 1934, com o pacto de não agressão entre Polônia e Alemanha, o qual constituiu um duro golpe para a política francesa. Ademais, sem o envolvimento ativo da França e da Liga das Nações, a região de Sarre voltou ao controle da Alemanha. O anterior golpe de Hitler ao sistema de Versalhes foi a retomada da conscrição obrigatória em março de 1935, que marcou o começo da nova militarização alemã. Algumas semanas depois da decisão do político alemão, no mês de abril, assistiu-se à reação imediata de Grã-Bretanha, França e Itália, que na cidade italiana de Stresa se comprometeram para reafirmar a validade dos acordos de Locarno. A esse pacto adicionaram-se, em maio de 1935, um tratado entre França e União Soviética e outro entre União Soviética e Tchecoslováquia. Os pactos previam o fornecimento de ajuda recíproca em caso de ameaça ou ataque por parte de uma terceira potência. Todavia, a ativação dos acordos estava ligada a uma decisão específica do Conselho ou da Assembleia da Liga das Nações. Além disso, o acordo entre Praga e Moscou seria ativado somente em caso de ajuda francesa contra a parte agredida.

A FRAGILIDADE DOS IMPÉRIOS E A ÁSIA ENTRE AS DUAS GUERRAS

Em poucos meses, a estratégia de contenção da ameaça alemã iria fracassar por causa das escolhas dos próprios membros que elaboraram o plano, dando espaço para uma política expansionista hitleriana. Nesse contexto, é importante notar como as democracias liberais francesa e britânica enfrentaram os primeiros sinais da insustentabilidade da manutenção dos impérios coloniais. Isso estava claro, sobretudo, na Ásia e no Oriente Médio, onde havia demandas crescentes de emancipação das populações dos territórios colonizados. O Reino Unido enfrentou os problemas principais no mundo árabe e na Índia. Londres concedeu uma independência formal a Iraque e Transjordânia, mas manteve o controle da economia e dos recursos petrolíferos.

Na Palestina, as autoridades britânicas enfrentaram os acidentes entre as comunidades árabe e judaica, esta última em expansão depois das políticas antissemitas de Hitler na Alemanha. A solução, depois de uma situação sempre mais grave, foi encontrada em 1939, quando, depois do fracasso de projetos anteriores, o governo de Londres prometeu a criação de um Estado palestino com a convivência entre árabes e judeus. De forma parecida, o governo britânico mantinha um relacionamento tenso com o Egito, ao qual foi concedida a independência, com, no entanto, a permanência do controle britânico do canal de Suez e a maciça presença militar nos principais centros do país. Buscou-se uma normalização no relacionamento em 1936, com um tratado de aliança que previa a ajuda recíproca em caso de conflito, o qual iria discutir o *status* do canal depois de 10 anos e garantia o condomínio anglo-egípcio no Sudão, além de permitir o acesso egípcio à Liga das Nações. O caso que mais ameaçava a estabilidade do Império Britânico era a permanência da Índia dentro da Coroa de Londres. No país asiático, uma crescente insatisfação das forças políticas locais, já presente depois da Grande Guerra, levou a pedir a independência do vice-reinado. Apesar da aparente estabilidade, a situação indiana era gravíssima por causa da elevada tensão entre colonizados e colonizadores, mas também entre as comunidades muçulmanas e hindu.

O vasto Império colonial francês também sofria ameaças à própria estabilidade no mundo árabe, especialmente nos mandatos do Líbano e da Síria e no protetorado de Marrocos, e na Ásia Oriental, na Indochina. Paris reagiu às insurreições com o uso da força. Se na região do Levante Paris concedeu a criação das repúblicas do Líbano e da Síria, houve uma forte repressão dos movimentos em Marrocos contra os movimentos liderados por Al-Karim, e na Indochina, onde começava a atuar Ho Chi Minh, futuro líder comunista da independência do Vietnã.

Como notado anteriormente, outra área de elevada tensão era a China. Depois do colapso do império e da proclamação da República em 1911, parte do próprio território, sobretudo as regiões costeiras, estava sob o controle das grandes potências europeias e do Japão. Membro fundador da Liga das Nações, a China conseguiu se livrar parcialmente do controle estrangeiro, com exceção da cidade de Xangai e das ambições do Japão. Tóquio controlava a ferrovia na Manchúria e durante a Primeira Grande Guerra tinha exigido uma presença maior no território chinês. Depois da morte do fundador da República, Sun Yat-sen, em 1926, a China estava profundamente dividida.

É nesse contexto que emergiram Chiang Kai-shek, líder do Kuomintang (KMT), partido fundado por Sun, e o Partido Comunista Chinês (PCC). Depois de uma colaboração patrocinada por Moscou para enfrentar os senhores da guerra no norte do país, em 1927, assistiu-se à ruptura entre os dois partidos. Chiang conduziu uma forte repressão anticomunista para ter o controle pleno da China e derrotar os senhores da guerra. Isso provocou inicialmente um sucesso do KMT, com o recuo do Partido Comunista Chinês e do seu líder, Mao Tsé-tung, para o sul do território. Todavia, como já visto neste capítulo, a China teve que aceitar a constituição do Manchukuo e, a partir de 1935, KMT e PCC aliaram-se novamente em função antijaponesa. Em 1937, depois de seis anos de aparente calma, o Império Japonês, em consequência de um acidente em Beijing, agrediu a China. Forças japonesas ocuparam a capital Nanquim e obrigaram Chiang a se refugiar na cidade de Xunquim, começando, como notado por muitos especialistas, a Segunda Guerra Mundial na Ásia Oriental.

RUMO À SEGUNDA GUERRA MUNDIAL

Se com a criação da frente de Stresa parecia ter sido constituída uma barreira contra a Alemanha, o sistema de Versalhes foi ulteriormente corroído por parte da ação britânica. Em junho de 1935, o governo de Londres assinou um acordo naval com a Alemanha que garantia uma relação de três a um entre a Marinha real britânica e a Marinha militar alemã. O pacto aparentemente afastava as ameaças germânicas das ilhas britânicas, mas consistiu em um golpe fortíssimo ao tratado de paz, o qual proibia a existência de uma frota militar alemã. Outro elemento que garantiu o colapso da frente antigermânica foi a decisão italiana de conquistar a Etiópia. A invasão, começada em outubro de 1935, constituiu a última guerra colonial de um país europeu para a afirmação de um império ultramarino que a Itália buscava desde o final do século XIX. Apesar de certa complacência de Paris e Londres, os governos britânico e francês protestaram na Liga das Nações contra a agressão italiana ao Império Etíope, membro da organização. Tentativas francesas e britânicas de normalizar a conquista da Etiópia encontraram a aversão da própria opinião pública. Dessa maneira, a guerra ítalo-etíope foi fortemente condenada dentro da Liga.

Essa reação inesperada, junto a sanções formais, levou Mussolini a se aproximar cada vez mais da Alemanha. Hitler conseguiu quebrar a coesão dos aliados da Primeira Guerra Mundial e deu outro golpe no sistema de Versalhes. Em março de 1936, Hitler ordenou ao Exército alemão que reocupasse militarmente o território da Renânia, contrariando o que tinha sido estabelecido pelo tratado de paz que mantinha a região desmilitarizada para assegurar a segurança francesa. Hitler, apesar dos enormes riscos,

História das Relações Internacionais

venceu a aposta e propôs um pacto de não agressão para Bélgica e França, assim como novas negociações sobre áreas desmilitarizadas dos dois lados da fronteira.

A Grã-Bretanha, que sempre tinha visto as cláusulas impostas em 1919 como muito duras para Alemanha, aceitou de bom grado o ocorrido. Naquelas circunstâncias, nem Londres nem a França queriam começar uma guerra. É nesse momento que se veem, de um lado, a total ausência de reação francesa e, do outro, o começo da chamada política de apaziguamento conduzida pela Grã-Bretanha. Em seguida, a Bélgica abandonou os acordos de assistência mútua para declarar a própria neutralidade. O governo italiano, depois da crise relativa à Etiópia, aceitou a manobra alemã e declarou, em conversas com o embaixador alemão em Roma, oposição ao Tratado de Versalhes. Foi nesse momento que a Itália começou um relacionamento preferencial com a Alemanha, que a afastou de Paris e a levou ao caminho para o Pacto de Aço, aliança ofensiva assinada em maio de 1939.

Consequência imediata dos novos equilíbrios europeus foi o abandono por parte de Mussolini da tutela da independência austríaca, garantindo a futura união entre Áustria e Alemanha em 1938. Outro elemento que aprofundou o relacionamento entre Berlim e Roma foi a participação na Guerra Civil Espanhola. O conflito começou em julho 1936 por causa de um golpe dado pelas forças nacionalistas insurgentes, lideradas pelo general Francisco Franco, contra o governo republicano composto por partidos de centro-esquerda. Apesar de os dois países pertencerem ao comitê de não intervenção na guerra da Espanha, constituído também por França e Grã-Bretanha, Itália e Alemanha decidiram cooperar e se consultar no que dizia respeito ao conflito no país ibérico que perdurou até maio de 1939. Foi o começo de uma parceria que Mussolini, em 1936, chamou de Eixo entre Roma e Berlim, em volta do qual giravam as relações europeias. Em 1937, a relação se aprofundou quando Mussolini visitou Berlim, evento que antecipou a associação da Itália ao Pacto Anticomintern (estabelecido em 1936 pela Alemanha) e o abandono da Liga das Nações.

Uma vez que Hitler conseguiu obter o apoio de Mussolini e quebrar a frente dos países vencedores em Versalhes, o líder nazista começou a atuar

138

no plano de expansão da Alemanha fora das fronteiras impostas em 1919. Em março de 1938, a Alemanha invadiu a Áustria, e a unificação entre os dois países foi decretada por um plebiscito controlado pelos nazistas. Como tinha acontecido no caso da Renânia, os governos de Paris e Londres reagiram somente com leves protestos. A Grã-Bretanha, através da política de apaziguamento, tentava reduzir as tensões com a Alemanha para evitar qualquer conflito com esse país. O interesse britânico era negociar para evitar uma nova guerra europeia e defender seus interesses imperiais. Da mesma forma, a *Anschluss* não contou com a oposição de Paris, cujo governo era sempre mais defensivista e constituía um obstáculo particularmente fraco ao expansionismo alemão.

Depois da anexação da Áustria, a atenção da Alemanha foi para o território tchecoslovaco dos Sudetos, onde havia uma maioria de população alemã que Hitler queria reintegrar às fronteiras do Reich. Perante as reivindicações alemãs, chegou-se ao apogeu da política de apaziguamento. Na Conferência de Munique em setembro de 1938, os primeiros-ministros francês, Édouard Daladier, e britânico, Neville Chamberlain, aceitaram o desmembramento da Tchecoslováquia sem envolver Praga nas negociações. Apesar das garantias dadas aos países que participaram da conferência no começo de 1939, as forças alemãs invadiram o restante da Tchecoslováquia e converteram a Eslováquia em Estado fantoche da Alemanha. Nesse contexto, Morávia e Boêmia se tornaram protetorados do Reich alemão, que impôs um acordo econômico com a Romênia.

> ### A política de apaziguamento (*appeasement*) britânica
>
> O apaziguamento é uma estratégia de política externa voltada a remover possíveis motivos de conflito internacional através de negociação e concessões. Ao longo da década de 1930, essa foi a política adotada pelo governo britânico com potências revisionistas dos equilíbrios criados em Versalhes, como a Alemanha nazista e a Itália fascista. O objetivo, além de evitar um novo conflito geral, seria acumular um poder financeiro e militar suficiente para negociar com os ditadores uma posição de força. A política, particularmente criticada por Winston Churchill antes, durante e depois do conflito, teve seu auge com a Conferência de Munique de 1938, quando as potências ocidentais aceitaram as condições hitlerianas para desmembrar a Tchecoslováquia.

O próximo passo nos planos hitlerianos seria recuperar os antigos territórios alemães na Polônia. Reino Unido e França ofereceram apoio ao governo polonês, o qual recusou as aspirações alemãs para o controle do corredor de Gdansk. A área estava sob o controle da Polônia e, desde 1919, separava a Prússia Oriental do resto da Alemanha. A decisão polonesa, associada a um tratado de aliança entre Varsóvia e Londres, foi a motivação para Hitler denunciar unilateralmente o pacto de não agressão de 1935. Dessa forma, a partir daquele momento, começaram as negociações entre União Soviética, Grã-Bretanha e França para um pacto militar para frear o revisionismo de Alemanha e Itália, que naquele mesmo ano tinha assumido o pleno controle da Albânia. Todavia, é importante considerar os desejos de política externa do líder soviético Josef Stalin, que estava disposto a um acordo para a defesa militar, mas não para a integridade da Polônia. A União Soviética possuía a ambição de recuperar todos os territórios perdidos em 1921 com a guerra russo-polaca. Dentro desse contexto, para Hitler parecia fundamental isolar a União Soviética dos aliados ocidentais para garantir liberdade de manobra na Polônia.

Perante a dificuldade de chegar a resultados concretos com Londres e Paris, Moscou tinha começado negociações paralelas com a Alemanha. No dia 23 de agosto de 1939, o ministro das Relações Exteriores alemão, Joachim von Ribbentrop, dotado de plenos poderes de negociação, e o homólogo soviético, Viatcheslav Molotov, chegaram inesperadamente a um pacto de não agressão. O que Grã-Bretanha e França não puderam garantir a Stalin foi assegurado por parte de Hitler. Por meio de um protocolo secreto, os dois países definiram as próprias zonas de influência na Europa Oriental. A Polônia seria dividida entre Alemanha e União Soviética, assim como era em 1914, com a cessão de Finlândia e Estônia para a União Soviética, e da Lituânia para Alemanha. O acordo, cuja parte secreta foi revelada somente anos depois, chocou tanto as democracias ocidentais quanto a Itália. Roma, ligada a Berlim por um pacto ofensivo desde maio de 1939, não esperava um acordo com o principal inimigo ideológico do fascismo. O Tratado Molotov-Ribbentrop garantiu a Hitler ter mão livre na Polônia e a Stalin se preparar militarmente em caso de um conflito maior. Como consequência dessa situação, Alemanha declarou guerra à Polônia no dia 1º de setembro de 1939, inaugurando aquele que se tornaria o segundo conflito mundial.

140

A SEGUNDA GUERRA MUNDIAL

A fase europeia da guerra (1939-41)

A agressão alemã contra a Polônia provocou de imediato a decisão de França e Reino Unido de declarar guerra contra o governo de Berlim, sem, contudo, intervir militarmente para socorrer Varsóvia. As cláusulas secretas do acordo alemão-soviético foram implementadas imediatamente, quando a União Soviética entrou em território polonês, contribuindo para a derrota do país vizinho, apesar de uma tenaz resistência. Londres e Paris não enviaram os próprios Exércitos para ajudar a Polônia; as operações se limitaram ao mar para estabelecer e impor um bloqueio marítimo contra a Alemanha. Esse período, chamado de *drôle de guerre* (ou imitação de guerra, em uma tradução livre da língua francesa), tinha o objetivo por parte de França e Grã-Bretanha de desgastar o inimigo economicamente para evitar um esforço bélico de ampla magnitude, enquanto se fortaleciam militarmente.

A atenção de soviéticos e alemães concentrou-se no norte da Europa. O Exército Vermelho atacou e ocupou a Finlândia em dezembro de 1939. Apesar de uma honrada resistência finlandesa, que tinha demonstrado a fragilidade das Forças Armadas de Moscou, os dois países assinaram um tratado de paz em março de 1940 que garantiu amplas aquisições territoriais por parte soviética. A Alemanha, em contrapartida, invadiu a Dinamarca e a Noruega em abril de 1940 para garantir os amplos recursos minerais presentes na Escandinávia. A tentativa de intervenção franco-britânica no norte da Noruega na metade de abril encontrou a firme reação alemã. A atenção dos países ocidentais para o mar do Norte evanesceu em maio, quando as tropas alemãs ocuparam rapidamente a Bélgica e os Países Baixos, apesar da neutralidade deles. Com uma estratégia de dividir as forças franco-britânicas em solo belga e francês, o Exército alemão conseguiu implementar os planos de *Blitzkrieg* (guerra-relâmpago) e penetrar na França sem encontrar grande resistência. Apesar da manifestação italiana da impossibilidade de participar das operações bélicas, Mussolini, tendo em vista o iminente colapso francês, decidiu ingressar no conflito no dia 10 de junho. Pouco menos de duas semanas depois, em 22 de junho de 1940, o marechal Pétain, novo chefe de Estado francês, assinou em Rethondes o armistício com a Alemanha. O território francês seria dividido entre a área setentrional e atlântica, ocupada pelos alemães, e outra administrada pelo governo colaboracionista de Pétain, sediado na cidade de Vichy.

Naquele momento, o único país que ainda resistia a Hitler era o Reino Unido. No começo de junho, tinha sido criado um governo de unidade nacional presidido pelo político conservador Winston Churchill, um dos principais opositores da política de apaziguamento que tinha caracterizado a política externa do país até 1939. Churchill conseguiu coordenar a transferência de 300 mil militares (200 mil britânicos e 100 mil franceses) de Dunkerque à Inglaterra e, sobretudo, foi capaz de manter salva a resistência britânica contra os ataques aéreos alemães. A capacidade da força aérea britânica e a ilusão de uma possível paz com Londres levaram Hitler a desistir de uma possível invasão ao Reino Unido. Se Hitler tinha conseguido o firme controle da Europa Ocidental, Mussolini desviou as operações bélicas para os Bálcãs.

Sem consultar o aliado alemão, em outubro de 1940 a Itália atacou a Grécia, numa campanha militar que se revelou um fracasso. Hungria, Romênia, Eslováquia, em novembro de 1940, aliaram-se à Alemanha, decisão que foi tomada também pela Bulgária em março de 1941. As potências do Eixo, com regimes nacionalistas e anticomunistas, controlavam boa parte da Europa Central. Apesar de contatos diplomáticos alemães para ampliar a aliança com Moscou, o objetivo último de Hitler consistia em invadir a União Soviética e subjugar a própria população. Antes de declarar guerra contra a União Soviética, a Alemanha precisava garantir a estabilidade no flanco meridional dos Bálcãs.

Forças nazistas ocuparam, em abril de 1941, a Iugoslávia e a Grécia, minando a possibilidade de ação britânica na região. Na área mediterrânea, apesar do controle das colônias francesas e da neutralidade turca e espanhola, as tropas ítalo-alemãs não conseguiram eliminar a presença da Grã-Bretanha. O Império Britânico manteve o pleno domínio de pontos estratégicos na região, como Gibraltar, Malta e Suez. As tentativas italianas de penetrar no Egito e atacar as forças britânicas a partir da Líbia mostraram mais uma vez a inferioridade militar do governo de Mussolini, que rapidamente perdeu o controle dos territórios da África Oriental (Somália italiana e Etiópia) a favor de Londres. Como aconteceu nos Bálcãs, a intervenção alemã foi determinante para alterar os equilíbrios. A partir de abril de 1941, os Afrikakorps alemães, comandados por Erwin Rommel, conseguiram expulsar os britânicos da Líbia. A fim de impedir a penetração do Eixo no Oriente Médio, o Reino Unido ocupou meses depois Síria, Líbano e Iraque. Em consequência do ataque alemão contra a União Soviética, Londres e Moscou ocuparam militarmente o Irã, que tinha mantido relações próximas ao Reich, e ia constituir um canal de fornecimento de materiais e comunicação com a União Soviética.

A mundialização da guerra

No dia 22 de junho de 1941, a Alemanha atacou de surpresa a União Soviética, rompendo o pacto de 1939. Stalin, apesar de vários relatórios dos serviços de inteligência e de informações vindas de Londres, não acreditava na possibilidade de uma agressão por parte da Alemanha, que, até aquele momento, tinha apoiado material e economicamente. Em poucas semanas, as forças nazistas e dos países aliados avançaram rapidamente e chegaram às portas de Moscou e Leningrado, encontrando, todavia, uma forte resistência.

No contexto asiático, o Japão havia firmado várias alianças na região e, em setembro de 1940, tinha assinado um Pacto Tripartite com Alemanha e Itália para estabelecer uma Nova Ordem Internacional, que dividisse o mundo em áreas de influência entre os três países. A aliança, no entanto, não implicava um planejamento estratégico para enfrentar os inimigos comuns e construir o sistema internacional pós-bélico. Essa falta de coordenação entre as três potências ficou clara em abril de 1941, quando o governo de Tóquio firmou um acordo de neutralidade com a União Soviética. Esse pacto permitiria ao Japão mão livre na China, mas meses depois garantiria à União Soviética concentrar os próprios esforços para reagir à invasão do Eixo. O objetivo nipônico era afirmar a própria hegemonia na Ásia e no Pacífico, eliminando a presença de europeus e estadunidenses. A mensagem para os povos dos territórios coloniais na região era a de libertá-los, criando uma esfera de coprosperidade asiática

História das Relações Internacionais

liderada por Tóquio. Apesar desses proclamas e da possível independência futura por parte dos movimentos nacionalistas locais, a política do Império Nipônico foi impor um controle firme de todos os territórios ocupados, exigindo o uso da língua japonesa como veículo de comunicação oficial e reprimindo as limitadas liberdades presentes em algumas colônias europeias. Nos territórios ocupados pelo Eixo e por seus aliados na Europa, na Ásia e na África, criou-se um sistema de exploração dos recursos materiais e da população para satisfazer as necessidades bélicas dos ocupantes.

As ambições nipônicas no Pacífico chocaram-se, entretanto, com os interesses dos Estados Unidos, até então neutros. Representantes de Washington e Tóquio negociaram até o fim de novembro de 1941 para evitar o conflito direto entre os dois países. Porém, com a ascensão do general Hideki Tojo à chefia do governo, o imperador autorizou o ataque contra os Estados Unidos. Naquele momento, o Japão tinha imposto um governo fantoche na área da China que ocupava diretamente e, a partir de meados de 1941, tinha o controle da Indochina francesa e ameaçava atacar as Índias holandesas. Como retaliação, britânicos e estadunidenses impuseram um embargo para a venda de petróleo contra Tóquio. Foi nessas circunstâncias e sem declaração de guerra prévia que o Japão atacou, no dia 7 de dezembro de 1941, a base naval estadunidense de Pearl Harbor, no arquipélago do Havaí. O objetivo era aniquilar a capacidade da Marinha de Washington no oceano Pacífico para impor o controle nipônico na região. Esse episódio provocou a entrada dos Estados Unidos no conflito e a consequente declaração de guerra das potências do Eixo contra Washington no dia 11 de dezembro. Entre dezembro de 1941 e março de 1942, o Japão conquistou Filipinas, Índias holandesas, Malásia, Hong Kong, e expugnou a fortaleza britânica de Cingapura, chegando a ameaçar também Austrália e Nova Zelândia. Antes de avaliar o impacto da entrada de Washington na guerra é preciso, todavia, considerar a política externa estadunidense antes do conflito.

O papel dos Estados Unidos nos anos 1930 e a Segunda Guerra Mundial

Perante esse novo cenário que estava se configurando na Europa, é importante destacar o papel dos Estados Unidos no contexto internacional posterior à Crise de 1929. O país protagonizou, como mencionado no capítulo "A Primeira Guerra Mundial e a ilusão da Paz de Paris (1914-29)", uma política externa isolacionista e focou a própria atenção em volta do *New Deal*, o plano de retomada econômica da administração do democrata Franklin Delano Roosevelt, que ganhou quatro eleições e permaneceu na presidência até sua morte em abril de 1945. A decisão de não intervir nos conflitos na Europa ou na Ásia levou, em agosto de 1935, o Congresso americano a aprovar a primeira de várias leis de neutralidade, invocada em ocasião da guerra na Etiópia e da Guerra Civil Espanhola. No momento em que a Alemanha invadiu a Polônia e adotou a guerra-relâmpago contra Holanda, Bélgica e França, entre maio e junho de 1940, Roosevelt emendou a lei de neutralidade. Através de um mecanismo, a chamada clausula *cash and carry*, os Estados Unidos podiam vender imediatamente bens militares e não militares em troca de pagamento imediato e do transporte feito pelo comprador. Essa legislação permitiu o suprimento militar das democracias ocidentais e a plena retomada da indústria estadunidense depois da recessão. Foi um importante sinal de neutralidade benevolente em relação a França e Grã-Bretanha e um dos primeiros sinais da conclusão do isolacionismo. De forma específica, Washington cedeu dezenas de destroieres ao Reino Unido em troca do direito de usar vários territórios britânicos nas Américas como bases aéreas estadunidenses. Em novembro de 1940, depois da segunda reeleição, Roosevelt defendeu a necessidade de construir um Exército poderoso para a defesa do país e garantir o apoio ao Reino Unido contra os países do Eixo, os quais já controlavam boa parte do continente europeu. Pela lei de empréstimos e arrendamentos (*Lend-Lease Act*), aprovada pelo Congresso em março de 1941, o presidente estadunidense garantiu o apoio incondicional aos países que lutavam contra a Alemanha, emprestando, sem necessidade imediata de pagamento, 50 bilhões de dólares a quase 40 aliados ao longo da Segunda Guerra Mundial.

História das Relações Internacionais

No dia 14 de agosto de 1941, Roosevelt e Churchill reuniram-se pela primeira vez na costa próxima à ilha de Terra Nova para discutir sobre a estratégia a ser adotada contra os avanços nazifascistas. Nessa ocasião, o mandatário estadunidense impôs ao homólogo britânico a chamada Carta do Atlântico, documento programático em que foram sinalizadas as coordenadas da aliança anglo-americana e do mundo do pós-guerra. O documento propunha novamente os princípios wilsonianos, destacando a falta de ausência de ambições territoriais e a criação de um sistema de segurança coletiva global eficaz. A reunião ocorreu logo depois que as tropas germânicas tinham invadido o território soviético de maneira inesperada em junho de 1941. A decisão hitleriana de atacar a União Soviética abriu uma segunda frente para a Alemanha e garantiu a presença de um potencial aliado do Reino Unido. Entre julho de 1942 e janeiro de 1943, começaram contatos entre soviéticos, britânicos e estadunidenses para estabelecer uma política de comum enfrentamento ao Eixo. No quadro do *Lend-Lease Act*, Roosevelt concedeu imediatamente para a União Soviética uma ajuda que continuou até o final do conflito, a qual foi crucial para a capacidade soviética de reagir ao ataque nazista. Depois da entrada em guerra dos Estados Unidos, o conflito na Ásia e o na Europa se conciliaram para tornar a guerra global. A partir daquele momento, Alemanha, Itália e Japão encontraram um conjunto de aliados muito poderosos para enfrentá-los. No dia 1º de janeiro de 1942, em Washington, 26 países (sobretudo latino-americanos) assinaram a Declaração das Nações Unidas. Formou-se uma larga coalizão de países contra o Eixo, os quais representaram a base para a constituição de uma nova ordem internacional que iria criar, em 1945, a Organização das Nações Unidas (ONU).

A Grande Aliança e a derrota do Eixo

Nesse contexto, criou-se a grande aliança entre União Soviética, Estados Unidos e Império Britânico com o objetivo final de derrotar a Alemanha nazista. Entre 1942 e 1943, representantes políticos, diplomáticos e militares dos Aliados, que incluíram às vezes a China e exponentes da *France Libre* do general Charles de Gaulle, criaram uma estratégia militar comum durante conferências em Washington, Moscou, Casablanca, Quebec e Cairo. Se em meados de 1942 os países do Eixo tinham alcançado a máxima expansão, foi naquele ano que ocorreu o que Churchill chamou de "mudança de maré". No oceano Pacífico, as forças estadunidenses, fortes, sobretudo, pela capacidade aeronaval e pelos meios anfíbios, bloquearam o avanço japonês entre maio de 1942 e fevereiro de 1943. Na Europa Oriental, o grande contra-ataque soviético começou em fevereiro de 1943 com a vitória da Batalha de Stalingrado e a capitulação da Sexta Armada alemã.

Naquele momento, nos territórios ocupados pelo Eixo, começaram fortes movimentos de resistência, como é o caso das insurreições polonesas de 1943 e, sobretudo, do controle de territórios por parte do movimento iugoslavo, liderado por Josip Broz, conhecido como Tito. Na Líbia, a vitória britânica na Batalha de El Alamein, em julho de 1942, provocou a retirada dos ítalo-alemães para a Tunísia. A África Setentrional foi liberada em meados de 1943, depois que forças anglo-americanas desembarcaram em Marrocos e na Argélia em novembro de 1942. A perda do controle dos territórios magrebinos por parte do governo de Vichy levou o governo de Berlim a ocupar imediatamente todo o território francês. Foi nesse instante que o general De Gaulle e a organização *France Libre* afirmaram-se como únicos interlocutores das forças aliadas.

No dia 10 de julho de 1943, o desembarque aliado nas costas da Sicília sancionou a incapacidade de resistência italiana e, em 25 de julho, conduziu o rei da Itália, Vitório Emanuel III, a prender Mussolini e determinar o fim do fascismo, mesmo continuando a aliança com a Alemanha. A permanência italiana no Eixo, todavia, duraria até 8 de setembro de 1943, quando as forças anglo-americanas chegaram a Salerno, na região a sul de Nápoles. Foi o começo de um longo período de guerra civil italiana que perdurou até abril de 1945. A península esteve dividida entre uma parte centro-setentrional ocupada pelos alemães, com uma república fascista fantoche, liderada por Mussolini, e as regiões do sul, controladas pelos aliados e pelo Reino da Itália, que tinha declarado guerra ao Eixo.

Depois desses importantes resultados, em dezembro de 1943, encontraram-se em Teerã pela primeira vez os líderes aliados: Churchill, Roosevelt e Stalin. Respondendo a um pedido soviético de abertura de uma segunda frente na Europa, em junho e agosto de 1944, os Aliados desembarcaram

História das Relações Internacionais

na França, na região da Normandia (norte) e da Provença (sul), derrotando as forças alemãs e chegando a ocupar o país até o final do ano. Na Europa Oriental, forças soviéticas avançaram rapidamente, libertando Romênia, Finlândia e Bulgária. Nos teatros de guerra asiáticos, a estratégia estadunidense permitiu avançar rapidamente rumo ao Japão e reconquistar as Filipinas, enquanto os britânicos combateram na Birmânia, e a frente unida do PCC e do KMT resistiu aos japoneses.

Nas vésperas de 1945, a vitória dos Aliados aparecia evidente, ainda que Alemanha e Japão opusessem uma extenuante resistência utilizando todas as forças disponíveis. Nesse contexto, organizaram-se novas cúpulas entre os principais líderes. Em fevereiro de 1945, na cidade de Ialta, na Crimeia, Roosevelt, Churchill e Stalin concordaram em manter a unidade da grande aliança até alcançarem a vitória total e em criar a Organização das Nações Unidas. Nessa ocasião, Roosevelt manifestou a Stalin preocupação para o respeito da democracia em todos os territórios liberados pelo nazifascismo. Na Polônia, de fato, liberada pelo Exército Vermelho, o Partido Comunista tinha excluído ou limitado fortemente a presença de outras forças políticas no governo. Além disso, os três líderes comprometeram-se a dividir depois da guerra a Alemanha e a Áustria em quatro áreas de ocupação a serem administradas por União Soviética, a leste, e Estados Unidos, França e Reino Unido, a oeste. Eventualmente, Stalin comprometeu-se a declarar guerra ao Japão três meses depois do fim do conflito na Europa . Dois meses depois, no dia 12 de abril, o presidente estadunidense Roosevelt faleceu devido a precárias condições de saúde e não pôde observar a capitulação alemã em 8 de maio. O evento decretou o fim da guerra na Europa, após quase seis anos de combate e dezenas de milhões de mortos.

A questão do futuro da Alemanha foi objeto de debate de um encontro entre o novo presidente americano, Harry Truman, Stalin e o novo primeiro-ministro britânico, Clement Attlee, o qual tinha substituído Churchill ao longo da conferência por causa da vitória eleitoral do Partido Trabalhista. A cúpula, que ocorreu em Potsdam, perto de Berlim, de 17 de julho a 2 de agosto de 1945, determinou as novas fronteiras da Polônia a favor da vontade da União Soviética, que ocupava o país. A fronteira ocidental entre Polônia e Alemanha, que ia ser constituída como entidade política e econômica única, seria estabelecida na linha dos rios Oder e Neisse, enquanto o limite oriental seria a linha Curzon, limite acordado nas negociações de paz de 1919. Esse resultado permitiu a Moscou o pleno controle de áreas bielo-russas e ucranianas controladas pela Polônia antes da guerra. Ademais, concordou-se também sobre a expulsão dos alemães dos territórios de Hungria, Bulgária e Tchecoslováquia. A cúpula não discutiu os problemas da administração da Alemanha, que foram deixados para o futuro.

Poucos dias depois do encontro, em 6 e 8 de agosto, os Estados Unidos utilizaram, nas cidades japonesas de Hiroshima e Nagasaki, uma nova arma de destruição de massa: a bomba atômica. Fruto de um programa secreto começado em 1942 e conhecido como Projeto Manhattan, o novo artefato conseguiu usar a energia nuclear para aniquilar cidades inteiras em poucos segundos, e demonstrou a superioridade científico-tecnológica e militar estadunidense em relação ao restante dos países do sistema internacional. Poucas semanas depois, o Japão, que tinha sido atacado também pela União Soviética, assinou a própria rendição incondicionada, determinando o fim do segundo conflito mundial.

As negociações sobre a futura ordem mundial e o nascimento das Nações Unidas

Assim que a situação militar se tornava sempre mais favorável aos Aliados e a derrota do inimigo sempre mais segura, as negociações de caráter militar deixaram maior espaço para as de caráter político, começando a desenhar a ordem política e territorial do futuro pós-bélico. No que concerne aos objetivos de guerra, Roosevelt considerava imprescindível criar um sistema multilateral, bem como a vocação global para uma organização que garantisse não somente questões ligadas à segurança coletiva, mas também à economia e às finanças. Para garantir o funcionamento da organização e evitar os erros cometidos durante e depois da Primeira Guerra Mundial, o presidente americano quis envolver todos os países da aliança. Especial responsabilidade seria dada às principais potências, que o estadunidense chamava de "quatro policiais" do mundo.

A União Soviética tinha outros objetivos. Existia a necessidade de garantir a segurança do país através de uma área de influência útil para evitar futuras ameaças. Dessa maneira, Stalin tentava recuperar os territórios do Império Russo que já tinham sido garantidos por Hitler pelo pacto de não agressão. Ainda não eram claras as formas como essa área de influência seria construída, mas sua criação chocava-se com os interesses da Grã-Bretanha.

Churchill, de fato, via na limitação da influência soviética uma necessidade para garantir a estabilidade da Europa, assim como a sobrevivência do Império Britânico. Todavia, o premiê britânico não contou com o apoio de Washington. Nesse sentido, para que a colaboração entre os três grandes se perpetuasse, as negociações tiveram que alcançar o mais alto nível. Stalin aceitou a ideia e garantiu a participação soviética. Durante a reunião ocorrida entre eles, ficou clara a vontade dos Estados Unidos de envolver a União Soviética como potência associada para garantir a paz.

A cúpula de Teerã em 1943 abriu o caminho para as conferências organizadas em 1944 nos Estados Unidos, em Bretton Woods e Dumbarton Oaks, onde foram originadas em grande parte as estruturas organizacionais da nova ordem mundial.

Em Bretton Woods, os representantes de mais de 40 nações negociaram as novas normas para regulamentar o sistema monetário e financeiro global. O principal resultado foi a criação de duas instituições: o Fundo Monetário Internacional e o Banco Internacional de Reconstrução e Desenvolvimento, hoje conhecido como Banco Mundial. A primeira instituição garantiria os intercâmbios monetários entre os países na base do câmbio fixo. O dólar estadunidense, divisa da principal potência econômica, seria a moeda de referência, com uma conversão fixa de 35 dólares por onça de ouro. O segundo órgão iria facilitar a reconstrução das economias nacionais dos Estados devastados pela guerra. Os delegados lá presentes também concordaram com a criação de uma organização internacional do comércio, que, no entanto, não foi aprovada por causa da oposição dos Estados Unidos. No lugar dela, foi aprovado um Acordo Geral de Tarifas e Comércio (em inglês, General Agreement on Tariffs and Trade – Gatt).

Em Dumbarton Oaks, nas proximidades de Washington, foram negociados os objetivos, as atribuições, os mecanismos, assim como

150

a organização interna e o funcionamento da Organização das Nações Unidas, que teria como principal propósito garantir a segurança e a paz internacional. Participaram dessa conferência somente os representantes das quatro principais potências: China, Grã-Bretanha, Estados Unidos e União Soviética. É nesse contexto que se geraram as bases para a criação das Nações Unidas, especificamente do Conselho de Segurança (órgão executivo), da Assembleia Geral, da Secretaria-Geral e da Corte Internacional de Justiça. Os únicos pontos de discordância relativos ao procedimento de voto no Conselho de Segurança e à participação de cada um dos Estados componentes da União Soviética como membros das Nações Unidas só foram resolvidos na Conferência de Ialta em fevereiro de 1945. No verão de 1945, a Conferência de São Francisco, da qual participaram as 50 delegações, aprovou as propostas apresentadas em Dumbarton Oaks e a criação da Organização das Nações Unidas como órgão representativo da nova ordem internacional. Aos quatro policiais inicialmente previstos adicionou-se a França, que, com a restauração do Império colonial, iria controlar uma enorme área do planeta.

O longo conflito que envolveu direta e indiretamente o planeta inteiro teve um balanço de destruição material e, sobretudo, de perdas humanas correspondente a 50 milhões de mortos. O desafio do pós-guerra ia ser a reconstrução e o correto funcionamento do sistema internacional. Todavia, como será possível notar no capítulo a seguir, uma nova competição iria marcar a vida internacional: a Guerra Fria.

A Guerra Fria
(1945-62)

DE ALIADOS A RIVAIS (1945-47)

Com o término da Segunda Guerra Mundial em 1945, os grandes aliados enfrentaram o desafio de implementar os acordos assinados durante o conflito, assim como encontrar uma solução para a unificação da Alemanha. A partir dos primeiros meses de 1946, ficaram claras as primeiras dificuldades no relacionamento entre as duas principais potências mundiais: Estados Unidos e União Soviética.

O primeiro sinal foi dado na recém-constituída ONU pelo atraso soviético em retirar as próprias tropas do território iraniano depois do fim do conflito. A crise foi resolvida, mas demostrou a possibilidade de novos atritos, sobretudo no teatro europeu, onde os vencedores iam negociar os tratados de paz com a Itália e os outros países satélites do Eixo. Estava evidente desde o fim do conflito a dificuldade de unificar a Alemanha perante a necessidade de Stalin de manter um cordão defensivo para a proteção da União Soviética. Dividida em quatros áreas administradas entre os aliados de guerra, assim como ocorreu na capital Berlim, uma Alemanha unificada e, possivelmente, dentro da esfera de influência ocidental seria uma séria ameaça à segurança de Moscou.

O segundo ponto de divergência estava ligado ao futuro da energia atômica. Os Estados Unidos recusaram compartilhar com outros países (também com os aliados mais estreitos) os segredos adquiridos com o Projeto

Manhattan. Nas Nações Unidas, entre 1946 e 1948, foi impossível encontrar uma solução ao grave problema de desarmamento e controle internacional da energia atômica. Seria o começo da corrida armamentista que conduziu Moscou a explodir o primeiro artefato atômico em 1949, contra todas as expectativas ocidentais, assim como de uma rivalidade entre as superpotências no âmbito científico e tecnológico.

A dificuldade de respeitar os acordos estava clara a Roosevelt desde abril de 1945, quando, na véspera da própria morte, manifestava a Stalin a preocupação sobre a manutenção de eleições livres nos países controlados pelo Exército Vermelho. No final de fevereiro de 1946, umas semanas depois de um discurso de Stalin no teatro Bolshoi, George F. Kennan, encarregado de negócios na embaixada estadunidense em Moscou, alertou em um "longo telegrama" secreto o governo de Washington sobre a necessidade de conter a expansão soviética. O diplomata americano, que em breve se tornaria o primeiro diretor da seção de planejamento de política externa do departamento de Estado, introduziu um conceito que mudou radicalmente a condução da ação exterior dos Estados Unidos: a contenção (ou *containment*). A estratégia de contenção, como notado pelo historiador norte-americano John Lewis Gaddis, iria ser modificada ao longo das décadas seguintes, dependendo da fase do relacionamento com Moscou e da administração estadunidense.

Pouco depois, em março de 1946, Winston Churchill, antigo premiê britânico, na presença do presidente Truman mencionou em Fulton (Missouri), pela primeira vez, a existência de uma "cortina de ferro" criada pelos soviéticos desde a Polônia até a Iugoslávia, e a presença da ameaça comunista contra a civilização ocidental. O discurso teve um forte impacto e aumentou a inquietação estadunidense em relação aos desenhos soviéticos. Se formalmente havia ainda espaço para a negociação, que levou a acordos de paz com alguns países derrotados na guerra, registrava-se um aumento da deterioração nas relações entre os antigos aliados. Exemplo disso foi a reprovação de Stalin ao anúncio de Londres e Washington de unificar economicamente (mas não politicamente) as áreas controladas pelos dois países na Alemanha.

Em fevereiro de 1947, o governo britânico comunicou não ter mais a capacidade de sustentar a monarquia grega na luta contra as forças comunistas na guerra civil que dividia o país. Como consequência da fraqueza de Londres, o presidente estadunidense, no dia 12 de março, declarou publicamente que os Estados Unidos, perante a instabilidade existente na Grécia e na Turquia, se comprometeriam globalmente à defesa do mundo livre e à contenção da União Soviética. Foi o primeiro sinal para implementar a estratégia proposta por Kennan. À "doutrina Truman" seguiu-se, em junho de 1947, a proposta avançada pelo secretário de Estado, o general George Marshall, de ajudar financeiramente toda a Europa para a reconstrução pós-bélica. Os Estados Unidos foram capazes de criar um consenso através de um programa de reconstrução sem o exercício de coerção visível, assegurando a liberdade política, mantendo uma economia de mercado e garantindo o progresso econômico.

O Plano Marshall, inicialmente apresentado em Paris em 1947, era aberto para todos os países do continente europeu, sem distinção entre Estados com sistemas socialistas ou capitalistas. O *European Recovery Program* (ERP, ou Programa de Reconstrução Europeia), fruto do Plano Marshall, conduziu ao estabelecimento da OECE (Organização para a Cooperação Econômica Europeia) e constituiu um evidente impulso estadunidense a um processo de integração europeia, naquele momento limitado às intenções de algumas lideranças políticas. A coordenação entre os planos de reconstrução dos países da Europa Ocidental, associada à eliminação da dívida de guerra com os Estados Unidos e à cooperação econômica e tarifária, criou as bases para um profundo diálogo entre os líderes europeus.

Moscou, em contrapartida, recusou a ajuda e impôs o mesmo caminho aos países na própria esfera de influência, apesar de um inicial interesse tchecoslovaco. A reação soviética ocorreu em setembro de 1947 quando, em um discurso proferido na Polônia, Andrei Jdanov, segundo secretário do Partido Comunista da União Soviética, teorizava a existência de dois campos contrapostos e antagônicos. De um lado, estariam os Estados Unidos e seus aliados capitalistas, enquanto do outro a União Soviética e os países socialistas, anti-imperialistas e democráticos. A ocasião do discurso do político soviético na Polônia representou a constituição do Kominform, estabelecido para a estreita coordenação por parte de Moscou dos países do bloco socialista, com a presença do Exército Vermelho ou, como no caso da Albânia e da Iugoslávia, aliados da União Soviética. A criação do Kominform foi a substancial reconstituição de um órgão correspondente ao Comintern, instituição que tinha sido desmantelada durante a Segunda Guerra Mundial como sinal de confiança mútua entre os membros da Grande Aliança.

A CRIAÇÃO DE DOIS BLOCOS CONTRAPOSTOS (1947-55)

O ano de 1947 marca, por consequência, o começo de um sistema internacional bipolar com uma confrontação denominado Guerra Fria, que perdurou até 1991. Podem ser identificadas cinco diferentes fases de existência do relacionamento entre os dois blocos: a Guerra Fria entre 1947 e 1953; a coexistência competitiva, de 1953 a 1964; a distensão (ou *détente*), de 1964 a 1979; a segunda Guerra Fria, no período de 1979 a 1985; o fim da Guerra Fria, de 1985 a 1991.

Um dos primeiros passos na construção dos blocos ocorreu no campo soviético, onde Moscou impôs na Europa Oriental o fim das monarquias (era o caso de Romênia e Bulgária) e o estabelecimento de democracias populares, seguindo o próprio modelo político e econômico. Ficou clara, desde o começo da Guerra Fria, a impossível aceitação de vozes autônomas dentro do bloco. A intolerância de Moscou ficou evidente em 1948, quando o golpe dos elementos comunistas no governo tchecoslovaco eliminou qualquer vestígio de democracia liberal; e com a ruptura com a Iugoslávia, onde o marechal Tito (Josip Broz), que tinha substituído a monarquia com uma república federal socialista, não aceitou seguir as orientações de Stalin na política interna e começou a se beneficiar da cooperação com o Ocidente. No mesmo ano, a tentativa soviética de ter pleno controle dos territórios alemães sob a própria influência gerou o bloqueio de Berlim, entre maio de 1948 e junho de 1949, quando se tentou provocar a saída das forças de Grã-Bretanha, França e Estados Unidos dos setores por eles controlados da antiga capital do Reich alemão. Como se perceberá, a tentativa soviética fracassou, provocando a divisão do território da Alemanha em duas entidades políticas diversas. Nos primeiros anos da Guerra Fria, o relacionamento de Moscou com os países satélites era vinculado por acordos de segurança bilaterais, sem um acordo abrangente entre todos os países do bloco.

O governo de Washington expressava na própria área de influência um conjunto de relações vitais e duráveis. No contexto europeu ocidental, isso esteve ligado à necessidade de garantir a segurança, sobretudo em vista da sempre mais evidente fraqueza britânica como potência global. Pelo ponto de vista da segurança do continente europeu, a impossibilidade de encontrar uma solução ao problema da unificação da Alemanha conduziu à criação de um primeiro sistema de defesa da Europa, com acordos assinados nas cidades de Dunkerque (França), Bruxelas e Haia, entre Grã-Bretanha, França, Bélgica, Países Baixos e Luxemburgo. O primeiro fruto foi o estabelecimento de uma associação chamada União da Europa Ocidental (UEO).

O pleno envolvimento norte-americano foi marcado pela aprovação por parte do Congresso de uma resolução do senador republicano Arthur Vandenberg que, em 1948, permitiu a participação de Washington em alianças militares em tempo de paz. A aprovação dessa medida provocou a conclusão do isolacionismo que tinha caracterizado boa parte da política externa do país desde a exposição da Doutrina Monroe. Além disso, é preciso lembrar que a lei de segurança nacional de 1947 tinha criado novas instituições para garantir a defesa interna e externa do país, como o Departamento de Defesa, os serviços de inteligência e o Conselho de Segurança Nacional. A deterioração das relações soviético-americanas ligadas, sobretudo, ao bloqueio de Berlim levou a um debate interno aos governos da Europa Ocidental e aos Estados Unidos para a criação de uma aliança política, econômica e militar: a Otan – Organização do Tratado do Atlântico Norte.

O Pacto Atlântico e a Otan

No dia 4 de abril de 1949, depois de um longo período de negociação, 12 países assinaram em Washington o Pacto Atlântico. O tratado consistiu em um sistema de segurança regional, prevendo no artigo 5 a mútua defesa em caso de ataques externos a um dos membros. A aliança foi estabelecida com a participação de membros do espaço do Atlântico Norte (Estados Unidos, Canadá, Islândia e Portugal), Dinamarca e Noruega, os países do Pacto de Bruxelas (França, Grã-Bretanha, Países Baixos, Luxemburgo e Bélgica) e a Itália. No ano seguinte, como reação à eclosão da guerra na Coreia (1950-53), à divisão da Alemanha em duas repúblicas distintas (1949) e à revisão estratégica americana, marcada pela Resolução 68 do Conselho de Segurança Nacional (NSC-68), os países do Pacto Atlântico criaram a Organização do Tratado do Atlântico Norte (Otan). A organização constituiu uma força armada supranacional composta pelos países-membros com um Estado-Maior, a liderança estadunidense.

História das Relações Internacionais

Depois do estabelecimento da República Federal Alemã (RFA) em 1949, os países ocidentais perceberam a necessidade de participação do governo de Bonn no sistema euro-atlântico. A França, que tinha a maior resistência a uma aliança com Bonn, aceitou a inclusão depois do Tratado de Washington e ficou disponível para participar de um projeto de integração econômica, política e militar da Europa Ocidental a fim de evitar novos conflitos com a Alemanha. O primeiro passo foi dado no âmbito econômico em 1952, quando os governos de Bélgica, Países Baixos, Luxemburgo, França, RFA e Itália constituíram a Comunidade Europeia do Carvão e do Aço (Ceca). A fase seguinte do processo de integração iria levar à constituição de uma Comunidade Europeia Política (CEP) e de uma Comunidade Europeia de Defesa (CED), que estabeleceria um Exército europeu com a plena participação da Alemanha Ocidental. Os projetos, todavia, fracassaram por causa da não ratificação dos tratados por parte do Parlamento francês. Se a integração europeia sofreu uma pausa, os aliados ocidentais encontraram uma solução com os Acordos de Paris de 1954, que normalizaram o *status* da RFA e a incluíram na Otan, através da participação de Bonn na União da Europa Ocidental. O pleno acesso alemão-ocidental no sistema de segurança do Ocidente definiu a aliança ocidental que, em 1952, tinha também incluído a Grécia e a Turquia e, em 1953, indiretamente, a Espanha franquista por meio de um acordo bilateral com os Estados Unidos.

Em reação à inclusão da RFA na Otan, os países da esfera soviética assinaram em 1955 o Pacto de Varsóvia, organização especular à Aliança Atlântica, que criou uma estrutura militar integrada com um forte acordo político entre os membros liderados pelo Kremlin.

A criação dos blocos, no entanto, não teve somente uma dimensão europeia, mas também global. Se a Otan foi o elemento-chave da política de contenção contra a União Soviética, os Estados Unidos ao longo da presidência de Truman (1945-52) e de Dwight Eisenhower (1953-60) promoveram acordos em outras regiões do planeta para impedir a penetração soviética pelo ponto de vista econômico, político, militar e social. Em 1947, através do Tratado Interamericano de Assistência Recíproca (Tiar), os países latino-americanos vincularam-se a Washington para garantir a segurança dos continentes americanos, mas sobretudo para reprimir

158

qualquer tipo de influência soviética. De forma parecida, em 1951, na área da Oceania, Washington firmou um pacto de defesa regional com Austrália e Nova Zelândia, o chamado Anzus. Com a finalidade de contrastar a vitória comunista na China em 1949 e no Vietnã do Norte em 1954, foi estabelecida a Organização do Tratado do Sudeste Asiático (do inglês Southeast Asia Treaty Organization – Seato), composta por Austrália, Estados Unidos, Filipinas, França, Grã-Bretanha e Tailândia. A organização foi mantida até 1975, quando foi dissolvida depois do fim na Guerra do Vietnã. Em 1955, pelo pacto de Bagdá, foi criada uma aliança entre Reino Unido, Irã e Iraque. Essa aliança, depois da defecção iraquiana do pacto, seria substituída em 1959 pela Organização do Tratado Central (do inglês Central Treaty Organization – Cento). Formada por Reino Unido, Irã, Turquia e Paquistão, a organização seria um elo entre a Otan e a Seato na contenção à União Soviética e se manteria até a Revolução Islâmica no Irã, em 1979. É importante considerar que a essas organizações associavam-se acordos de cooperação ou de aliança bilaterais entre os Estados Unidos e várias potências regionais. Foi o caso do Japão, o qual, depois de ter assinado um tratado de paz em 1951 com Washington, tornou-se um estrito aliado político e militar. A União Soviética não criou organizações especializadas em âmbito extraeuropeu, mas estabeleceu alianças bilaterais, como é caso do acordo com a República Popular Chinesa em fevereiro de 1950.

AS CRISES DA PRIMEIRA GUERRA FRIA E A EVOLUÇÃO DO RELACIONAMENTO BIPOLAR

A confrontação entre União Soviética e Estados Unidos foi marcada desde o começo por multíplices crises. A primeira foi ligada à Alemanha, depois da falta de acordo entre as quatros potências ocupantes sobre o futuro *status* internacional do país. A recusa da área da zona ocupada pelos soviéticos de aderir ao Plano Marshall e a introdução de uma reforma monetária nos setores controlados pelos ocidentais aprofundaram a divisão do país em duas partes, culminando com o anúncio de Moscou em junho de 1948 da adoção um bloqueio da área ocidental de Berlim às comunicações terrestres com a zona ocidental. Se o objetivo do Kremlin era minar o processo de criação de uma entidade alemã ocidental e expulsar França, Grã-Bretanha e Estados Unidos da cidade, o plano fracassou perante a capacidade das forças ocidentais de fornecer à área ocidental da antiga capital alemã todos os bens necessários para a população. Diante desse insucesso, Stalin ordenou a suspensão do bloqueio em maio de 1949. Contemporaneamente, a intransigência soviética provocou a consolidação dos aliados ocidentais e a transformação da área ocidental ocupada numa única unidade política com a forma de Estado federal, nomeada de República Federal Alemã. Como reação, no lado oriental foi estabelecida, em outubro do mesmo ano, a República Democrática Alemã. Esse episódio constituiu a primeira prova de força entre as duas potências que tinham protagonizado a derrota do nazismo e marcou a divisão dos blocos.

À aparente primeira vitória ocidental correspondeu, todavia, no mesmo ano, uma dupla derrota marcada pela tomada do poder por parte das forças comunistas na China e pela primeira explosão de uma bomba atômica soviética. O deslocamento da Guerra Fria para a Ásia Oriental foi claro na Coreia, país temporariamente dividido seguindo a linha do 38º paralelo depois do fim da Segunda Guerra Mundial. A Coreia do Norte (ou República Democrática de Coreia), controlada pelas forças comunistas e aliada de Moscou e Beijing, invadiu em 1950 a Coreia do Sul (ou República da Coreia), com um governo próximo do Ocidente. Em reação a isso, os Estados Unidos intervieram com uma coalizão militar sob a égide das Nações Unidas, que deliberou a favor da intervenção. Isso foi possível graças à ausência no Conselho de Segurança da União Soviética, que boicotava o órgão por causa da permanência da República da China (ainda presente na ilha de Formosa onde tinha se refugiado Chiang Kai-shek depois da derrota na guerra civil) como representante da China.

O conflito poderia assumir maiores dimensões, sobretudo pela presença de forças "voluntárias" chinesas comunistas no embate, mas se evitou o uso de armas atômicas e se chegou a um armistício, que desde 1953 cristaliza a existência das duas Coreias. A expansão comunista na região foi clara também em 1954 pela derrota francesa na Indochina, onde imediatamente depois do fim da guerra contra o Japão os movimentos nacionalistas locais reivindicaram a independência. Com o fim do poder colonial francês na península, tornaram-se independentes novos Estados, como Laos e Camboja. Permaneceu, todavia, indefinida a situação no Vietnã, que seria dividido, mesmo que temporariamente, em dois países distintos: entre o Norte comunista e o Sul apoiado pelo Ocidente.

É importante notar como uma combinação de fatores foi relevante para evitar o aprofundamento das crises na Ásia. Em março de 1953, o sistema internacional foi surpreendido pela morte de Stalin. Esse evento, somado ao novo governo republicano nos Estados Unidos liderado por Dwight Eisenhower, provocou uma profunda mudança em relação aos equilíbrios anteriores. O líder soviético foi substituído por uma direção inicialmente colegial, da qual emergiu como principal ator Nikita Kruschev, que assumiu o cargo de secretário-geral do Partido Comunista da União Soviética (PCUS). No âmbito externo, o novo governo orientou a União Soviética a uma maior abertura e diálogo com o Ocidente. A partir de 1953, houve várias ocasiões de convergência entre as superpotências que, dentro de um contexto de distensão, tentaram resolver as principais crises ao nível global.

Com a finalidade de encontrar uma solução para os problemas na Europa e na Ásia, foram organizadas em Genebra diferentes conferências. A primeira ocorreu entre janeiro e julho de 1954 para discutir a paz na Coreia e em Indochina. Na segunda, em julho de 1955, discutiu-se sobre o *status* da Alemanha e da Áustria. Os encontros tiveram um alto valor simbólico, contribuindo para a construção do diálogo entre os blocos e provocando a ilusão de uma iminente paz internacional. Pelo ponto de vista prático, as conferências não resolveram os conflitos nos dois continentes, feita exceção pela neutralização da Áustria, livre da presença das forças de ocupação soviéticas e ocidentais. Além disso, a União Soviética eliminou o próprio veto à entrada da RFA e da Itália na ONU e estabeleceu um diálogo com o governo de Bonn.

Foi nesse contexto que Kruschev, em 1956, declarou a possibilidade de uma coexistência pacífica entre os blocos. A evolução do relacionamento bipolar foi marcada, todavia, também por crises internas aos blocos. No âmbito socialista, a morte do Stalin desencadeou uma profunda reflexão interna à União Soviética. O ápice do debate alcançou-se em 1955, em ocasião do

História das Relações Internacionais

20º Congresso do PCUS, quando Kruschev, numa sessão secreta, atacou o stalinismo e denunciou os expurgos que ocorreram no período anterior. O líder soviético condenou veementemente o internacionalismo proletário e, discordando de Beijing, aboliu o Kominform, como forma de abertura para outros países. Além disso, foram imediatamente apoiadas as vias nacionais ao socialismo, como maneira de garantir uma autonomia maior aos países do bloco socialista e aos outros aliados.

Esse processo teve consequências, como a reaproximação com a Iugoslávia de Tito, provocando parcialmente o afastamento do país balcânico do Ocidente. Todavia, a desestalinização teve efeitos inesperados. Na Polônia, ocorreram protestos antissoviéticos que foram resolvidos pacificamente com a substituição, em outubro de 1956, da liderança stalinista pela de Wladyslaw Gomulka. A Hungria tentou seguir o exemplo polonês, começando um processo de substituição da cúpula do poder stalinista anterior que levou à presidência Imre Nagy. O novo presidente tentou manifestar a autonomia húngara, denunciando o Pacto de Varsóvia e tentando assumir uma posição neutra no sistema internacional. Perante a ameaça do possível colapso do bloco oriental, a União Soviética interveio na Hungria reprimindo duramente a rebelião de Budapeste. Esses eventos tiveram uma forte repercussão internacional. Não houve uma intervenção militar ocidental, mas uma forte crítica dentro dos movimentos comunistas e socialistas ocidentais. A crise mostrou os sinais de fraqueza da União Soviética, mas confirmou o equilíbrio na Europa.

A segunda crise interna do bloco socialista consistiu no aprofundamento da divergência entre Moscou e Beijing. Em 1960, Mao Tsé-tung rompeu definitivamente com Kruschev, acusando-o de revisionismo e se apresentando como portador autêntico das teses marxista-leninistas. A ruptura teve repercussões profundas para a unidade socialista e para o sistema internacional. Beijing conseguiu atrair para a própria esfera de influência a Albânia e vários partidos comunistas asiáticos. A crise, como ficou evidente na década de 1960, teve também como consequência a confrontação militar entre os dois países por disputas fronteiriças. Em poucos anos, a China Popular tornar-se-ia um elemento crucial alternativo aos dois polos existentes.

A Guerra Fria (1945-62)

O FIM DOS SISTEMAS COLONIAIS
E A EMERSÃO DO TERCEIRO MUNDO

O sistema internacional posterior ao fim da Segunda Guerra Mundial não foi caracterizado exclusivamente pelo início de um conflito bipolar, mas pela afirmação do processo de descolonização, a princípio, limitado ao Oriente Médio e a algumas regiões da Ásia, mas que ao longo das décadas seguintes iria abranger todas as regiões do mundo. Um dos principais desafios foi enfrentar a questão do desenvolvimento das áreas mais pobres do planeta, o que foi chamado Terceiro Mundo, assim como a superação do modelo colonial. Se os primeiros sinais de crise do colonialismo ocorreram imediatamente depois da Primeira Guerra Mundial e, de maneira mais forte, na década de 1930, a fraqueza do sistema ficou clara durante esse período, com experiências de resistência ou autogoverno no contexto da invasão japonesa, ou imediatamente depois da Segunda Guerra Mundial. Foi nesse momento que também se afirmaram novos modelos de desenvolvimento, e apareceram mensagens revolucionárias da União Soviética e dos Estados Unidos para a construção do mundo posterior à descolonização.

O começo do fim dos impérios foi determinado por diferentes crises ligadas também à fraqueza das metrópoles europeias, que tiveram de reconstruir os próprios países depois do conflito. Imediatamente após o fim da Segunda Guerra Mundial, as Filipinas obtiveram a independência dos Estados Unidos, que controlavam o país desde o final do século XIX. Como consequência de compromissos assumidos durante a guerra, a Grã-Bretanha concedeu, ainda que num processo conturbado, a independência aos territórios da Ásia Meridional, com a emancipação da Índia, do Paquistão e da Birmânia. De forma parecida, a Indonésia se tornou independente dos Países Baixos. Diferentemente, a França tentou manter o controle da Indochina provocando uma guerra colonial que, como visto, terminaria somente em 1954.

No Oriente Médio, o governo de Paris garantiu a independência plena aos antigos mandatos da Síria e do Líbano. Londres, ao contrário, abandonou a Palestina a uma situação que provocou o primeiro conflito entre as populações e os Estados árabes contra um Exército de população hebraica. A vitória deste último garantiu em 1948 o nascimento do Estado de Israel

163

e a indefinição do futuro da população árabe local, gerando uma crise que perdura até hoje. Poucos anos depois, o processo de descolonização caracterizou também a África do Norte, com a independência de Marrocos e Tunísia em 1956 e da Argélia, considerada território metropolitano francês, em 1962, depois de oito anos de conflito cruento.

A crise de Suez de outubro de 1956 representou um divisor de águas no processo de descolonização e nos equilíbrios entre as superpotências. No período posterior, de fato, os britânicos e os franceses concederam a independência à quase totalidade dos territórios na África, na Ásia e nas Américas, mantendo fortes relações econômicas, através do *Commonwealth* britânico, da *Communauté* francesa e dos acordos entre a Comunidade Econômica Europeia e os países africanos. O processo de descolonização foi ligado também à criação de um bloco de países afro-asiáticos que se reuniam pela primeira vez na Indonésia em 1955, em ocasião da Conferência de Bandung.

O Terceiro Mundo, o Neutralismo, a Conferência de Bandung e o Movimento dos Não Alinhados

No começo da década de 1950, na França, foi criado o termo "Terceiro Mundo" para designar os países que não pertenciam ao mundo capitalista ou ao bloco socialista. Conhecido atualmente como Sul global, em contraposição ao Norte industrializado, esse grupo heterogêneo é constituído pelos países da América Latina, da África, do Oriente Médio e da Ásia Meridional e do Sudeste. Ao Terceiro Mundo foi relacionada durante a Guerra Fria a ideia de neutralismo, como política não associada a um envolvimento nos conflitos dos principais blocos ideológicos e militares. A partir dessa proposta, apresentada pelo líder indiano Jawaharlal Nehru, e de interesses comuns aos países e territórios do Terceiro Mundo, foi organizada em 1955 a Conferência Afro-Asiática em Bandung, na Indonésia. Essa foi a primeira ocasião de debate para a coordenação entre os países do Terceiro Mundo, os quais, além de reivindicar a conclusão do colonialismo, apresentavam um esforço global para o pleno desenvolvimento das áreas mais pobres do planeta. A partir de encontros entre os principais líderes neutralistas, como Nehru (Índia), Nasser (Egito) e Tito (Iugoslávia), foi estabelecida em Belgrado em agosto de 1961 uma organização, existente ainda hoje, chamada Movimento dos Países Não Alinhados. O movimento, que conta hoje com 120 membros, pediu a diminuição da tensão ligada à Guerra Fria, os necessários esforços para eliminar o subdesenvolvimento e o fim do imperialismo.

A Guerra Fria (1945-62)

A descolonização, no entanto, não aconteceu sempre de forma pacífica ou síncrona em todos os impérios. No Congo, administrado pelos belgas, a transição foi cruenta, e à disputa pelos riquíssimos recursos minerais associou-se também a confrontação bipolar. Outras exceções foram representadas pelos casos de Portugal, que foi protagonista de guerras coloniais entre 1961 e 1975, e dos regimes de Apartheid ou de liderança das minorias brancas, como ocorreu na África do Sul, até 1991, e na Rodésia (atual Zimbábue) até 1980.

Apesar da descolonização, o principal problema da maioria dos países do Terceiro Mundo se tornou o desenvolvimento econômico e social. A questão do desenvolvimento foi central na competição entre Estados Unidos e União Soviética para a afirmação da própria influência no Terceiro Mundo através da adoção dos modelos econômicos, sociais e políticos das superpotências. O mundo em desenvolvimento ou recente emancipação formal dos impérios coloniais se tornou, em muitos casos, um campo de confrontação da Guerra Fria que, como notado pelo historiador norueguês Odd Arne Westad, assumiu um caráter global.

Nesse sentido, a crise de Suez foi central para evidenciar os novos interesses de Moscou e Washington no contexto extraeuropeu, mas também pela afirmação de atores que buscavam mais autonomia em relação às lógicas bipolares. A crise foi originada pela tentativa de França, Grã-Bretanha e Israel de derrubar o governo nacionalista de Gamal Abdel Nasser no Egito, que tinha declarado a nacionalização do canal de Suez, antes de propriedade de um consórcio franco-britânico, para poder financiar a colossal construção da barragem de Assuã. A decisão egípcia, tomada em 26 de julho de 1956, foi uma reação à deliberação ocidental de negar o financiamento da ambiciosa obra. A iniciativa de Paris, Londres e Tel Aviv foi uma tentativa de manter os impérios e de afastar a ameaça de um forte país árabe, que apoiava a resistência argelina e tinha comprado material bélico no bloco socialista. A operação franco-britânico-israelense consistiu na ocupação da área do canal, mas fracassou por causa da forte oposição das superpotências, as quais atuaram de maneira conjunta nas Nações Unidas, que enviaram imediatamente uma força-tarefa internacional para a área do canal. Além disso, foi garantida a manutenção do governo egípcio, liderado por um dos principais exponentes do Terceiro Mundo. A crise de Suez asseverou, por um lado,

História das Relações Internacionais

o fim dos imperialismos europeus com a humilhação de Londres e Paris, abrindo o caminho para o relacionamento especial britânico-estadunidense e para uma atenção maior ao processo de integração europeia. Por outro, o Oriente Médio se confirmou como uma área fundamental para as duas superpotências, estabelecendo alianças com os regimes locais.

A CORRIDA ARMAMENTISTA
E A CRISE DOS MÍSSEIS EM CUBA

A coexistência competitiva foi marcada também pela corrida armamentista. Entre 1957 e 1962, houve um enorme crescimento dos arsenais nucleares. Os artefatos atômicos se tornaram sempre mais poderosos e poderiam alcançar todas as regiões do mundo, graças às inovações tecnológicas que criaram mísseis de alcance longo, intermediário e curto. Um exemplo disso foi dado pelos grandes avanços em âmbito espacial com o sucesso soviético ao lançar o primeiro satélite no espaço, o Sputnik, em 1957, ou o primeiro homem (Iuri Gagarin) na órbita espacial, em 1961. Armas sempre mais sofisticadas, poderosas e precisas representaram um enorme problema para a humanidade, que poderia ser aniquilada num holocausto nuclear. Ademais, o grande número de ensaio de armas nucleares e de outros armamentos representou um problema para o meio ambiente e para a saúde de populações inteiras próximas dos campos de teste. Foi também a partir dos crescentes protestos da população e da comunidade científica que Moscou e Washington começaram, em 1957, um sério diálogo sobre o controle internacional dos armamentos para evitar crises entre as superpotências.

Apesar desse esforço, a permanência da tensão provocou, entre 1958 e 1961, duas crises sobre o controle de Berlim, geradas pela necessidade de Kruschev eliminar a presença ocidental na cidade e evitar a maciça emigração de alemães orientais para a RFA. Elas foram temporariamente solucionadas através de um compromisso de não nuclearização da Alemanha e, pelo ponto de vista físico, a divisão de Berlim cristalizou-se por meio da construção de um muro em 13 de agosto de 1961.

A segunda grande crise ocorreu em Cuba em 1962. Antes de tratar da confrontação no país caribenho, é importante oferecer o contexto em que

166

A Guerra Fria (1945-62)

a ilha se tornou um centro de disputa entre as superpotências. Com um *status* de semiprotetorado estadunidense desde a independência formal da Espanha, em 1898, Cuba havia assistido a uma sucessão de intervenções militares de Washington e de ditaduras, que tinham caracterizado quase toda a sua história recente. Como o resttante da América Latina e do hemisfério ocidental, a ilha estava na área de influência dos Estados Unidos. Como demostra o caso da Guatemala em 1954, onde o governo progressista de Jacobo Arbenz foi derrubado por um golpe orquestrado pela CIA (Central Intelligence Agency, ou Agência Central de Inteligência), toda tentativa de criar governos progressistas na região encontrou a resistência de Washington. O governo ditatorial de Fulgencio Batista em Havana, todavia, chegou a ser mal tolerado também pelos Estados Unidos, que encontravam na América Latina sempre um maior antiamericanismo por causa dos eventos de 1954. É nesse contexto que, em 1º de janeiro de 1959, uma insurreição de forças nacionalistas lideradas pelo jovem Fidel Castro impôs um governo revolucionário. Sem um caráter inicialmente socialista, o novo regime tinha como objetivo atuar com profundas reformas para diminuir a desigualdade e a pobreza no país. Enquanto inicialmente Castro limitou a nacionalização de companhias estrangeiras, a falta de apoio estadunidense aos planos de modernização do novo governo levou Cuba a começar um diálogo com a União Soviética.

Kruschev via no apoio ao regime caribenho uma possível vantagem em tornar Moscou o ator de referência para os movimentos de libertação nacional existentes no Terceiro Mundo. Foi nesse contexto que o Kremlin começou a garantir capacidade econômica e suprir o petróleo que foi refinado por companhias nacionalizadas e, anteriormente, de propriedade estadunidense. A ameaça da presença soviética a poucos quilômetros das costas da Flórida, assim como a possibilidade que o exemplo cubano se espalhasse pela América Latina (já marcada pelo antiamericanismo) provocaram a decisão do governo de Eisenhower, em 1960, de eliminar o regime castrista. O primeiro passo foi impor um embargo comercial contra Cuba, mas a ação mais importante foi uma tentativa de invasão pela baia dos Porcos por parte de exilados cubanos no dia 17 de abril de 1961. Apoiada pela CIA e pelo governo americano, a operação fracassou e provocou uma onda de protestos antiamericanos no mundo inteiro. Tratou-se da primeira ação de política

167

História das Relações Internacionais

externa do recém-empossado presidente John Kennedy, e provocou uma posterior aproximação entre a União Soviética e Cuba, que tinha se tornado um regime socialista. Para garantir a segurança do governo do país aliado, constantemente ameaçado pelo vizinho setentrional, Kruschev ofereceu ajuda militar e o posicionamento de mísseis nucleares. Quando, em outubro de 1962, aviões espiões estadunidenses descobriram as bases de lançamento de mísseis nucleares na ilha caribenha, o governo Kennedy decidiu reagir de maneira firme. Entre as várias opções, Washington se decidiu por um bloqueio naval, que evitasse suprimentos militares soviéticos. Por vários dias, o mundo enfrentou uma crise que podia conduzir à guerra nuclear. Estados Unidos e União Soviética concordaram em eliminar as bases soviéticas em Cuba em troca da remoção dos mísseis nucleares estadunidenses na Turquia e da garantia norte-americana de não invadir Cuba. Esse episódio determinou o começo da distensão entre as superpotências, objeto do próximo capítulo.

O sistema internacional entre distensão e descolonização (1962-79)

UMA VISÃO GERAL DO PERÍODO DE 1962 A 1979

"Os Estados Unidos têm hoje a oportunidade de alcançar a maior honra que a história pode conferir a uma nação: a honra de alcançar a paz." Com essas palavras, o recém-eleito Richard M. Nixon marcou no dia 20 de janeiro de 1969 o discurso inaugural da própria administração à frente dos Estados Unidos. A intenção do mandatário estadunidense era continuar e aprofundar o diálogo com a União Soviética, assim como resolver os conflitos pendentes no Vietná e levar ao reconhecimento a República Popular Chinesa. Tendo em vista a distância de poucos anos da crise dos mísseis em Cuba, a qual tinha levado a humanidade à beira do holocausto nuclear, Nixon, bem como as lideranças soviéticas, queria caracterizar o relacionamento bipolar através de regras que impedissem o surgimento de novos conflitos e criassem a oportunidade de cooperação entre as superpotências.

É nesse contexto que o período entre 1962 e 1979 é normalmente definido como uma fase de distensão (ou *détente*) na Guerra Fria, por causa do diálogo entre Moscou e Washington e do reconhecimento mútuo entre os países europeus dos dois lados da cortina de ferro. O processo de distensão, ou distensões pelas múltiplas formas que assumiu, não significou nem levou, contudo, à conclusão da Guerra Fria.

A década de 1960 via, de fato, uma mudança radical na composição dos membros da Organização das Nações Unidas, cuja Assembleia Geral era dominada pelos países do Terceiro Mundo. Paralelamente à emersão desses novos atores, houve crises internas aos blocos, como manifestado pelo aprofundamento da ruptura sino-soviética, pela competição dos países europeus e do Japão na esfera capitalista e pelas tentativas de autonomia por parte de alguns membros do Pacto de Varsóvia. Além disso, a distensão era limitada pela continuação da confrontação entre as superpotências na África e na Ásia. Fator necessário para entender os limites da capacidade de ação dos governos, sobretudo nos países ocidentais, é o papel da opinião pública. O surgimento da "aldeia global", pela ação dos meios de comunicação em massa, levou a população mundial a assistir aos horrores da Guerra do Vietnã, revelou escândalos como o Watergate e denunciou a violação dos direitos humanos em regimes autoritários, com a conivência de democracias ocidentais. Todos esses elementos limitaram as ações das superpotências (especialmente dos Estados Unidos) e provocaram o fim da *détente*.

UMA DISTENSÃO *NECESSÁRIA*

A crise dos mísseis em Cuba tinha provocado efeitos diferentes nos dois principais polos de poder da Guerra Fria: a necessidade de alcançar a paridade no âmbito militar e um diálogo para evitar novas crises no futuro. A cúpula de poder em Moscou, representada pelo Comitê Central do PCUS, adquiriu plena consciência de que a crise tinha exposto ao mundo a vulnerabilidade soviética em relação à inferioridade de armas nucleares. A nova liderança colegial, que excluiu Kruschev do poder em outubro de 1964, decidiu cumprir todos os esforços necessários para que o arsenal soviético tivesse a mesma capacidade de força nuclear e missilística possuída pelos Estados Unidos. Tanto em Washington quanto em Moscou, os governos estavam cientes dos altos custos da corrida armamentista e da impossibilidade de utilizar essas armas em conflitos regionais (como no Vietnã ou mesmo na Europa, onde o presidente Kennedy tinha inaugurado a doutrina da "resposta flexível" aos ataques soviéticos). Além disso, no Kremlin e na Casa Branca, estavam a par da inutilidade das armas nucleares por causa da "destruição mútua assegurada" (ou MAD – Mutual Assured Destruction) que decorreria de uma guerra atômica.

Essas circunstâncias levaram imediatamente, depois da crise de Cuba, as superpotências a tomar medidas importantes para eliminar futuras tensões. Em agosto de 1963, em Moscou, os representantes dos Estados Unidos, da União Soviética e da Grã-Bretanha comprometeram-se através do Tratado de Interdição Parcial de Testes Nucleares (TIP) a não testar armas atômicas na atmosfera. A esse importante passo, inserido num debate nas Nações Unidas sobre o desarmamento e a não disseminação (ou proliferação) de armas nucleares, adicionou-se no mês seguinte o estabelecimento do "telefone vermelho", uma linha de comunicação direta entre os governos de Moscou e Washington em caso de graves crises. Um dos principais elementos da primeira fase da distensão foi a assinatura, em junho de 1968, do Tratado de Não Proliferação de Armas Nucleares (TNP).

O Tratado de Não Proliferação de Armas Nucleares (TNP)

O acordo, com duração inicial de 25 anos, compromete as partes contraentes a não desenvolver ou adquirir armas nucleares, cristalizando aos cinco países com arsenais atômicos em janeiro de 1967 (Estados Unidos, União Soviética, Reino Unido, França e República Popular Chinesa) a possibilidade de ter armas nucleares. O sistema internacional, como definido pelo diplomata brasileiro João Augusto de Araújo Castro, iria ser "congelado" por um condomínio de poder entre Estados Unidos e União Soviética, com uma divisão a partir daquele momento em Estados sem armas nucleares e Estados nuclearmente armados, com uma obrigação indefinida no tempo para se desarmarem. O tratado foi, portanto, objeto de fortes críticas por parte de França e República Popular Chinesa, potências nucleares, respectivamente, desde 1960 e 1964, e por significativos países do Terceiro Mundo, como Brasil, Argentina ou Índia, que explodiu o seu primeiro artefato em 1974. O TNP é até o momento um sucesso duradouro da *détente*. Com uma validade indefinida depois de uma decisão assumida em 1995, hoje poucos países do sistema internacional não fazem parte do acordo, que conseguiu evitar substancialmente a proliferação de países com armas atômicas. Se, na década de 1960, temia-se que mais de 20 países pudessem possuir armas nucleares, hoje somente 4 (Israel, Índia, Paquistão e Coreia do Norte) se juntaram de forma não oficial ao clube atômico.

Se ainda hoje os arsenais atômicos de Moscou e Washington são consistentes, foi naqueles anos que se concentrou o segundo aspecto da distensão: a limitação dos armamentos das superpotências. Depois de quatro anos de

História das Relações Internacionais

negociação, em 1972, os dois países assinaram o primeiro acordo de limitação dos armamentos estratégicos (Salt I, Strategic Arms Limitation Talks), que conduziu a dois tratados específicos. O primeiro limitava por cinco anos o número de mísseis estratégicos de alcance intercontinental (ICBMs, Intercontinental Ballistic Missiles) ou lançados por submarinos (SLBMs, Submarine-Launched Ballistic Missiles). O segundo estabelecia limitações ao sistema de mísseis defensivos (ABCs, Anti-Ballistic Missiles), criado para proteger as grandes cidades dos dois países.

Numa nova cúpula em 1973, Leonid Brejnev e Richard Nixon assinaram em Washington o acordo de prevenção contra a guerra nuclear para garantir os territórios soviético e estadunidense. A confiança entre as superpotências, também feita de encontros marcados pela grande proximidade entre os dois líderes, alcançou níveis novos no contexto da relação bipolar. A União Soviética obteve o reconhecimento da paridade política e militar com os Estados Unidos, e abriu-se espaço para a cooperação no âmbito comercial e científico-tecnológico. O ano de 1975 foi marcado pelos acordos sobre os fornecimentos de trigo estadunidense a Moscou e, sobretudo, pela missão espacial conjunta Apollo-Soyuz. Foi o auge da distensão, a qual garantiu aos Estados Unidos assumir um novo papel internacional por meio de acordos com Moscou, com a contemporânea aproximação com a China Popular e com a conclusão do envolvimento na Guerra no Vietnã.

AS VÁRIAS FORMAS DE DISTENSÃO E OS PROBLEMAS INTERNOS AOS BLOCOS

Apesar do novo diálogo estabelecido entre as superpotências, a distensão não coincidiu com um aumento de controle em relação às próprias esferas de influência. Ao contrário, as novas condições do sistema internacional, a exclusão dos aliados na resolução da crise de Cuba, assim como as escolhas sobre a condução dos blocos levaram à busca de uma autonomia maior por parte de atores internos aos dois campos. As décadas de 1960 e 1970 foram marcadas também por um novo nível de desenvolvimento econômico por parte de diversos países. Eles completaram a própria reconstrução industrial pós-bélica ou adquiriram um estágio de crescimento novo por causa das

O sistema internacional entre distensão e descolonização (1962-79)

capacidades industriais ou como efeito dos grandes recursos naturais (como é o caso dos países produtores de petróleo).

Analisando os dois blocos, a União Soviética, que já tinha sofrido a plena emancipação iugoslava e tinha reprimido com força a tentativa de saída de Budapeste do Pacto de Varsóvia, enfrentou de maneira evidente a partir de 1960 a ruptura com Beijing. Depois de ter acusado Moscou de revisionismo, o governo de Mao Tsé-tung afastou-se mais adiante, declarando que a União Soviética estava praticando uma forma de "socioimperialismo". Os antigos aliados tornaram-se então antagonistas da proposta das vias ao socialismo para o restante do mundo e, ao debate ideológico, adicionou-se um conflito real em 1969 com a disputa fronteiriça entre os dois países. Desse novo conflito aproveitou-se imediatamente o governo estadunidense através da chamada diplomacia triangular, elaborada pelo conselheiro de Segurança Nacional (e, a partir de 1973, secretário de Estado), Henry Kissinger. Se, por um lado, Nixon e Kissinger aproximaram-se de Moscou, por outro, conseguiram colocar a China Popular contra a União Soviética. Depois de 22 anos de conflito, Kissinger visitou secretamente Beijing em 1971, garantindo o reconhecimento estadunidense ao assento da República Popular Chinesa nas Nações Unidas em outubro do mesmo ano. No ano seguinte, o nível de aproximação ficou notório pelo histórico encontro entre Nixon (o qual tinha como objetivo o reconhecimento do país asiático desde a campanha eleitoral) e Mao na capital chinesa. Foi o começo de um percurso que conduziu, em 1979, às relações diplomáticas entre os dois países e à plena inserção da China Popular no sistema internacional. Esse elemento novo nos equilíbrios bipolares levou a União Soviética a se aproximar sempre mais dos rivais de Beijing, como Índia, Laos e Vietnã, envolvido numa guerra com o grande vizinho setentrional em 1979, depois de terminado o conflito com os Estados Unidos em 1975.

As tentativas de emancipação foram evidentes também na Europa Centro-Oriental. A Albânia se isolou totalmente dos outros países socialistas e, por um breve período, aproximou-se de Beijing. Na Romênia, o ambicioso líder Nicolae Ceausescu, no poder desde 1965, declarou a própria autonomia no Pacto de Varsóvia, recusou intervir na Tchecoslováquia e teve relações próprias com a China Popular e com o Ocidente, mesmo sem inserir nenhum elemento de liberalização econômica no próprio país.

173

Praga, que protagonizou tentativas de reformas do sistema socialista através da ação do novo líder Alexander Dubček, foi objeto de uma brutal repressão por parte de Moscou e das tropas do Pacto de Varsóvia em agosto de 1968. Mesmo sem a eliminação física do líder tchecoslovaco, Brejnev proclamou na ocasião da intervenção a doutrina da soberania limitada, pela qual à ameaça contra os partidos comunistas das democracias populares corresponderia a intervenção nos países da aliança socialista. Além dos problemas políticos, Moscou enfrentou graves problemas econômicos e estruturais no sistema socialista. Foi por esse motivo que a União Soviética aproveitou-se também de uma distensão nas relações intereuropeias.

Se o bloco socialista passava por profundas mudanças, da mesma forma no Ocidente havia significativas tentativas de autonomia em relação a Washington. Ao longo do período de distensão, novos atores se afirmaram como potências econômicas. No Extremo Oriente, o Japão se consolidou como nova potência industrial, tornando-se rapidamente o segundo PIB do mundo, erodindo a liderança econômica estadunidense. Seguindo o exemplo norte-americano, o Japão normalizou as próprias relações e expandiu a cooperação econômica com a China Popular e com a União Soviética. No âmbito da Europa Ocidental, o esforço de integração começado em 1951 e continuado com o Tratado de Roma de 1957 conduziu à criação de uma zona de livre-comércio entre os países da Comunidade Econômica Europeia (CEE), que em 1973 incluiria também a Grã-Bretanha, a Irlanda e a Dinamarca.

O protagonismo das potências industriais, sobretudo da França de Charles de Gaulle (presidente a partir de 1958) e da República Federal Alemã, liderada por Konrad Adenauer, levou a CEE a se constituir como um bloco coeso que poderia competir com os Estados Unidos. Pelo ponto de vista político e militar, a *détente* foi um período marcado pelo afastamento entre vários membros do Pacto Atlântico. A França, a qual havia criado a própria *force de frappé* (força de ataque) nuclear em 1960, criticou fortemente a exclusão dos parceiros europeus da solução da crise dos mísseis, que tinha entre as próprias consequências a remoção da defesa nuclear de países como Itália e Turquia. A decisão estadunidense de não compartilhar as armas nucleares dentro da Otan, com a chamada força multilateral (MLF – *multilateral force*), bem como a contrariedade de Washington a um arsenal atômico europeu, provocou a decisão de De Gaulle de tentar uma política de segurança mais autônoma, com o Tratado do Eliseu em 1963 entre França e Alemanha e, sobretudo, com a dramática decisão de abandonar a Otan em 1966, mesmo permanecendo dentro do Pacto Atlântico. O líder francês tentou ter relações autônomas com Moscou e, durante toda sua presidência, opôs-se fortemente à entrada da Grã-Bretanha na CEE, considerada um ator desagregador do esforço integracionista por causa da relação especial existente com os Estados Unidos desde 1956.

Se Paris conduziu a sua própria *détente* com Moscou, o caso mais interessante é o da Alemanha Ocidental. Graças aos próprios sucessos econômicos, o governo de Bonn adotou uma nova política externa. Se desde a década de 1950 a República Federal Alemã começou a investir maciçamente nos países em desenvolvimento (o Brasil é um caso emblemático), na segunda metade da década de 1960 decidiu redefinir as próprias relações com o bloco soviético. Durante a experiência de governo do líder cristão-democrata Konrad Adenauer e dos sucessores da mesma coligação partidária (1949-68), foi adotada em 1957 a chamada Doutrina Hallstein (a partir do nome de Walter Hallstein que a formulou), a qual previa que Bonn, no objetivo de alcançar a plena unificação alemã, iria ter relações exclusivamente com Moscou, evitando-as com outros países socialistas e, sobretudo, com a República Democrática Alemã. Essa política foi revista por parte do líder social-democrata Willy Brandt, antigo prefeito de Berlim, que adotou a partir de 1969 uma política de abertura a Leste: a chamada *Ostpolitilk*. O primeiro-ministro alemão, que permaneceu no governo de 1969 e 1974, normalizou as relações com os países do bloco socialista, reconhecendo as fronteiras estabelecidas em 1945 e renunciando a qualquer tipo de reivindicação territorial. Ao fim de uma possível ameaça alemã, adicionou-se uma oferta de cooperação econômica, com investimentos que perdurariam até o fim da Guerra Fria. O gesto mais importante foi feito em relação ao governo de Berlim Oriental, com o qual foi assinado em 1972 o "Tratado Básico", que estabeleceu o reconhecimento mútuo entre os dois governos alemães e propiciou o ingresso das duas repúblicas nas Nações Unidas em 1973.

A estabilização europeia, todavia, não foi garantida exclusivamente por acordos bilaterais entre os vários Estados-membros, mas também pela Conferência sobre a Segurança e a Cooperação Europeia (CSCE) que, a partir de 1973, reuniu em Helsinki todos os Estados europeus (com exceção da Albânia), os Estados Unidos e o Canadá. As negociações conduziram a uma ata final que constituiu um compromisso não vinculante para as partes contraentes. Os resultados alcançados foram históricos em três setores diferentes, chamados também de "cestas" de negociações. Em primeiro lugar, foi reconhecida de maneira coletiva a existência de todos os Estados europeus e das fronteiras existentes. Isso via a eliminação de uma possível revisão das fronteiras entre, por exemplo, Itália e Iugoslávia, ou sancionava o reconhecimento pleno da existência de dois Estados alemães (como já tinha sido previsto na política alemã-ocidental da política para o Leste, ou *Ostpolitik*).

Um segundo ponto de concordância entre os participantes da conferência foi o estímulo à cooperação econômica intereuropeia. Isso permitiria o intercâmbio econômico e comercial entre o bloco capitalista e socialista, assim como possíveis investimentos de países ocidentais nas economias planificadas. Esse movimento refletia a cooperação mais ampla entre Estados Unidos e União Soviética no plano econômico, comercial e científico-tecnológico, num período de crescente demanda de matérias-primas soviéticas (como aço ou petróleo nas economias capitalistas) ou dos novos avanços tecnológicos ocidentais no mundo socialista. O último, e provavelmente mais crítico, âmbito de diálogo foi o estabelecimento da cooperação cultural e a promoção das liberdades individuais e dos direitos humanos dos dois lados da cortina de ferro. O potencial desse acordo podia resultar no desencadeamento de pedidos de maiores liberdades nos rígidos sistemas sociais dos países socialistas ou da União Soviética por parte de movimentos religiosos, étnicos ou políticos.

Aparentemente, os Acordos de Helsinki constituíram um importante momento rumo a uma plena pacificação europeia desde o começo da Guerra Fria. Como notado anteriormente, o fim da conferência coincidiu com o auge da harmonia nas relações bipolares, mas consistiu no prelúdio de novas tensões em nível global.

VIETNÃ, ORIENTE MÉDIO E CRISES ENERGÉTICA E ECONÔMICO-FINANCEIRA COMO LIMITES DA *DÉTENTE?*

Logo depois das discussões em Moscou que marcaram a grande distensão, o sistema internacional continuava a enfrentar diferentes desafios à paz

O sistema internacional entre distensão e descolonização (1962-79)

esperada pelo presidente Nixon no começo do seu mandato. Eles podem ser vistos como limites ou tentativas de articular soluções no contexto da *détente*, mesmo se tratando de crises que perpassaram o relacionamento bipolar.

A primeira crise que os Estados Unidos precisaram resolver estava ligada a uma saída "honrosa" do conflito no Vietnã. Depois do fim da guerra da Indochina e da definitiva saída francesa da região, o presidente Eisenhower, antes, e John Fitzgerald Kennedy, depois, tentaram entre 1954 e 1963 sustentar, através de uma significativa ajuda econômica, o governo do Vietnã do Sul. A fraqueza de Saigon e a necessidade estadunidense de conter o avanço do comunismo na região conduziram o presidente Kennedy a enviar tropas ao país asiático na véspera da própria morte. No lugar de uma guerra-relâmpago esperada pelo presidente Lyndon Johnson na campanha eleitoral de 1964, os Estados Unidos se envolveram em um longo conflito com amplas consequências para o âmbito doméstico e para as relações com os aliados. A partir de 1964, o contingente americano cresceu até alcançar a presença de 500 mil soldados num conflito que via a penetração maciça das forças comunistas do Vietnã do Norte, apoiado pela União Soviética e pela China Popular, na parte meridional do país fortemente instável. Apesar da manutenção de um canal de negociação sempre aberto entre as partes no confronto, Johnson se opôs a uma derrota estadunidense que podia garantir a realização daquela "teoria de dominós" que, imaginada desde o começo pelo secretário de Estado, John Foster Dulles (1953-59), podia levar ao avanço do comunismo em todos os países da Ásia Meridional.

As trágicas imagens provenientes do país asiático, transmitidas pela mídia internacional, tiveram um fortíssimo impacto para a opinião pública norte-americana e mundial. A significativa oposição interna, com grandes manifestações em Washington e nas principais cidades do país, isolou o presidente Johnson, que decidiu não se candidatar para a reeleição em 1968. À ideia de reforma da sociedade americana, prospectada inicialmente pelo sucessor de Kennedy, substituiu-se o peso de uma guerra que estava consumindo os recursos da economia do país. Além disso, a maioria dos aliados (inclusive as antigas potências coloniais) recusou-se a enviar tropas para o país asiático e criticou fortemente Washington. Perante essa situação, o sucessor de Johnson, o presidente Richard Nixon (1969-74), e seu principal assessor de política externa e segurança nacional, Henry Kissinger, tentaram

História das Relações Internacionais

encontrar imediatamente uma saída do pântano indochinês. Se, por um lado, tentaram, com o famoso discurso na ilha de Guam de 1969, redistribuir para os aliados os custos da defesa do Ocidente, por outro, o plano da nova administração norte-americana era *vietnamizar* o conflito.

No período de 1969 a 1975, as tropas seriam reduzidas, financiando o governo do Vietnã do Sul, que iria garantir a própria segurança através da cobertura da força aérea estadunidense. Apesar de um inicial aumento dos soldados norte-americanos no solo vietnamita, as Forças Armadas dos Estados Unidos iriam ser limitadas a poucos homens até 1974. No âmbito político-diplomático, Kissinger conduziu negociações públicas e secretas com os exponentes do Vietnã do Norte em Paris. A solução alcançada em 1973 na capital francesa permitiu a saída de todos os militares norte-americanos. Enquanto a guerra, não mais limitada ao Vietnã, mas expandida a Laos e Camboja, continuou, os Estados Unidos conseguiram encontrar uma saída que permitisse concentrar a própria atenção na construção da *détente*. As grandes pressões por parte do Congresso e da opinião pública limitaram fortemente as decisões do presidente e do poder executivo num conflito militar. A imagem dos Estados Unidos nesse período estava fortemente abalada em consequência do escândalo Watergate, que tinha levado o presidente Nixon a renunciar ao cargo no mês de agosto de 1974 e a ser substituído pelo vice-presidente, Gerald Ford, que iria conduzir o país até 1977.

Desde o fim da Segunda Guerra Mundial, uma área de tensão permanente foi o Oriente Médio. Como notado no capítulo "A Guerra Fria (1945-62)", a crise de Suez determinou um novo equilíbrio para a região. Egito e Síria entraram na esfera de influência soviética; o restante dos países, na área estadunidense para garantir os interesses petrolíferos de Washington no território. Aos avanços soviéticos, todavia, correspondeu em 1966 a decisão norte-americana de apoiar de maneira decidida o Estado de Israel, para preservá-lo de possíveis ataques de países árabes aliados de Moscou. Perante a possível ameaça egípcia no Sinai (liberado das forças das Nações Unidas), o apoio do governo do Cairo à recém-constituída Organização para a Libertação da Palestina (OLP) e a Síria nas alturas do Golã a partir da 1967, o governo de Tel Aviv decidiu reagir. No dia 5 de junho de 1967, um ataque-surpresa neutralizou a força aérea egípcia e, diante da tentativa de reação jordana, Israel ocupou o Sinai, a região das Cisjordânia, toda a

178

cidade de Jerusalém e o Golã sírio. Foi uma vitória esmagadora realizada em poucos dias dentro dos limites do cessar-fogo imposto pelas Nações Unidas. A Guerra dos Seis Dias alterou totalmente os equilíbrios na região, que percebeu sempre com maior hostilidade o Estado hebraico, e em Israel, onde a população árabe cresceu sensivelmente. Israel foi condenado pela maioria dos países do Terceiro Mundo; rompeu relações com Moscou; e o plano de paz apresentado pelo Conselho de Segurança das Nações Unidas (a Resolução 242) propôs uma solução que previa de forma ambígua a liberação dos territórios ocupados, sem especificar quais, e o implícito reconhecimento árabe do governo israelense. A guerra teve relevantes consequências para os equilíbrios bipolares a favor de Moscou e no sentido anti-israelense.

O Egito, governado a partir de 1970 por Anwar Al Sadat, que tinha sucedido Nasser (falecido subitamente no mesmo ano), recebeu uma consistente ajuda soviética, com 20 mil conselheiros militares e a possibilidade de instalar duas bases nos portos egípcios. Na Síria e no Iraque, a vitória do partido filo-socialista Baath conduziu a ascensão de Hafez al-Assad e Saddam Hussein, e criou as bases de duradouros governos. Na Líbia, através de um golpe de Estado, o jovem coronel Muammar al-Gaddafi estabeleceu em 1969 um governo contrário a Tel Aviv. No começo da década de 1970, os contínuos ataques da OLP e os preparativos egípcios foram um sinal de uma possível revanche contra Israel. Outra guerra se iniciou em outubro de 1973, em correspondência à festa judaica do Yom Kippur, quando, depois de ter recebido uma nova ajuda militar soviética, o Egito optou por atacar e penetrar o Sinai; e a Síria tentou retomar Golã.

Apesar de um sucesso inicial egípcio, que mostrou a vulnerabilidade de Israel, o Exército israelense invadiu o Sinai, isolou as Forças Armadas egípcias e chegou às proximidades do Cairo. Somente depois de uma resolução do Conselho de Segurança da ONU e, sobretudo, da ação de Kissinger (homem forte na possibilidade comunicação com as várias partes do conflito) decidiu-se voltar para a mesa das negociações. As discussões, nas lógicas estadunidenses, precisavam tratar da questão do Oriente Médio para a pacificação da região. Com negociações que começaram em Genebra em 1974, mesmo durante um período de forte dificuldade interna para o governo estadunidense, os resultados conduziram a uma nova mudança de equilíbrios na área. Sadat, sentindo-se isolado na região,

História das Relações Internacionais

começou a se aproximar dos Estados Unidos, que começaram a investir maciçamente no país mediterrâneo. Surpreendentemente, sob a égide do governo de Washington liderado por Jimmy Carter, o Egito chegou à paz com Israel em 1979. Foi um elemento revolucionário na história recente do Oriente Médio, que parecia resolver um dos aspectos principais no conflito, como o relacionamento entre Egito e Israel.

A Guerra do Yom Kippur teve, contudo, um efeito imediato para a economia global, que estava passando por um processo de transformação desde o fim da década anterior. Os países produtores de petróleo da Opep (Organização dos Países Exportadores de Petróleo), como retaliação à ajuda ocidental a Israel na guerra, decretaram um embargo à exportação do petróleo. O preço do barril da matéria-prima, base da industrialização do século XX, quadruplicou o próprio valor (alcançando 12 dólares) e conduziu a uma gravíssima crise energética que provocou um processo de recessão nos países ocidentais e em desenvolvimento, além da forte acumulação de reservas em dólares por parte dos países produtores. Essa seria a primeira crise, à qual se seguiu uma segunda em 1979, ligada à revolução islamista no Irã.

O choque do petróleo teve o efeito de aprofundar ainda mais a distância entre os Estados Unidos, autossuficientes do ponto de vista energético, e os aliados, particularmente abalados pelo substancial fim do sistema de Bretton Woods em 1971. O governo de Washington decidiu, de fato, como reação aos altos custos da Guerra do Vietnã para a economia do país norte-americano interromper, antes temporária e, depois, definitivamente, a taxa fixa de conversibilidade entre o dólar e a onça de ouro, fixada desde 1944 a um valor igual a 35 dólares. Com o forte crescimento dos países ocidentais e do Japão, e com as medidas protecionistas adotadas por este último país, assim como a ajuda aos países em desenvolvimento e os custos para a defesa, as autoridades monetárias estadunidenses sugeriram suspender o câmbio fixo por causa da vulnerabilidade ao qual estava exposto o sistema monetário do país. Foi nesse contexto que se passou do padrão ouro-dólar ao padrão dólar, pelo qual a moeda estadunidense foi subtraída da pressão da inflação, permanecendo a divisa de referência internacional para calcular as reservas dos demais países.

Através da chamada "diplomacia do dólar", definida pelo historiador Duccio Basosi, a superpotência passou por outra fase de transformação durante o período da *détente*. Entre 1974 e 1979, o mundo foi caracterizado ao

O sistema internacional entre distensão e descolonização (1962-79)

mesmo tempo por uma estagnação econômica e inflação (a chamada *estagflação*). Todavia, os Estados Unidos garantiram que a própria divisa permanecesse a moeda de referência, num momento marcado pela falta de liquidez e por uma forte acumulação por parte dos países produtores de petróleo que investiram ingentes quantidades de *petrodólares* nos países industrializados.

Do ponto de vista internacional, tentou-se resolver a crise econômico-financeira por meio de dois caminhos. A primeira tentativa foi orquestrada pelos países do Terceiro Mundo, membros do chamado G-77 (número inicial de países em desenvolvimento presentes na Assembleia Geral da ONU), dentro das Nações Unidas. Em dezembro de 1974, confiantes também do possível apoio dos países produtores de petróleo e da aparente fraqueza estadunidense, os países em desenvolvimento conseguiram a aprovação da Nova Ordem Econômica Internacional, programa que tinha como propósito discutir sobre as matérias-primas, a ajuda internacional para o crescimento, a industrialização, a difusão da tecnologia e o controle das atividades das multinacionais. Sob o impulso dos Estados Unidos, os principais países industrializados e em desenvolvimento reuniram-se em Paris entre 1975 e 1977 para tentar, através do chamado diálogo Norte-Sul, encontrar uma solução para os problemas econômicos globais.

A ação norte-americana e dos principais países ocidentais, reunidos a partir de 1975 no agrupamento informal do G-7 (composto por Estados Unidos, Grã-Bretanha, França, Alemanha Ocidental, Japão, Canadá e Itália), alcançou outro resultado. Em 1976, decidiu-se que o ouro não teria mais o papel de regulador do valor das moedas mundiais. O ouro seria substituído pelos Direitos Especiais de Saque, com um sistema governado pelo Fundo Monetário Internacional, que legitimaria o sistema de flutuação das moedas em dificuldade, determinando a volta aos câmbios fixos caso essa decisão fosse aprovada por 85% dos votos disponíveis no órgão internacional.

Essas novas condições da economia aprofundaram a crise econômica de muitos países, sobretudo dos em desenvolvimento, cujas dívidas aumentariam substancialmente, cristalizando as próprias dificuldades e fortalecendo a situação de dependência em relação aos países mais ricos. É nessa conjuntura crítica, em que existia aparentemente uma fraqueza estadunidense e uma sempre maior força soviética, também ligada à venda de petróleo, que se manifestaram os sinais do fim da *détente*.

181

História das Relações Internacionais

O FIM DA *DÉTENTE*

O primeiro cenário onde se assistiu ao fim da *détente* foi o continente africano. A descolonização portuguesa e o surgimento de regimes locais de inspiração marxista no chifre da África provocaram o envolvimento direto ou indireto de Moscou na região. Nas antigas colônias lusitanas de Angola e Moçambique, estabeleceram-se, de fato, governos liderados por movimentos locais de libertação nacional de orientação socialista que, em pouco tempo, enfrentariam a oposição de outros movimentos de orientação política contrária. A descolonização coincidiu, portanto, com o começo de longas guerras civis, nas quais as partes envolvidas eram apoiadas pelas superpotências ou por países aliados delas.

Foi o caso da África do Sul, cujo regime segregacionista do Apartheid temia uma influência dos movimentos angolanos e moçambicanos sobre o futuro da África do Sudoeste (a atual Namíbia), sob o controle do governo de Pretória ou nas disputas internas entre movimentos negros e a minoria branca. Tropas sul-africanas, aliadas a movimentos locais, enfrentaram no território angolano forças governamentais apoiadas pelo Exército cubano até 1990. No continente africano, outro conflito que alimentou as tensões bipolares eclodiu em 1979, quando a Etiópia, com um regime socialista a partir de 1974 liderado por Mengistu e apoiado por Cuba e Moscou, enfrentou a Somália, cujo comando socialista tinha sido abandonado pela União Soviética e apoiado por Washington. Nessas *proxy wars* (ou guerras por procuração), exacerbaram-se as relações entre as duas superpotências, que encontraram novas razões para o recrudescimento da Guerra Fria.

As rivalidades no continente africano ficaram evidentes a partir de 1978, mas se chocaram com outros temas de conflito ligados ao respeito aos Acordos de Helsinki e ao equilíbrio bipolar. O primeiro ponto de crise esteve associado à restrição imposta pelo governo de Brejnev à emigração de cidadãos soviéticos de origem judaica para Israel. A decisão do governo soviético infringiu umas das cláusulas do acordo de comércio entre Washington e Moscou; e provocou a paralisia de importantes relações de trocas de bens e mercadorias entre os dois países. Outra fundamental área de enfrentamento era aquela estratégico-militar e que culminou com a decisão estadunidense de não ratificar os acordos Salt II, assinados pelo presidente Ford em 1975 e passo fundamental rumo à diminuição dos arsenais nucleares.

O sistema internacional entre distensão e descolonização (1962-79)

O governo dos Estados Unidos, liderado a partir de janeiro de 1977 pelo democrata Jimmy Carter, optou por essa política como reação a determinadas ações soviéticas e em consequência de novas estratégias de defesa no âmbito da Aliança Atlântica. Como forma de modernização das próprias forças de defesa, o governo soviético estava optando na época por posicionar em seu território e no dos aliados europeus mísseis de alcance intermediário, capazes de atingir a Europa Ocidental, a China e os países do Oriente Médio. A reação na Europa Ocidental foi de imediato alarmismo, com um pedido específico por parte de França e Alemanha Ocidental de intervenção americana. Em dezembro de 1979, Washington propôs a Moscou reduzir os mísseis de teatro de operações em troca da renúncia a colocar os mísseis americanos ou instalar mísseis nos países europeus membros da Otan. A decisão conduzia, por consequência, ao desencadeamento da crise daquilo que ficou conhecido como "euromísseis". A decisão do governo Carter possuía um relevante peso político para a consolidação do relacionamento entre a América do Norte e a Europa Ocidental. Nos planos do governo de Washington, os parceiros europeus seriam integrados na estratégia de defesa estadunidense. Essa forma de integração evitaria um possível neutralismo do governo da República Federal Alemã e, sobretudo, constituiria uma válida reação à política agressiva da União Soviética.

Entretanto, é preciso considerar que a decisão soviética de colocar os mísseis não estava intimamente conectada a uma estratégia contra a Europa Ocidental, mas a uma preocupação para garantir sua própria segurança perante as ameaças externas ao continente europeu. Nas fronteiras do Império Soviético existiam vários focos de tensão. O primeiro foi constituído por um elemento novo no sistema internacional: a ascensão do radicalismo islâmico provocado pela revolução iraniana em fevereiro de 1979. A derrubada do regime do xá Reza Pahlevi não teve consequências exclusivamente no Ocidente, por causa do fim de um governo ligado aos Estados Unidos no Irã, mas também em Moscou.

O governo soviético temia que movimentos islâmicos pudessem minar a estabilidade das repúblicas na Ásia Central, onde a população local era maioritariamente muçulmana. Outro elemento que contribuiu à crescente preocupação soviética esteve ligado à guerra entre a China Popular e o Vietnã, aliado de Moscou. O governo de Beijing, que tinha estabelecido plenas relações diplomáticas com Washington em 1979 e estava começando um experimento de adoção de elementos capitalistas na própria economia, continuava a ser visto como um rival e uma ameaça por parte do governo liderado por Leonid Brejnev. A República Popular Chinesa, chefiada a partir de 1979 por Deng Xiaoping, considerado o pequeno timoneiro depois da liderança maoista, permanecia com as reivindicações territoriais contra Moscou, que caracterizavam as relações entre os dois países há mais de 10 anos.

Foi nesse contexto que Moscou tomou uma decisão inesperada em Washington: intervir militarmente no Afeganistão em apoio ao recém-formado governo comunista. Animado por fortes tensões internas, o país asiático assistiu ao fim da monarquia em 1973 e a uma sequência de governos de diferentes orientações políticas, mas ligados a rivalidades tribais e ameaçados por movimentos islamistas. A intervenção soviética foi percebida no Ocidente como uma manobra expansionista de Moscou. Aquela que tinha que ser uma operação cirúrgica das Forças Armadas soviéticas transformou-se numa permanência de nove anos que contribuiu para alimentar a instabilidade local, provocando sempre maiores críticas da sociedade civil soviética contra o Kremlin.

A invasão do Afeganistão enfrentou imediatamente a reação negativa do governo estadunidense, que decidiu não ratificar o Salt II e, como forma de retaliação, suspendeu o acordo de fornecimento de trigo à União Soviética, assinado em 1975 e fundamental para o equilíbrio interno do país socialista. Decidiu também boicotar a participação dos atletas estadunidenses nas Olimpíadas de Moscou de 1980 (ao que coincidiu o boicote soviético contra os Jogos Olímpicos em Los Angeles, em 1984).

Recrudescimento e fim da Guerra Fria (1979-91)

UMA VISÃO GERAL DO PERÍODO 1979-91

Em 1979, Zbigniew Brzezinski, o conselheiro para a Segurança Nacional do presidente estadunidense Jimmy Carter, observou que o acordo "Salt (Tratado de Limitação de Armas Estratégicas) tinha sido enterrado nas areias do Ogaden". À primeira vista, parece difícil compreender a conexão entre um acordo entre as superpotências sobre o limite dos armamentos nucleares e uma guerra entre dois países da África Oriental, como Somália e Etiópia, que se enfrentavam num conflito para o controle de uma província de fronteira. A razão é que o envolvimento soviético ao lado da Etiópia na contraposição à Somália, bem como a intervenção de Moscou no Afeganistão, tinha marcado o fim do diálogo entre Estados Unidos e União Soviética, analisado anteriormente, denominado distensão ou *détente*.

Os Estados Unidos tinham percebido no ativismo soviético no Terceiro Mundo um recrudescimento do conflito global entre os dois países. Se, por um lado, a fase final do processo de descolonização na África tinha aberto novas oportunidades para a ampliação das áreas de influência das principais potências mundiais, por outro, essa mesma ampliação tinha levado o relacionamento bipolar para uma nova fase de confrontação.

Foi nesse momento que se pôde observar o recrudescimento das tensões bipolares que levou, de 1979 a 1986, à chamada "Segunda Guerra Fria". A uma competição nas áreas extraeuropeias, com novas intervenções em várias

História das Relações Internacionais

regiões do mundo, associou-se uma tensão ligada a uma nova corrida armamentista que levou a opinião pública mundial ao temor de uma possível confrontação entre as superpotências nucleares. Novas lideranças nos dois "impérios", como Ronald Reagan (o qual tinha contribuído inicialmente para aprofundar a distância com Moscou), em Washington, e Mikhail Gorbachev, em Moscou, mudaram os rumos do relacionamento.

A consciência do jovem líder soviético da profunda crise interna do modelo econômico e social levou-o a promover profundas reformas na União Soviética, assim como a procurar reduzir sensivelmente o risco de guerra nuclear. É nesse contexto que se voltou, inicialmente, a uma nova e "grande" distensão entre as superpotências, que desembocou no fim da Guerra Fria, ocasionando grandes dificuldades internas no fim da cortina de ferro, em 1989, com uma devolução do poder democrático aos países do Pacto de Varsóvia; e no definitivo colapso da União Soviética, em 1991. Esse período determinou a conclusão da grande confrontação que tinha acompanhado a segunda metade do século XX, deixando os Estados Unidos como única superpotência, que tentou se tornar o ator hegemônico no sistema internacional. Ao inesperado fim da Guerra Fria associou-se também o fim formal dos conflitos para a plena descolonização da África.

As próximas páginas discutirão a evolução do sistema político internacional entre 1979 e 1991, explicando as razões que levaram ao fim da *détente*, iniciando um novo conflito exacerbado, que se concluiu com o fim da Guerra Fria e da União Soviética.

A SEGUNDA GUERRA FRIA

No começo da década de 1980, as superpotências estavam novamente contrapostas numa relação marcada por uma elevada tensão. As eleições presidenciais nos Estados Unidos de 1980 não mudaram contexto, mas, ao contrário, contribuíram para aumentar a distância entre Moscou e Washington. O presidente Jimmy Carter, também vítima de uma longa crise ligada ao sequestro do pessoal da embaixada estadunidense em Teerã por parte de grupos próximos ao governo revolucionário, foi derrotado pelo candidato republicano, Ronald Reagan, um antigo ator, que tinha sido governador da Califórnia

186

e representava uma nova tendência no próprio partido. Exponente do neo-conservadorismo, corrente que tinha surgido no seio dos republicanos desde 1975, o presidente Reagan governou o país até 1989 através de uma política econômica neoliberal que desmantelou boa parte das escolhas anteriores.

A *Reaganomics*, como foi chamada essa ação econômica associada tradicionalmente a políticas similares a adotadas por Margaret Thatcher no Reino Unido, foi marcada por uma forte desindustrialização interna e pela deslocalização das atividades para outros países com um menor custo da mão de obra. O novo presidente americano, ao longo da campanha eleitoral e no começo da própria administração, criticou fortemente a *détente*, e para o eleitorado interno definiu a União Soviética como o "Império do Mal" num célebre discurso em 1983. Apesar da retórica antissoviética, Reagan, a partir de 1981, retomou a venda de trigo para Moscou e, em 1982, restabeleceu um diálogo sobre o desarmamento com base no princípio de redução, não de limitação de armamentos. Foi o começo de uma longa negociação que iria conduzir ao Tratado de Redução de Armas Estratégicas, conhecido por Start. À proposta de redução, Reagan associava a ideia de opção zero, a qual visava à eliminação de mísseis de alcance intermediário por parte de ambas as superpotências.

Paralelamente ao começo das negociações e à exposição dessas propostas, o governo estadunidense implementava os planos para a colocação dos euromísseis. À nova estratégia correspondia um aumento significativo dos gastos militares que incluíam, entre outros, a modernização e os planos para incrementar o número de ogivas atômicas. Além disso, Reagan avançava a ideia do chamado "escudo espacial" com uma Iniciativa de Defesa Estratégica (SDI ou *Strategic Defense Initiative*) para criar um sistema antimísseis, incompatível com o Tratado de Mísseis Antibalísticos (ABM ou *Anti-Ballistic Missiles*). Apesar da manutenção de formas de comunicação entre as superpotências, estas últimas iniciativas do governo de Washington desestabilizaram substancialmente as relações e o diálogo com Moscou.

Numa época de enormes avanços científicos, marcados pela revolução no âmbito da computação, aplicáveis também à indústria militar, uma questão política de enorme relevância foi a interrupção na transferência de tecnologias ocidentais para a União Soviética. A renovada corrida armamentista e o atraso tecnológico levavam o governo soviético, marcado por um lento processo de mudança na cúpula do poder entre velhas e novas

História das Relações Internacionais

gerações, ao desafio da forçada escolha entre a recessão econômica e o equilíbrio de potência militar com os Estados Unidos.

À exceção de pouquíssimos observadores, no Ocidente, ainda marcado pelas crises econômicas da década de 1970, não existia uma consciência da profunda crise interna à União Soviética. Não obstante as tentativas de reformas do sistema econômico adotadas por Nikita Kruschev e pelo governo Brejnev, assim como formas de abertura ao comércio internacional, o modelo de desenvolvimento soviético estava substancialmente ancorado àquele da época do regime de Stalin. A economia dava ênfase, sobretudo, à indústria pesada, a uma agricultura centralizada e, especialmente, ao setor bélico. Essa circunstância garantia um crescimento mínimo em todas as outras áreas da economia dedicadas ao consumo e, de maneira específica, da agricultura. Notava-se, numa análise da *performance* econômica do país, uma incapacidade de associar a potência militar com a distribuição de riqueza, a promoção da justiça social e uma plena liberdade dos cidadãos soviéticos. Os problemas, já denunciados por Lenin no momento da Revolução Bolchevique, continuavam a assombrar a população.

Os primeiros sinais de crise do sistema soviético ficaram claros no final da década de 1970 na Polônia. A enorme insatisfação econômica e social no país manifestou-se a partir de 1978 através de três importantes elementos. O primeiro foi a constituição de um sindicato de inspiração católica, Solidarnosc (Solidariedade), liderado pelo operário de Gdansk, Lech Walesa. O sindicato, surgido como consequência dos Acordos de Helsinki, era fortemente crítico do regime e conseguiu atrair um enorme número de afiliados, que se mobilizaram contra a política econômica do governo de Varsóvia. O segundo elemento foi a eleição do primeiro papa não italiano em mais de 500 anos, o antigo bispo de Cracóvia, Karol Wojtila, que se tornou uma fonte de intensa crítica ao mundo socialista. O terceiro elemento, assim como ocorreu na Tchecoslováquia, foi a mobilização dos intelectuais para pedir maiores liberdades.

A combinação desses três elementos com a crise da indústria manufatureira polonesa conduziu a uma onda de greves em toda a Polônia ao longo de agosto de 1980. Temendo uma possível intervenção militar soviética, as Forças Armadas polonesas, lideradas pelo general Wojciech Jaruzelski, protagonizaram um golpe de estado, em que foi declarado o estado de guerra, e o movimento Solidarnosc foi colocado na ilegalidade de 1981 a 1989. A estratégia polonesa evitou uma interferência de Moscou, que, todavia, como

Recrudescimento e fim da Guerra Fria (1979-91)

se descobriu no futuro, não possuía planos de ação. O caso polonês resolveu-se no final da década com o acordo entre governo e Solidarnosc para as primeiras eleições livres no país e o começo do processo de democratização, que então caracterizava todos os membros do bloco socialista.

O provável imobilismo soviético na Polônia e a não aplicação da doutrina da soberania limitada justificam-se parcialmente com a transição que estava ocorrendo na cúpula do Partido Comunista da União Soviética. Depois da morte de Leonid Brejnev, em 1982, concluiu-se a experiência de 18 anos de governo, à qual seguiram as breves lideranças de Yuri Andropov (1982-84) e de Konstantin Chernenko (1984-85). Em março de 1985, Mikhail Gorbachev foi eleito o novo secretário do PCUS e líder da União Soviética. Com 54 anos de idade, Gorbachev representava uma nova geração interna ao partido que, atenta à evolução do sistema internacional e dos outros movimentos comunistas da Europa Ocidental, estava sensível para um maior diálogo com o Ocidente, além de reformas estruturais da economia e da sociedade soviética. O novo líder enfrentou uma forte crise econômica interna, problemas dentro da aliança do Pacto de Varsóvia e um difícil relacionamento com Washington.

Convencido de que a realização do socialismo deveria passar por uma plena promoção da democracia interna, Gorbachev lançou um ambicioso plano para reformas na União Soviética. Em primeiro lugar, promoveu a *Glasnost* (transparência) e reformas para melhorar as condições econômicas e sociais, conhecidas como *Perestroika*. As reformas estariam ligadas a uma liberação de recursos para a demanda internacional. Pela primeira vez em 70 anos, depois da tímida experiência da Nova Economia Política na metade dos anos 1920, a União Soviética tinha introduzido elementos de livre mercado na própria economia. Pelo ponto de vista interno, os resultados da *performance* econômica soviética foram dramáticos. As reformas econômicas levaram a um crescimento do produto interno bruto, que passou, ao contrário, de +2,5%, em 1985, a um -11%, em 1991. À crise econômica combinou-se também um fenômeno de hiperinflação e dificuldades de abastecimento para o uso interno. Mas é necessário notar que existem também pontos benéficos a serem destacados: onde a produção agrícola passou para a iniciativa privada, registrou-se uma produção superior à das terras coletivizadas. Se as reformas internas tiveram um impacto positivo limitado, é no âmbito externo que se precisa analisar o impacto da liderança de Gorbachev para os equilíbrios bipolares.

> ### A *Perestroika* e a *Glasnost*
>
> Desde abril de 1985, Gorbachev lançou uma campanha chamada de restruturação (*Perestroika*) com três objetivos específicos: a redução dos gastos militares com uma nova política de distensão internacional; o aumento da produção; e a revitalização da sociedade, através da *Glasnost*. O principal efeito desta última política foi a liberdade de imprensa e de palavra, que permitiu o fortalecimento da sociedade civil.

A NOVA "DISTENSÃO" E O FIM DA CONFRONTAÇÃO BIPOLAR

A eleição de Mikhail Gorbachev teve consequências profundas para a política externa soviética. Desde 1984, a primeira-ministra britânica, Margaret Thatcher, tinha reconhecido nele um possível interlocutor para amenizar a tensão entre os blocos. A eliminação de pontos de fricção soviético-americana, sobretudo no âmbito do desarmamento nuclear, apareceu como um objetivo claro de Gorbachev desde os primeiros encontros com o presidente Ronald Reagan em 1985. No ano seguinte, no mês de outubro, em Reykjavík, os dois líderes chegaram a contemplar a eliminação total dos arsenais nucleares. Tratava-se do começo de uma sintonia que iria alterar de maneira profunda o relacionamento bipolar. No contexto de fortes críticas internas e internacionais ligadas à guerra no Afeganistão e ao grave incidente na central nuclear de Chernobyl, em abril de 1986, Gorbachev adotou importantes decisões para reduzir os armamentos e as despesas militares soviéticas. Em primeiro lugar, em 1987, assinou um acordo sobre os mísseis de alcance intermediário e menor (melhor conhecido como Tratado INF – *Intermediate-Range Forces*), resolvendo não colocar os foguetes SS-20 em território soviético. Foi a aceitação das condições postas por Ronald Reagan que, por sua vez, abandonou a ideia de "escudo espacial", que culminou com a aceitação em 1989 do Tratado para a Redução de Armamentos Estratégicos, conhecido como Start I (*Strategic Armaments Reduction Treaty*). Era o primeiro passo rumo a uma sensível redução dos arsenais nucleares das duas superpotências. Os governos de Washington e Moscou estavam trilhando um caminho para pôr o fim às tensões bipolares e abrir uma nova era de cooperação.

A aceitação da redução do próprio arsenal correspondeu à decisão soviética de abandonar a política de intervenção fora das fronteiras nacionais para garantir a estabilidade do mundo socialista. O primeiro passo foi a decisão, em 1988, de retirar as forças militares do Afeganistão, à qual seguiu um processo de saída também dos conflitos africanos. Foi o começo de um processo de pacificação na África Oriental e na África Meridional, em que se assistiu paralelamente a uma transição na África do Sul para o fim do regime de Apartheid. As consequências mais importantes ocorreram, todavia, na Europa Centro-Oriental. Desde a década de 1970, registrou-se nos países do bloco socialista o surgimento de movimentos civis para pedir maiores liberdades internas. Como visto no caso polonês, a reação interna consistiu na repressão para garantir a estabilidade do regime e evitar a intervenção soviética, como havia ocorrido em vários casos desde 1947. As primeiras demandas de maior abertura política aconteceram na Tchecoslováquia e na Hungria.

A reação soviética não foi de repressão. Gorbachev, ao contrário, declarou a ilegitimidade da intervenção das forças do Pacto de Varsóvia em Praga em 1968 e anunciou o fim da "doutrina Brejnev", que impunha uma soberania limitada dos países do bloco em relação a possíveis escolhas que desviassem da fidelidade plena as orientações de Moscou. O processo que se desencadeou provocou a substituição de todas as lideranças nos governos dos regimes socialistas entre 1988 e 1989. Até 1990, foram introduzidas formas de pluralismo político que conduziram ao fim dos regimes comunistas de maneira pacífica, com exceção da Romênia, onde o presidente Nicolae Ceausescu foi derrubado com violência e executado de modo dramático. O último passo da liberdade de Moscou, na perspectiva que Gorbachev tinha definido de uma casa comum europeia que abrangesse todos os Estados desde o oceano Atlântico até os montes Urais, foi a decisão conjunta do fim do Pacto de Varsóvia em 1990. Essa escolha marcou o fim formal da confrontação entre duas alianças contrapostas, com a sobrevivência da Otan.

A REUNIFICAÇÃO ALEMÃ
E O COLAPSO SOVIÉTICO

Para compreender plenamente o fim da Guerra Fria e dos regimes socialistas, é preciso considerar a resolução de um dos problemas centrais na tensão entre os polos na Europa: a reunificação alemã. O processo esteve estritamente ligado às dinâmicas externas e internas das duas repúblicas alemãs. Um elemento central a ser destacado é a presença de uma nova liderança na Alemanha Ocidental. Em 1982, de fato, assistiu-se ao fim do governo da coligação entre liberais e sociais-democratas liderado por Helmut Schmidt, que perdeu as eleições por causa do apoio aos euromísseis, decisão que tinha determinado fortes protestos por parte dos movimentos pacifistas, alemão e europeu. A vitória eleitoral de uma coligação entre cristão-sociais, cristão-democratas e liberais inaugurou um longo período de poder de Helmut Kohl, que permaneceu no governo até 1998.

O novo chanceler, apesar das difíceis relações entre Estados Unidos e União Soviética, continuou com a colaboração e a ajuda econômica e financeira para a República Democrática Alemã, nos moldes das políticas anteriores do governo de Bonn. Kohl manteve relações positivas com Ronald Reagan, que, em 1987, inseriu-se retoricamente na questão do futuro da Alemanha, exigindo nesse mesmo ano a derrubada do muro de Berlim. Em contrapartida, o relacionamento com Gorbachev foi marcado pelo distanciamento até 1988, com a *Glasnost*, a grande distensão e o fim da doutrina Brejnev. As grandes mudanças internas no bloco socialista e, sobretudo, as reformas que permitiram uma possibilidade maior de circulação para os países ocidentais (o primeiro caso foi o relaxamento das restrições na saída para o Ocidente pelas fronteiras tchecoslovacas) provocaram uma hemorragia de cidadãos da República Democrática Alemã para a República Federal Alemã. Em outubro 1989, coincidindo com os 40 anos desde a criação da RDA, o governo de Berlim Oriental passava por uma profunda instabilidade que provocou o fim do regime liderado por Erich Honecker, no poder desde 1971. O novo governo teve uma existência breve que foi marcada pela queda do muro de Berlim, em 9 de novembro de 1989, evento que provocou o começo do processo de reunificação alemã, assim como um efeito dominó nas democracias populares restantes, onde foram convocadas eleições livres.

A reação imediata, em novembro de 1989, por parte da Alemanha Ocidental foi um plano para a reunificação do país apresentado por Kohl. A proposta do chanceler alemão encontrou a viva oposição de França, Grã-Bretanha e Itália, países preocupados que uma nova Alemanha unificada pudesse constituir uma séria ameaça à estabilidade europeia, assim como tinha sido no período hitleriano. No entanto, o presidente estadunidense, George H. Bush (antigo vice-presidente do Reagan e vitorioso nas eleições de 1988), Gorbachev e o novo governo de Berlim Oriental apoiaram o plano da RFA. A fim de fornecer uma ulterior garantia de segurança para os parceiros da Europa Ocidental, todas as partes envolvidas e, sobretudo, os Estados Unidos condicionaram a inclusão dos territórios da Alemanha Oriental na República Federal Alemã à permanência na Otan. Nessa ocasião, o secretário de Estado estadunidense, James Baker III, deu a garantia verbal e não vinculante a Gorbachev de evitar no futuro uma expansão da Aliança Atlântica para o Leste. O passo seguinte, em agosto de 1990, foi a união monetária entre os dois países alemães. O evento deu início a uma lenta e difícil integração da Alemanha Oriental, em profunda crise e dotada de uma economia planejada, na economia capitalista da RFA. A fase conclusiva do processo foi marcada, em outubro de 1990, pelo Tratado Dois mais Quatro, assinado pelas quatro potências vitoriosas da Segunda Guerra Mundial (Estados Unidos, França, Grã-Bretanha e União Soviética) e pelos dois Estados alemães (RDA e RFA). O tratado sancionou o fim da principal disputa não resolvida no período pós-bélico e estabeleceu a unificação alemã. Além disso, como forma de garantia para a Alemanha, os países vizinhos e os demais Estados europeus, declarou-se a inviolabilidade das fronteiras por parte da RFA.

A reunificação alemã e a liberdade dos países, antes membros do Pacto de Varsóvia, abriam uma nova era nas relações europeias e globais. A União Soviética exercia um novo papel num contexto de profundas reformas internas, mas também de ameaças para a própria existência e integridade político-territorial. Como notado, o governo de Moscou abandonou as operações militares externas ao país e, em 1990, foram introduzidas reformas políticas internas que garantiam elementos de liberalismo no União Soviética. A presença de maiores liberdades desencadeou pedidos de emancipação do controle de Moscou por parte de movimentos nacionais não russos. Nas repúblicas caucásicas (como Geórgia ou Armênia), nas repúblicas bálticas e na

História das Relações Internacionais

Ucrânia, começou-se a exigir o respeito ao princípio de autodeterminação das repúblicas que constituíam a União Soviética.

O caso mais grave foi o pedido de independência por parte de Estônia, Letônia e Lituânia, repúblicas integradas à União Soviética em 1941 durante a Segunda Guerra Mundial. A recrudescência dos nacionalismos provocou uma profunda crise interna no governo de Gorbachev. O líder soviético, de um lado, tentava manter a unidade do país e, do outro, permanecia no intento de promover reformas democráticas para a implantação de uma nova forma de socialismo soviético. As tentativas de manter as repúblicas bálticas na União Soviética foram inicialmente apoiadas pelo governo Bush, o qual desejava a permanência de um governo soviético estável em Moscou para garantir o equilíbrio internacional. No começo de agosto de 1991, todavia, franjas conservadoras do PCUS e fortemente contrárias às reformas e à liberalização soviética tentaram dar um golpe de Estado, a fim de restaurar o *status quo* anterior.

Gorbachev tinha sido preso e somente a intervenção de Boris Yeltsin, presidente da República Socialista Russa, garantiu o fracasso do golpe e a liberação do presidente da União Soviética. Como condição, Yeltsin, o político com maior força dentro do país, em conjunto com os líderes de outras repúblicas, exigiu o fim da experiência comunista e a dissolução do Estado, garantindo a independência para 13 novos países. Setenta e quatro anos depois da Revolução Bolchevique, a União Soviética cessou de existir através de uma transição substancialmente pacífica. Isso provocou o fim de uma das duas superpotências que, com o próprio modelo econômico, social e político, assim como uma força militar imponente, tinha protagonizado o sistema internacional desde 1917.

Poucos analistas no começo da década de 1980 podiam prever o colapso do bloco socialista. Vários teóricos sustentavam no Ocidente que o governo de Moscou continuava a ser uma ameaça para os Estados Unidos e seus aliados. A grande fragilidade econômica, as tensões internas e as necessidades de profundas reformas dentro do sistema soviético não foram percebidas como elementos capazes de causar a conclusão da Guerra Fria e o colapso da União Soviética. A percepção inicial foi de uma vitória contra o comunismo, mas se apresentava para o sistema de relações políticas, econômicas e sociais globais o desafio de garantir um novo equilíbrio internacional, finalmente livre da confrontação bipolar.

O mundo pós-bipolar (1992-2022)

UMA VISÃO GERAL DO NOSSO TEMPO

Em novembro de 2001, Jim O'Neill, economista britânico da Goldman Sachs, sugeriu que as grandes potências do G-7 deveriam incluir novos quatro países, Brasil, Rússia, Índia e China, até o final da década, a fim de representar de maneira genuína os principais polos de poder econômico do mundo. O crescimento desses países, sobretudo da China, justificaria a necessidade de expandir o clube a novos atores. Essa tendência, prospectada por O'Neill, foi parcialmente confirmada em 2008, quando, em reação à crise financeira global o G-20, grupo constituído pelos principais países e em desenvolvimento, afirmou-se como o principal fórum de coordenação no sistema internacional.

A demanda por maior representatividade nos fóruns internacionais representou historicamente uma das reivindicações fundamentais dos países do Terceiro Mundo, alcunhados mais recentemente como países do Sul global. A maior participação, bem como a importância, de novos atores na política internacional é uma das marcas do sistema internacional posterior ao fim da Guerra Fria.

Este capítulo trata do longo período de 30 anos, entre 1992 e 2022, em que se assistiu a profundas mudanças nos equilíbrios internacionais, com uma transição de um sistema unipolar a um de caráter multipolar, dominado hoje pela competição em âmbito econômico entre China e Estados Unidos; e no

195

âmbito militar, ainda caracterizado pela permanência de duas superpotências nucleares. Parece obviamente árduo e metodologicamente questionável reconstruir a história das relações internacionais do período por causa da ausência de fontes primárias que permitam bases sólidas para uma análise historiográfica. As páginas que seguem mostram, porém, os principais elementos da evolução da política internacional do período analisado.

Em 1991, assistiu-se à conclusão de dois processos que marcaram o século XX. Em primeiro lugar, acabou o enfrentamento entre as duas potências que representavam duas ideologias opostas, com o fim incruento da experiência soviética. Em contrapartida, com a independência da Namíbia ocorreu o fim formal do longo processo de emancipação colonial, desejado com força desde o término da Primeira Guerra Mundial por parte das elites dos territórios subjugados ao domínio das metrópoles europeias. Nesse contexto, prospectava-se, como sugerido pelo cientista político norte-americano Francis Fukuyama, o "fim da história" com uma única superpotência com responsabilidades globais. Essa foi uma das grandes questões que se colocaram depois da "vitória" estadunidense da Guerra Fria.

É importante destacar como o fim do conflito bipolar não tinha eliminado problemas já presentes na vida internacional, mas em alguns casos adicionou elementos de instabilidade. A pobreza e a desigualdade nas sociedades e entre os países do planeta continuaram a ser endêmicas, assim como foi possível assistir à desagregação ou ao fracasso de Estados da comunidade internacional. Além disso, registrou-se o aprofundamento do radicalismo religioso e do terrorismo de matriz islâmica.

O mesmo período foi também marcado por profundas transformações tecnológicas e pela afirmação do processo de globalização. Essas mudanças e o crescimento econômico conduziram, como já notado, à emersão de novas potências econômicas localizadas em diferentes áreas geográficas, mas também de novos colossos não estatais, como as grandes corporações do setor científico e tecnológico.

Esses 30 anos foram igualmente caracterizados por uma mudança de alguns atores surgidos no período posterior à Segunda Guerra Mundial. A Otan tornou-se, ao longo da década de 1990, uma aliança capaz de agir como gendarme global sob mandato das Nações Unidas, mas a expansão da organização levou a questionar a existência do bloco militar ocidental. O processo de integração na Europa provocou o aprofundamento dos laços entre os 27 países-membros da União Europeia em meados de 2014. Apesar de uma política monetária comum, a União Europeia estabelecida em 1992 não se transformou num único ator continental pelas diferenças internas, pelas tensões provocadas por um montante euroceticismo e pela saída da Grã-Bretanha do bloco em 2016.

Dois importantes fatores precisam ser considerados para avaliar o período. Notou-se a afirmação de um sentimento de antipolítica contra o sistema partidário e os líderes tradicionais do sistema democrático, sobretudo em consequência da crise econômica generalizada a partir de 2008. Se esse fenômeno tinha se manifestado já depois do fim da Guerra Fria, surgiram nesse período movimentos como os Cinco Estrelas, na Itália, políticos como Donald Trump, nos Estados Unidos, que assumiu o poder executivo. O outro elemento, já presente desde o final da década de 1970, foi a afirmação do Islã político. Se a revolução khomeinista tinha levado à instauração da República Islâmica no Irã, em várias ocasiões movimentos ou redes não estatais de fundamentalistas tentaram estabelecer novas entidades estatais. Uma das questões-chave para entender o século XXI é, por consequência, compreender se num mundo em transformação há um declínio do modelo democrático e liberal, que parecia ter se afirmado com a "vitória" estadunidense da Guerra Fria.

OS ANOS 1990: ENTRE A EUFORIA ESTADUNIDENSE E A RESPONSABILIDADE GLOBAL

Com o fim da confrontação bipolar e o início do processo de reunificação da Alemanha, o sistema internacional enfrentou várias crises que testaram o funcionamento das instituições internacionais e a reação das potências, num contexto livre das tensões entre as superpotências.

A Guerra do Golfo

O primeiro teatro de crise foi o Oriente Médio, com uma nova guerra no golfo Pérsico. Em 1989, concluiu-se um conflito entre o Iraque e o Irã, que tinha se prolongado por 10 anos, mesmo sem comportar nenhuma modificação

História das Relações Internacionais

territorial entre os dois países. Todavia, o regime de Bagdá, liderado por Saddam Hussein, optou por começar um novo conflito contra o pequeno emirado do Kuwait, localizado ao sul do Iraque. Hussein decidiu atacar o país vizinho para garantir a estabilidade interna, sobretudo em vista da existência de um grande exército que ele precisava manter mobilizado para evitar tensões intersectárias ou golpes militares contra o próprio governo. O ataque militar deu-se em agosto de 1990, justificado pela reivindicação do direito histórico do Iraque para o controle do emirado, visto que durante o período otomano era parte da província da cidade iraquiana de Basra. Contudo, a razão real foi atribuída à necessidade de não pagar a significativa dívida contraída com o Kuwait durante a guerra anterior e, sobretudo, tornar o Iraque o principal país produtor de petróleo da região, assim como a principal potência econômica.

A iniciativa baseou-se num erro de interpretação da nova realidade internacional. A União Soviética, diferentemente do passado, não apoiou (nem estava em condições de apoiar) o Iraque, o qual contava também com a possível aquiescência dos Estados Unidos e com a solidariedade árabe, visto o decidido apoio de Bagdá à causa palestina. Depois de um ultimato enviado para reverter a invasão do país vizinho, uma coligação internacional liderada pelos Estados Unidos, sob a égide do Conselho de Segurança das Nações Unidas, repeliu a ação iraquiana conduzindo as tropas de Bagdá a voltar dentro dos próprios territórios nacionais e eliminando as principais instalações militares. Washington e os aliados, no entanto, decidiram não invadir o Iraque nem derrubar o regime de Hussein, que permaneceu no cargo até 2003, apesar de ataques cirúrgicos com suspeita de violações dos acordos de paz e do embargo na exportação do petróleo.

As crises na África e nos Bálcãs

Além disso, a capacidade de garantir a segurança internacional ou interna foi testada na primeira parte da década de 1990 na África Central, com os problemas internos a Ruanda, Zaire e Somália, país que desde 1991 está sem um governo que consiga controlar todo o território nacional, causando uma profunda divisão interna. A esse caso de *Estado falido* adicionam-se os conflitos étnicos que causaram gravíssimas violações dos direitos humanos, bem como os extermínios em massa e os genocídios.

O mundo pós-bipolar (1992-2022)

As rivalidades e a fragmentação interna, associadas a uma incapacidade substancial da ONU de garantir a segurança coletiva, não caracterizaram somente o continente africano, mas também a Europa. Depois do fim da Guerra Fria, de fato, assistiu-se a um rápido colapso da Iugoslávia. O país acelerou um processo de desagregação interna já evidente desde a morte de Tito em 1980, exacerbado pelo ressurgimento dos nacionalismos que foram estimulados em virtude da crise econômica vivida pela federação ao longo da parte final do conflito bipolar. Apesar da tentativa do governo central de Belgrado, controlado pelo líder sérvio Slobodan Milosevic, de manter o país sob o próprio controle, as repúblicas de Croácia e Eslovênia declararam, em 1991, a própria independência, que foi reconhecida por vários países da Europa Ocidental. A emancipação dos governos de Ljubljana e Zagreb provocou um conflito limitado armado com as forças federais iugoslavas, concentrado, sobretudo, nas áreas da Croácia com a maciça presença sérvia.

A guerra teve seu ápice na Bósnia-Herzegovina, república que proclamou a própria independência, mas cuja população estava constituída pela metade de bosnianos muçulmanos e pelo restante de sérvios e croatas. Esse mosaico étnico levou a Bósnia a viver uma confrontação entre todas as etnias, mas, sobretudo, a uma tentativa de limpeza étnica conduzida por forças sérvio-bosnianas, as quais tinham constituído a própria república autônoma com o apoio externo de Belgrado. Se o conflito étnico tinha já caracterizado as disputas entre sérvios e croatas em Krajna, uma região na Croácia que proclamou a sua independência de Zagreb, o genocídio da população muçulmana na Bósnia foi de grandes dimensões. Apesar da atenção internacional, a limitada intervenção das forças de interposição da ONU foi ineficaz para conter e resolver a crise humanitária. Além disso, é necessário registrar a substancial incapacidade da recém-constituída União Europeia em agir nas fronteiras do próprio território. Em 1995, o genocídio da população muçulmana na cidade de Srebrenica, perpetrado pelas forças sérvias na presença dos capacetes azuis, provocou a intervenção dos Estados Unidos e da Otan sob o mandato da ONU. Isso levou todas as partes à mesa de negociação em Dayton (Estados Unidos), onde o presidente Bill Clinton viabilizou um acordo para pacificar a região através de uma missão de *peacekeeping* das Nações Unidas com liderança da Aliança Atlântica.

O fim na guerra na Bósnia, todavia, não significou o término das tensões na antiga federação iugoslava. A ação da Sérvia (que até meados da década de

199

História das Relações Internacionais

2000 estava numa união com Montenegro e mantinha o nome de Iugoslávia) contra a população albanesa na província do Kosovo provocou uma nova crise. Razões históricas (Kosovo seria o berço da nação sérvia) justificaram a repressão de Belgrado contra os pedidos de autonomia e independência por parte da maioria da população kosovar. A necessidade de evitar o aprofundamento de um novo conflito étnico levou a uma nova intervenção de força da ONU. Pela primeira vez, o Conselho de Segurança justificou a ação militar pela responsabilidade de proteger a população civil contra a violação dos direitos humanos por parte do governo de Milosevic. A força multilateral, composta principalmente pelas forças da Otan, teve também a participação da Rússia.

O novo papel da Rússia na década de 1990

É importante, nesse contexto, realizar uma reflexão sobre o papel de Moscou no sistema internacional. Nos primeiros anos de existência da Federação Russa, observou-se o colapso econômico do país em relação ao início da *Perestroika*, mas a resistência no poder no Kremlin por parte de Boris Yeltsin. O período de liberalização e de plena abertura ao capitalismo correspondeu a um elevado nível de corrupção e à formação de oligarquias, que adquiriram e administraram os imensos recursos naturais e industriais da principal das antigas repúblicas soviéticas. Aos problemas socioeconômicos da transição do pós-Guerra Fria associou-se também outra crise interna, em razão da tentativa de independência da República da Chechênia, localizada no Cáucaso e de maioria muçulmana. Moscou se envolveu numa guerra para retomar o controle da república, mas as forças militares russas só conseguiram controlar novamente a região depois de uma nova política de mão de ferro (ainda a ser analisada pela historiografia) do novo presidente Vladimir Putin, que sucedeu Yeltsin no poder em 1999 e, em 2022 ainda está no controle do Kremlin.

No período pós-bipolar, houve uma tentativa de inclusão da Rússia no diálogo geral sobre o futuro da integração europeia e das relações euro-atlânticas. Nesse contexto, Moscou foi parte de uma ação coliderada pelos Estados Unidos para evitar que o estoque de armas nucleares, assim como o material para produzi-las, caísse nas mãos de organizações criminosas ou terroristas. Além disso, foi alcançado um acordo para que Belarus, Cazaquistão e Ucrânia renunciassem ao arsenal atômico soviético presente nos próprios territórios. A Rússia e outros países que antes pertenciam ao bloco soviético foram também envolvidos na "Parceria para a Paz" desenvolvida a partir de 1994 pela Otan que, como visto no caso da intervenção na antiga Iugoslávia, alterou a natureza da própria ação. Além disso, criaram-se formas de cooperação com a União Europeia, sempre mais propensa na segunda metade da década de 1990 a integrar os países da Europa Centro-Oriental.

A expansão da Otan e da União Europeia

Foi nesse contexto que, apesar de garantias informais estadunidenses à União Soviética depois da queda do muro de Berlim, tornaram-se membros da Otan países antes do Pacto de Varsóvia, como Hungria, República Tcheca e Eslováquia (a antiga Tchecoslováquia optou, em 1992, por se dividir em dois novos Estados), Bulgária, Romênia, Polônia e as antigas repúblicas bálticas da União Soviética. Foi um processo que posteriormente incluiu também Eslovênia, Croácia, Montenegro, Albânia e Macedônia do Norte. Essa expansão, que foi percebida com grande preocupação pela Federação Russa, coincidiu parcialmente com uma nova configuração da União Europeia, que a princípio integrou Áustria, Finlândia e Suécia (1995) e, depois, países mediterrâneos, como Chipre e Malta, e da Europa Centro-Oriental, como República Tcheca, Eslováquia, Eslovênia, Hungria e Polônia (2004), Bulgária e Romênia (2007) e, em seguida, a Croácia (2013). Há historicamente um debate sobre a inclusão da Turquia e dos demais países da região balcânica. Apesar dos esforços realizados na segunda metade da década de 1990 para haver uma política externa e de defesa comum da União Europeia, os resultados alcançados apareceram tímidos.

O período pós-bipolar foi também marcado por dois elementos estritamente conexos entre si: a afirmação da rede de transmissão de dados internet e a aceleração do processo de globalização. A isso se associou uma consolidação das organizações multilaterais à liderança estadunidense, como a Organização Mundial do Comércio (OMC). Fruto da rodada de negociações do Gatt, o novo organismo tem por objetivo alcançar a plena liberalização do comércio internacional. A ele aderiu a maioria dos países do mundo, inclusive os países do Sul global que, no passado, eram fortemente críticos da liberalização do comércio sem a proteção dos interesses do mundo em desenvolvimento. China e Rússia também se tornaram parte da organização, marcando a afirmação da ordem liberal e a liderança do modelo econômico estadunidense.

> **A globalização**
>
> A globalização, que se afirmou a partir da segunda metade da década de 1990, é um processo que comporta mudanças econômicas, sociais e culturais provocadas pelo enorme aumento do comércio internacional, a rápida transferência de investimentos e o desenvolvimento de redes de comunicação ultrarrápida.

A PRIMEIRA DÉCADA DE 2000: CRISE DA ORDEM MUNDIAL?

No começo do novo milênio, a hegemonia estadunidense no sistema internacional parecia consolidada. Todavia, na fase final da presidência de Bill Clinton (1993-2001), pelo menos três elementos de caráter interno e internacional pareciam minar a primazia de Washington. Um dos grandes problemas enfrentados a partir da década de 1970 foi a necessidade de limitar as emissões dos gases de efeito estufa na atmosfera, a fim de tentar amenizar os impactos de uma mudança climática para o meio ambiente e a vida no planeta. Pressões da comunidade científica internacional, da opinião pública e uma sempre maior consciência de atores estatais e privados conduziram a negociações para criar limites para as emissões desses gases. Depois de longas negociações lideradas por representantes de Washington, especialmente o vice-presidente Al Gore, a maioria dos países da comunidade internacional assinou em Kyoto um protocolo que criou o primeiro sistema internacional para alterar o nível de emissões globais. Apesar da liderança da diplomacia estadunidense, os deputados e os senadores norte-americanos optaram por não ratificar um acordo com altos custos econômicos para a base de apoio do Partido Republicano (na época no controle no Senado).

Outro grave sinal para os projetos da administração Clinton de resolução dos principais focos de tensão internacional foi o fracasso nas negociações para solucionar a questão palestina. Depois de um começo de administração promissor, com o reconhecimento mútuo entre Israel e Organização para a Libertação da Palestina (OLP), através de históricas negociações em Oslo, em 1993, a definição final dos limites entre os dois Estados e, sobretudo, a questão do controle de Jerusalém Oriental conduziram as partes a não encontrarem um acordo. A mudança de governo em Tel Aviv, depois da morte de Yitzhak Rabin por mão de um extremista israelense, e a crescente força nos territórios palestinos de um movimento radical, como Hamas, não permitiram encontrar uma solução pacífica, mas ao contrário levaram a uma recrudescência das violências. O terceiro fato que pareceu limitar a ação de Washington foi a incerteza política, ligada à vitória com uma vantagem mínima do republicano George W. Bush nas eleições de novembro de 2000.

A mudança climática como questão central no sistema internacional

Desde o fim da década de 1960, parte da comunidade científica e da opinião pública internacional, sobretudo ocidental, tornou-se ciente da necessidade de um desenvolvimento sustentável que considerasse a escassez dos recursos naturais para uma população sempre maior e o respeito do meio ambiente, ameaçado por uma industrialização desenfreada. Nesse contexto, a primeira Conferência da ONU sobre o Desenvolvimento e o Meio Ambiente, organizada em Estocolmo em 1972, e os Acordos de Helsinki recomendaram medidas legislativas para a preservação ambiental. Vinte anos depois, na Conferência do Rio de Janeiro sobre Meio Ambiente e Desenvolvimento, foi adotada a "Agenda 21", um documento não vinculante que ditava os passos para um desenvolvimento sustentável. Apesar do resultado, a comunidade internacional permaneceu dividida entre os países a favor das decisões adotadas no Rio, os países mais poluidores, por exemplo, os Estados Unidos, e os países em desenvolvimento, os quais não queriam limites à exploração dos recursos naturais para alcançar altos níveis de crescimento. Na mesma reunião, reconheceu-se o problema da mudança climática (ou aquecimento global) determinada pela emissão de CO_2 derivada das atividades humanas. Para limitar as emissões na Conferência de Kyoto, em 1998, e de Paris, em 2015, foram estabelecidas cotas internacionais de emissão, ligadas ao estado de desenvolvimento do país. A implementação dessas medidas, todavia, continua difícil por causa da intermitente adesão aos acordos por parte dos principais países poluentes.

Os ataques ao World Trade Center
e a segunda guerra no Iraque

Fortemente apoiado pela ala neoconservadora do Partido Republicano, Bush apresentou uma agenda de política externa contraposta àquela do próprio antecessor. Os equilíbrios internacionais e o mito da invencibilidade estadunidense foram abalados na manhã do dia 11 de setembro de 2001. Ataques terroristas, realizados com o desvio de aviões comerciais, destruíram as Torres Gêmeas em Nova York, sede do World Trade Center, e uma parte do Pentágono, gigantesco edifício que em Washington hospeda o Departamento da Defesa dos Estados Unidos. As ações foram realizadas pelo grupo terrorista islâmico Al-Qaeda, com base no Afeganistão e liderado pelo saudita Osama bin Laden. Os símbolos do poder econômico e militar estadunidenses foram atingidos, e somente após a destruição de um terceiro avião se evitou que fossem alcançados edifícios do poder político, como a Casa Branca ou o Congresso. Os eventos de 11 de setembro mostraram ao mundo a vulnerabilidade da principal potência mundial e a falha do próprio sistema de segurança e inteligência, apesar de ataques prévios por parte da mesma organização a edifícios estadunidenses quase sempre fora do solo americano.

A maioria dos membros da comunidade internacional repudiou os ataques e solidarizou-se com os Estados Unidos. A reação norte-americana foi imediata. Pela primeira vez na história, os membros do Pacto Atlântico invocaram o artigo 5, e uma missão da Otan interveio no Afeganistão para extirpar a Al-Qaeda e o governo dos talibãs, que hospedava a rede terrorista. O evento de 11 de setembro revolucionou a política externa e de segurança estadunidense, que foram reformuladas para enfrentar os novos desafios. Nesse âmbito, em junho de 2002, foi adotada uma nova estratégia de segurança nacional, baseada numa doutrina elaborada pelo presidente Bush que justificava a possibilidade de guerras preventivas. As intervenções de Washington e dos próprios aliados teriam como objetivo final reconstruir e exportar valores democráticos, numa guerra ao terror contra países portadores de valores contrários àqueles liberais e coniventes com o terrorismo. Através de uma visão maniqueísta, introduziu-se a categoria de *Rogue States* (ou Estados-canalha) pertencentes a um suposto "eixo do mal" de países contrários aos Estados Unidos.

Nessa perspectiva, o governo de Washington acusou poucos meses depois o governo iraquiano de ser um apoiador do terrorismo internacional e de desenvolver secretamente armas de destruição em massa (químicas e nucleares). Apesar da ausência de provas contundentes das alegações estadunidenses e da falta de legitimidade internacional, uma coligação anglo-americana, junto a uma "coalizão dos dispostos" composta por vários aliados europeus, atacou e invadiu o Iraque em março de 2003. A ação militar, realizada sem o consentimento do Conselho de Segurança das Nações Unidas, representou uma clara manifestação do unilateralismo estadunidense, e recebeu fortes críticas por parte de potências europeias (sobretudo, França e Alemanha) e da opinião pública, também preocupada pela ausência de direitos dos prisioneiros acusados de terrorismo e reclusos na prisão especial na base em Guantánamo (Cuba).

A operação no Iraque foi curta e, em menos de um mês, provocou a queda de Bagdá e o colapso do regime de Saddam Hussein. Apesar da aparente vitória estadunidense, abriu-se uma longa fase de conflito interno no país do Oriente Médio. Ficou evidente, de fato, a impossibilidade de estabelecer instituições democráticas num país dividido pelo ponto de vista étnico e religioso, e que se tornou rapidamente alvo de ataques terroristas. A difícil reconstrução e a estabilização do Iraque, assim como ocorreu no Afeganistão, provocaram uma longa permanência das tropas estadunidenses nos dois países. Sem alcançar os resultados esperados, administrações posteriores à de Bush autorizaram respectivamente, em 2010 e 2021, a saída das tropas do Iraque e do Afeganistão.

A cautela com outros Estados-canalha

O governo de George W. Bush, contudo, não percorreu sempre o caminho militar contra outros países considerados do "eixo do mal". Em várias circunstâncias, optou-se pela negociação. Foi o caso da Líbia, onde o líder Muammar Gaddafi, protagonista por mais de 30 anos no poder de uma política hostil contra os Estados Unidos, tinha renunciado ao próprio programa de desenvolvimento de armas de destruição em massa, garantindo a plena reinserção do país na comunidade internacional.

Outro caso, em que se constata um elevado nível de tensão, é o do Irã, com uma relação hostil com os Estados Unidos desde 1979, ano da Revolução Islâmica. A partir do começo da década de 2000, registraram-se suspeitas sobre a possível retomada do programa nuclear iraniano. Apesar da participação do país persa no Tratado de Não Proliferação de Armas Nucleares, foi confirmada a presença de instalações secretas para enriquecer urânio e reprocessar material irradiado, tecnologias úteis para produzir material físsil para bombas atômicas. Ainda que as ambições do Irã em ter um programa nuclear civil possam ser consideradas legítimas, a presença do país em um contexto regional complexo (inclusive onde Israel possui um arsenal atômico) e a ambiguidade em relação às finalidades do programa levaram a uma crise internacional. Depois de 10 anos de negociações e do isolamento internacional do governo de Teerã, chegou-se em 2015 a um acordo entre o Irã e os membros permanentes do Conselho de Segurança da ONU mais a Alemanha (os chamados P5 + 1) para garantir atividades nucleares pacíficas sob o controle internacional. Apesar da retirada dos Estados Unidos do acordo durante o governo Trump, não existem sinais tangíveis da plena retomada de atividades secretas por parte do Irã e exclui-se uma possível ação internacional.

Da mesma forma, não ocorreu uma intervenção externa contra a Coreia do Norte, a qual manteve um regime comunista depois do fim da Guerra Fria e abandonou o Tratado de Não Proliferação de Armas Nucleares, desenvolvendo o próprio arsenal nuclear a partir de 2009. Apesar de várias tentativas ocidentais de convencer o governo de Pyongyang, aliado da China, de desistir das próprias armas de destruição em massa e da existência de um regime sancionatório, o país asiático continua com os próprios esforços militares, impossibilitando a resolução do problema da unificação entre as duas Coreias e, sobretudo, aumentando a tensão no Extremo Oriente.

O mundo pós-bipolar (1992-2022)

A ascensão da China como ator global

A partir do começo do século XXI, a China se afirmou como uma nova potência com ambições globais. A ascensão chinesa foi fruto do caminho começado no final da década de 1970, quando o sucessor de Mao Tsé-tung, Deng Xiaoping, apresentou um ambicioso programa de crescimento do país. As "quatro modernizações" proclamadas por Deng envolveriam os setores agrícola, industrial, científico-tecnológico e militar. Para aumentar a produtividade e a qualidade dos produtos econômicos, o novo curso chinês complementou a abordagem socialista com elementos de propriedade privada e estratégias dos países ocidentais mais desenvolvidos. Foi nesse contexto que a China atraiu e promoveu investimentos de grandes empresas estrangeiras para atuar em seu território. O esforço realizado nas chamadas zonas econômicas exclusivas, sobretudo no sul da China, deu os resultados esperados. Graças a uma política de abertura comercial, em 20 anos a China conseguiu se tornar a segunda economia do planeta, mantendo o Partido Comunista Chinês no controle do país, mas garantindo a iniciativa privada e a desestatização de grandes empresas públicas.

A abertura e a rápida modernização foram associadas a uma estratégia de integração de territórios chineses não governados por Beijing. Foi o caso do acordo de 1984 entre China e Reino Unido, que permitiu o retorno de Hong Kong em 1997. Em troca da garantia de autonomia e liberdade política, através da chamada política de "um país, dois sistemas", a China Popular conseguiu absorver dentro das próprias fronteiras um dos principais mercados financeiros do mundo. Essa política, como observado, com a limitação da autonomia política na antiga colônia britânica, encontrou, porém, vários obstáculos para o ingresso de Taiwan na China. Hoje uma democracia consolidada próxima aos Estados Unidos e ao Japão, o governo de Taipei recusa ser controlado por Beijing.

À reforma econômica, de fato, não correspondeu a concessão de maiores liberdades políticas. Em 1989, o governo, depois de hesitações iniciais, reprimiu com força as imponentes manifestações na Praça da Paz Celestial, quando milhares de pessoas pediram reformas políticas. Extremamente críticos da *Perestroika* e da *Glasnost* soviéticas, Deng e o Partido Comunista Chinês viram nelas o motivo do colapso da União Soviética e um precedente perigoso para a estabilidade chinesa. Apesar de vigorosas críticas ocidentais pela violação dos direitos humanos, a China foi integrada, ao longo da década de 1990, na ordem liberal proposta por Washington, como fica evidente pelo acesso do país à OMC.

Essa colaboração foi, no entanto, limitada por um novo ativismo regional e por uma política global de investimentos que pode minar a primazia estadunidense. No âmbito militar, assistiu-se a um fortalecimento significativo da capacidade chinesa nessa esfera, direcionada, sobretudo, a expandir a própria ação na área da Ásia Oriental e criando um foco de tensão internacional.

AS DÉCADAS DE 2010 E 2020: ENTRE DECLÍNIO OCIDENTAL, PAÍSES EMERGENTES E CRISES GLOBAIS

Como apontado anteriormente, a política unilateral perpetrada pelo governo de George W. Bush (reeleito em 2004) provocou fortes críticas internas e externas. Apesar de uma correção de rumos e da tentativa de encaixar as ações estadunidenses no quadro das Nações Unidas, a administração republicana sofreu as consequências de uma crescente crise econômica e social que explodiu em 2008, no final do mandato Bush. De proporções globais, a recessão foi a maior desde a década de 1930, com consequências para a estabilidade econômica, política e social. A consistente insatisfação interna depois de oito anos de governo republicano provocou a vitória eleitoral de Barack Obama, jovem senador democrata de Chicago (e um dos poucos a se opor à intervenção no Iraque), primeiro presidente negro na história dos Estados Unidos. Agraciado em 2009 com o prêmio Nobel da Paz, elegeu-se com um programa de profunda mudança.

Além da crise econômica global, o novo mandatário em Washington teve que enfrentar nos oito anos de governo diferentes desafios: a afirmação de uma agenda para combater as mudanças climáticas; a saída das tropas estadunidenses do Iraque; a estabilização afegã; e, como elemento novo, uma tentativa de mudança democrática nos países árabes no norte da África e no Oriente Médio, período conhecido como Primavera Árabe.

A Primavera Árabe

Esse movimento, organizado, sobretudo, através das redes sociais na internet, consistiu numa revolta geral, cujo primeiro episódio foi desencadeado por protestos na Tunísia em dezembro de 2010, e que caracterizou a maioria dos países do mundo árabe. De Túnis a Damasco, passando por Trípoli e Cairo, a população, reunida nas praças das principais cidades, pediu o fim dos regimes autoritários com líderes presentes há décadas, como foi o caso de Ben Ali na Tunísia, Mubarak no Egito ou Assad na Síria. Em alguns contextos, os protestos tiveram êxito. Em Túnis e Cairo, assistiu-se a um processo de transição para a democracia, o qual, todavia, foi parcialmente interrompido no primeiro caso, em 2021, e no segundo, em 2013, em decorrência de um golpe de Estado militar que restabeleceu um regime autoritário.

Enquanto nos dois países da África Setentrional a situação se estabilizou, mais problemáticos foram os casos de Líbia e Síria. Em Trípoli, depois de 42 anos no poder, Muammar Gaddafi foi deposto em consequência de grandes tensões sociais que afundaram também as próprias raízes em históricos conflitos entre as diferentes regiões do país. Foi em reação à forte repressão das forças do líder líbico que os líderes ocidentais decidiram intervir militarmente para propiciar uma mudança de regime e a democratização do país. Contudo, a deposição do regime provocou a fragmentação e a contínua instabilidade na Líbia.

Na região do Levante, na Síria, em 2011, grandes protestos populares provocaram uma tentativa de derrubada do regime de Bashar al-Assad, que qual tinha substituído o pai no poder em 2000. O conflito interno desembocou em uma guerra civil, com profundas consequências para a já frágil estabilidade da região. Por um lado, houve uma crise migratória que levou uma parte da população dos territórios em guerra a pedir refúgio nos países vizinhos, sobretudo Líbano e Turquia. Por outro, uma parte dos territórios não controlados por Damasco passou a constituir o autodefinido Estado Islâmico (ou Daesh), criado por uma organização terrorista islamista, já ativa no norte do Iraque desde a invasão estadunidense e que, no momento máximo de expansão, chegou a controlar importantes porções dos dois países. A reação internacional à ameaça islamista envolveu vários atores interessados em garantir a estabilidade da região e os próprios aliados estratégicos. Foi o caso dos Estados Unidos que, durante a administração Obama, intervieram contra o Estado Islâmico através de ataques aéreos e com drones, sobretudo, apoiando as forças curdas e treinando novas unidades do Exército iraquiano. Do outro lado, o governo russo, tradicionalmente aliado do governo sírio, apoiou militarmente o regime de Assad.

As potências emergentes

A Federação Russa, de fato, depois de ter resolvido parcialmente os problemas econômicos internos, adotou, através do governo liderado direta ou indiretamente por Vladimir Putin, uma política de reafirmação da própria potência no âmbito regional. Foi no contexto de crise do mundo financeiro globalizado ocidental que o sistema internacional registrou, em contrapartida, a ascensão (ou nova afirmação) de outras potências no xadrez internacional. Se a Rússia se beneficiou da alta dos preços dos hidrocarbonetos e de outras matérias-primas, desde o final da década de 1990 a principal potência emergente tornou-se a China Popular. Graças a um contínuo crescimento, ligado a uma expansão da industrialização e do mercado interno, o país asiático alcançou o papel de segunda economia mundial. Fortemente presentes na Ásia, na África, na América Latina e na Europa, os investimentos chineses são um sinal da renovada força de Beijing, a qual deteriora fortemente a hegemonia estadunidense. Apesar de uma latente tensão com a China, o segundo país asiático a assumir um papel novo no sistema internacional foi a Índia, que, entrando plenamente no sistema econômico internacional, tornou-se uma potência econômica e militar emergente, capaz de se afirmar em nível global.

O mundo pós-bipolar (1992-2022)

Outro país com projeção global é o Brasil. Depois de um processo de democratização (comum a todos os outros países latino-americanos) e de consolidação econômica, o crescimento brasileiro na segunda parte da década de 2000 indicou um novo papel do país no cenário internacional, tornando-se em 2010 a sexta economia mundial. No contexto africano, a África do Sul manteve a capacidade de liderança continental, mesmo sem a habilidade de crescimento ou afirmação estratégica dos três precedentes atores. Desde 2009, os governos de Moscou, Nova Deli, Pretória, Brasília e Beijing formaram um novo agrupamento, nomeado Brics, para discutir uma agenda política e econômica comum.

Esses atores reagiram de maneira diferente à crise econômica e financeira. Enquanto China e Índia mantiveram o crescimento (mesmo se a taxas menores) e preservaram suas lideranças no poder, a América Latina e a África sofreram dificuldades. Isso foi particularmente evidente no Brasil, na Venezuela e na Argentina, que tinham sido protagonistas de uma *performance* econômica particularmente positiva. Entre 2013 e 2016, registrou-se uma profunda mudança nos quadros políticos locais depois de governos de centro-esquerda. Exceção foi a Venezuela de Nicolás Maduro, que tinha substituído o presidente Hugo Chávez, no poder desde 2002 e falecido em 2015. Maduro, na liderança de um país muito empobrecido, abriu uma crise institucional interna com a oposição. De maneira parecida, na África do Sul, uma alta taxa de pobreza e desemprego, associada a um escândalo de corrupção, provocou o fim da presidência do líder Jacob Zuma. Esses elementos conduziram a África e a América Latina a serem relegadas novamente às margens do sistema internacional, com um envolvimento escasso no processo decisório global.

OS ANOS DE 2010 E 2020: O OCIDENTE EM DECLÍNIO?

As cenas da rápida saída das tropas ocidentais de Cabul, em agosto de 2021, lembraram as imagens provenientes da Indochina em 1975, quando os últimos representantes estadunidenses deixaram às pressas Saigon,

211

capital do Vietnã do Sul. O episódio parece lembrar um evidente sinal de fraqueza do Ocidente, anos depois dos atentados de 11 de setembro de 2001 e, sobretudo, de um longo período de permanência das forças ocidentais para reconstruir o Afeganistão e extirpar a ameaça dos talibãs, que reconquistaram o pleno controle do país poucas semanas após a saída das forças norte-americanas.

O recuo dos Estados Unidos como principal responsável pela ordem global e a aparência de neoisolacionismo afundam as próprias origens na necessidade de o governo de Barack Obama concentrar esforços para enfrentar a crise econômica e social interna, através da criação de um ambicioso plano de assistência sanitária pública. A eliminação do líder de Al-Qaeda, Osama bin Laden, em maio de 2011, marcava o fim da guerra ao terror e o começo dos planos de retirada estadunidense dos principais teatros de guerra, sem envolvimento em outras crises, feita exceção pela luta contra o Estado Islâmico.

A atenção norte-americana, ao longo do segundo mandato de Obama (2012-2016), foi orientada a expandir ainda mais o comércio internacional por meio de acordos com Ásia, Oceania e Europa. Essa forma de "neoisolacionismo", mesmo se declinado de maneira diferente, apareceu confirmado pelo sucessor de Obama: Donald Trump. O ex-empresário americano, de fato, inesperadamente derrotou a candidata democrata Hillary Clinton e implementou durante a sua presidência (2016-2021) uma agenda interna para a redução da pressão fiscal, a retomada da indústria do país contra a penetração de produtos estrangeiros, além de uma intensa luta contra as migrações provenientes da América Latina. No plano externo, Trump se concentrou em políticas comerciais protecionistas, com um forte contraste contra a China, pela imposição de novos impostos para limitar a importação de produtos chineses, e com o abandono de uma abordagem multilateral nas relações com os países da União Europeia.

Muitos comentadores consideraram Trump um populista, apoiado por um setor particularmente insatisfeito da sociedade estadunidense perante a crise econômica. Um fenômeno parecido caracterizou também a Europa, onde as duras medidas impostas pela União Europeia aos países com a maior dívida pública (sobretudo Grécia, Itália e Portugal)

O mundo pós-bipolar (1992-2022)

provocaram a emersão de novos movimentos políticos, contrários às decisões de Bruxelas e marcados por uma forte crítica aos partidos tradicionais. O "euroceticismo" promovido por um crescente número de políticos europeus não estava conectado somente à crise econômica, mas também à crise migratória. Decorrentes de conflitos presentes na área mediterrânea, subsaariana e do Oriente Médio, e de precárias condições econômicas nos países de origem, os fluxos migratórios tiveram reações distintas no âmbito europeu. Por um lado, houve respostas nacionais, restritivas no caso da Itália e dos países da Europa Centro-Oriental, por outro, inclusivas, como demonstra o exemplo alemão. A crítica dos países nas fronteiras da União Europeia foi não ter uma política única de redistribuição dos migrantes nos diferentes países do bloco, concentrando a pressão exclusivamente nos países de primeiro acesso.

Todavia, os primeiros sinais de uma política única por parte da União Europeia ficaram claros com acordos com Turquia e Líbia para bloquear os migrantes nos próprios territórios em troca de ajuda econômica e financeira. Outro significativo elemento de crise na estabilidade da União Europcia foi a saída do Reino Unido do bloco, como consequência de um referendo popular ocorrido em junho de 2016. O governo de Londres, que anteriormente tinha recusado participar da união monetária, concluiu em 2021 um longo e difícil processo de negociação com a União Europeia para abandonar os vínculos com Bruxelas. "Brexit", como se chamou a saída britânica do bloco, teve um forte impacto interno no sistema político do país com a emersão de novas lideranças no Partido Conservador, como Boris Johnson, e com novas ameaças por parte dos movimentos independentistas da Escócia.

A esses duros desafios associou-se, em 2014, outro conflito nas portas da União Europeia: a tensão entre Ucrânia e Rússia. Depois da decisão em dezembro de 2013 do governo ucraniano, liderado pelo filo-russo Viktor Ianukovytch, de não assinar um tratado de associação à União Europeia, grandes manifestações das forças a favor do Ocidente levaram o presidente a deixar o país no caos e o poder nas mãos da oposição. Perante a situação no país vizinho, a Federação Russa ocupou em fevereiro do mesmo ano a península da Crimeia, em nome da maior presença de russos. Diante da ausência

História das Relações Internacionais

de fortes reações ucranianas e de mínimas sanções ocidentais, o presidente russo Vladimir Putin apoiou militarmente milícias separatistas nas regiões orientais da Ucrânia, onde mais de 50% de população é russófona.

Essa decisão provocou um conflito entre as forças de Kiev e os separatistas apoiados por Moscou. Além disso, registrou-se uma crescente tensão entre os países da União Europeia e os Estados Unidos, de um lado, que impuseram sanções, e a Rússia, do outro. É preciso notar que, entre 2015 e 2021, houve numerosas tentativas de negociação entre as várias partes envolvidas no conflito sem, todavia, encontrar uma solução. Em fevereiro de 2022, uma nova estratégia de Moscou conduziu a um ataque direto contra a Ucrânia, perante supostas ameaças de o governo de Kiev se aproximar do Ocidente. O governo ucraniano, liderado por Volodymyr Zelensky, conseguiu resistir ao ataque russo, sobretudo, graças a uma maciça ajuda econômica e militar por parte dos Estados Unidos, liderados desde janeiro de 2021 pelo presidente democrata Joseph Biden, e dos países da Otan. Diante da agressão russa, o Ocidente se compactou e condenou Moscou com um imponente regime sancionatório. Países tradicionalmente neutros, como Suécia e Finlândia, aderiram ao Pacto Atlântico. O conflito parece reabrir pela primeira vez uma nova tensão entre a Aliança Atlântica e a Rússia depois do fim da Guerra Fria. Diferentemente de 1991, a Rússia, mesmo envolvida nos últimos anos em vários teatros de guerra, não é uma potência global, à diferença da China, que parece ter um novo papel nos equilíbrios do planeta.

Apesar do recrudescimento da tensão entre Rússia e Estados Unidos e da guerra na Ucrânia, o final da década de 2010 e o início dos anos 2020 foram marcados globalmente por uma ameaça nova à estabilidade internacional: a pandemia de síndrome respiratória aguda (covid-19), causada pelo coronavírus. Tendo ocorrido pela primeira vez na cidade de Wuhan, na China, entre o fim de 2019 e o começo de 2020, a doença espalhou-se rapidamente pelo mundo, conduzindo a Organização Mundial de Saúde (OMS) a declarar estado de pandemia. A alta mortalidade, especialmente entre os mais idosos, e a extrema pressão sobre os sistemas sanitários e hospitalares do mundo inteiro conduziram a decisões drásticas de muitos países, que isolaram ou limitaram a circulação da população por longos períodos

214

entre março de 2020 e dezembro de 2021. Registraram-se, no período entre o início da pandemia e julho de 2022, cerca de 6,45 milhões de pessoas falecidas por causa da doença, mas a rápida descoberta de vacinas e um plano de imunização global, mesmo se distribuído de maneira profundamente desigual, limitaram o número de mortes. O impacto social, econômico e político foi profundo. A economia global passou por uma profunda recessão e muitos países tiveram que adotar medidas robustas de intervenção pública para sustentar uma possível retomada.

No começo da segunda década do terceiro milênio, são, portanto, vários os elementos de instabilidade e de incerteza para o futuro. Se, por um lado, houve uma resposta global coordenada para reagir à crise pandêmica, por outro, o conflito na Ucrânia assinala o ressurgimento de tensões profundas entre um Ocidente ainda liderado pelos Estados Unidos (e que continua sendo a primeira potência do planeta, pelo ponto de vista político, militar e econômico) e o restante das potências, entre as quais o papel da China é proeminente.

Sugestões de leitura

Existe uma vasta produção na área de História das Relações Internacionais. Em seguida, serão apresentadas obras que permitem um aprofundamento dos temas tratados ao longo deste livro. Em língua portuguesa, há um número razoável de sínteses sobre a evolução do sistema internacional ao longo dos últimos dois séculos. Todavia, é na literatura internacional que se encontram as referências mais atualizadas em relação ao debate historiográfico global. José Flávio Sombra Saraiva organizou *História das relações internacionais contemporâneas: da sociedade internacional do século XIX à era da globalização* (São Paulo: Saraiva, 2008). Na segunda metade do século XX, o professor Pierre Renouvin coordenou um trabalho de síntese da disciplina que discutia a evolução das Relações Internacionais desde a Idade Média até 1945, com a obra em vários volumes *Histoire des relations internationales* (Paris: Hachette, 1994). Para tratar do restante do século XX, o esforço de Renouvin foi continuado por Jean-Baptiste Duroselle em *História das relações internacionais*, tomos I e II (Lisboa: Texto & Grafia, 2013). Um clássico e ainda muito útil é o livro do historiador britânico Geoffrey Barraclough, *Introdução à história contemporânea* (Rio de Janeiro: Zahar, 1976).

Outras referências relevantes são representadas por *Ascensão e queda das grandes potências: transformação econômica e conflito militar de 1500 a 2000* (Rio de Janeiro: Campus, 1989), de Paul Kennedy, e pela obra em três volumes *Storia delle relazioni internazionali* (Bari-Roma: Editori Laterza, 2021), escrita por Ennio Di Nolfo e que cobre de maneira detalhada o período de 1918 a 2015. O livro de David S. Landes, *A riqueza e a pobreza das nações: por que são algumas tão ricas e outras tão pobres* (Rio de Janeiro: Campus, 1998) também é uma leitura extraordinária que, de certo modo, complementa a visão apresentada por Kennedy. Antony Best, Jussi M. Hanhimaki, Joseph A. Maiolo e Kirsten E. Schulze escreveram o mais recente e completo trabalho de síntese sobre o século XX, com uma abordagem dividida por áreas temáticas e geográficas em *International History of the Twentieth Century and Beyond* (Londres: Routledge, 2015).

Sobre o período relativo ao século XIX, é obrigatória a referência às obras clássicas de Eric Hobsbawm, *A era das revoluções: 1789-1848* (Rio de Janeiro: Paz e Terra, 2003); *A era do capital, 1848-1875* (Rio de Janeiro: Paz e Terra, 2001); e *A era dos impérios* (Rio de Janeiro: Paz e Terra, 2001), bem como as suas reedições posteriores. A respeito da evolução do sistema europeu até 1848, cita-se especificamente Paul Schroeder, *The Transformation of European Politics, 1763-1848* (Oxford: Clarendon Press, 1994). Para uma abordagem global e inovadora, sugere-se a leitura de Christopher A. Bayly, *The Birth of the Modern World, 1780-1914* (Malden: Wiley-Blackwell, 2003). Sobre o conflito para a hegemonia no sistema europeu até o fim da Primeira Guerra Mundial, sugere-se o clássico de Alan J. P. Taylor, *The Struggle for Mastery in Europe, 1848-1918* (Oxford: Clarendon Press, 1954).

No que concerne à construção do sistema internacional em 1919, recomenda-se a leitura de Patrick Cohrs, *Unfinished Peace after World War I: America, Britain and the Stabilisation of Europe, 1919-1932* (Cambridge: Cambridge University Press, 2006). Erez Manela discorreu detalhadamente sobre a tentativa dos representantes dos territórios sob o controle colonial de participar da Conferência de Paz em Paris em *The Wilsonian Moment: Self-determination and the International Origins of Anticolonial Nationalism* (Oxford: Oxford University Press, 2007). *Vinte anos de crise 1919-1939: uma introdução ao estudo das relações internacionais* (Brasília: Editora Universidade de Brasília, 1981), de E. H. Carr, permanece uma leitura básica para compreender o período entreguerras. Existe uma vasta bibliografia sobre o período bipolar e como leituras introdutórias recomendam-se: *História da Guerra Fria* (Rio de Janeiro: Nova Fronteira, 2006), de

John Lewis Gaddis; e *Guerra Fria* (Porto Alegre: L&PM, 2012), de Robert McMahon. Para uma interpretação mais atualizada e ampla sobre a Guerra Fria, sugere-se a leitura dos três volumes da *Cambridge History of the Cold War* (Cambridge: Cambridge University Press, 2010), organizados por Melvyn P. Leffler e Odd Arne Westad. Este último autor também contribuiu para sublinhar o papel do Terceiro Mundo na dinâmica bipolar em *The Global Cold War: Third World interventions and the Making of our Times* (New York: Cambridge University Press, 2005). Para uma introdução sobre o papel da América Latina na Guerra Fria, sugere-se *Historia mínima de la Guerra Fría en América Latina* (Cidade do México: El Colégio de Mexico, 2018), de Vanni Pettiná. *Un imperio falido: La Unión Soviética durante la Guerra Fria* (Barcelona: Crítica, 2008), de Vladislav Zubok, é uma referência sobre o papel soviético no período 1945-1989.

Para uma abordagem metodológica para o estudo da História das Relações Internacionais, recomenda-se a leitura de *Introdução à história das relações internacionais* (São Paulo: Difusão Europeia do Livro, 1967), dos historiadores franceses Pierre Renouvin e Jean Baptiste Duroselle, mas sobretudo *The Craft of International History: a Guide to Method* (Princeton: Princeton University Press, 2006), do historiador estadunidense Marc Trachtenberg. Para uma maior compreensão e análise crítica dos acordos e dos tratados mencionados neste livro, recomenda-se a consulta do site do projeto Avalon, da Universidade de Yale: <https://avalon.law.yale.edu/>. Outras fontes primárias fundamentais estão presentes nas coleções oficiais de documentos selecionados por historiadores convidados pelas chancelarias de vários países, como é o caso, por exemplo, de Estados Unidos, Grã-Bretanha, França, Alemanha ou Itália. No Brasil, ainda não foi criada uma série de documentos diplomáticos, mas a Fundação Alexandre de Gusmão, órgão vinculado ao Ministério das Relações Exteriores, publicou algumas fontes primárias relativas aos séculos XIX e XX nos *Cadernos do Centro de História e Documentação Diplomática* (CHDD).

Bibliografia

BARRACLOUGH, Geoffrey. *Introdução à História Contemporânea*. Rio de Janeiro: Jorge Zahar, 1976.

BAYLY, Christopher. *The Birth of the Modern World, 1780-1914*. Malden: Wiley-Blackwell, 2003.

BEST, A.; HANHIMÄKI, J. M.; MAIOLO, J. A.; SCHULZE, K. E. *International History of the Twentieth Century and Beyond*. 3. ed. London: Routledge, 2015.

CARR. E. H. *Vinte anos de crise 1919-1939*: uma introdução ao estudo das relações internacionais. Brasília: Editora UnB, 1981.

CERVO, Amado L. "Hegemonia coletiva e equilíbrio: a construção do mundo liberal (1815-1871)". In: SARAIVA, José Flávio S. (org.). *Relações Internacionais – dois séculos de história:* entre a preponderância europeia e a emergência americano-soviética (1815-1947). Brasília: Instituto Brasileiro de Relações Internacionais/Fundação Alexandre de Gusmão, 2001.

COHRS, Patrick. *Unfinished peace after World War I*: America, Britain and the Stabilisation of Europe. Cambridge: Cambridge University Press, 2006.

DI NOLDO, Emilio. *Storia delle relazioni internazionali*. Bari-Roma: Laterza, 2021.

DUROSELLE, Jean-Baptiste. *História das Relações Internacionais (tomos I e II)*. Lisboa: Texto & Grafia, 2013.

_____. *L'Europe de 1815 à nos jours*: vie politique et relations internationales. Paris. Presses Universitaires de France, 1995.

EREZ, Manuela. *The Wilsonian Moment*: self-determination and the international origins of anticolonial nationalism. Oxford: Oxford University Press, 2007.

GADDIS, John Lewis. *História da Guerra Fria*. Rio de Janeiro: Nova Fronteira, 2006.

HOBSBAWM, Eric J. *A era do capital (1848-1875)*. Rio de Janeiro: Paz e Terra, 2001.

_____. *As origens da Revolução Industrial*. São Paulo: Global, 1979.

_____. *A era dos impérios (1875-1914)*. Rio de Janeiro: Paz e Terra, 2001.

_____. *A era das revoluções (1789-1848)*. Rio de Janeiro: Paz e Terra, 2003.

KENNEDY, Paul. *Ascensão e queda das grandes potências*: transformação econômica e conflito militar de 1500 a 2000. Rio de Janeiro: Campus, 1989.

LANDES, David S. *A riqueza e a pobreza das nações*. Rio de Janeiro: Campus, 1998

LEFFLER, M. P.; WESTAD, O. Arne. *The Cambridge history of the Cold War*. Cambridge: Cambridge University Press, 2010, 3v.

MCMAHON, Robert. *Guerra Fria*. Porto Alegre: L&PM, 2012.

PETTINÁ, Vanni. *Historia mínima de la Guerra Fría en América Latina*. Cidade do México: El Colégio de Mexico, 2018.

RENOUVIN, Pierre. *Histoire des Relations Internationales*. Paris: Hachette, 1994, 3v.

_____; DUROSELLE, Jean Baptista. *Introdução à história das relações internacionais*. São Paulo: Difusão Europeia do Livro, 1967.

SARAIVA, J. F. S. (ed.). *História das relações internacionais contemporâneas*: da sociedade internacional do século XIX à era da globalização. São Paulo: Saraiva, 2008.

SCHROEDER, Paul. W. *The Transformation of European Politics, 1763-1848*. Oxford: Clarendon Press, 1994.

TAYLOR, Alan J.P. *The struggle for mastery in Europe, 1848-1918*. Oxford: Clarendon Press, 1954.

TRACHTENBERG, Marc. *The Craft of International History*: a Guide to Method. Princeton: Princeton University Press, 2006.

WESTAD, O. Arne. *The Global Cold War*: Third World interventions and the making of our times. New York: Cambridge University Press, 2005.

ZUBOK, Vladislav. *Um império falido*: La Unión Soviética durante la Guerra Fria. Barcelona: Crítica, 2008.

Os autores

Antônio Carlos Lessa é professor titular de Relações Internacionais da Universidade de Brasília e pesquisador bolsista de produtividade em pesquisa do Conselho Nacional de Desenvolvimento Científico e Tecnológico (CNPq). Doutor em História (Relações Internacionais) pela Universidade de Brasília, atua na área de Política Externa Brasileira e História das Relações Internacionais. Foi professor visitante na University of Illinois at Urbana-Champaign (Estados Unidos), Université Paris-Sorbonne (França), Universidad Nacional de Rosario (Argentina), Universidade do Estado do Rio de Janeiro e Universidad de la República (Uruguai).

Carlo Patti é professor do curso de Relações Internacionais da Universidade Federal de Goiás e do programa de doutorado em História, Bens Culturais e Estudos Internacionais da Universidade de Cagliari (Itália). Doutor em História das Relações Internacionais pela Universidade de Florença, realizou estudos pós-doutorais na Pontifícia Universidade Católica do Rio de Janeiro e na Universidade de Brasília. Foi pesquisador visitante na Syracuse University (Estados Unidos), na Universidade de Roma Tre e na Universidade de Cagliari (Itália). É pesquisador bolsista do Centro de Pesquisa e Documentação em História Contemporânea do Brasil da Fundação Getúlio Vargas do Rio de Janeiro.

GRÁFICA PAYM
Tel. [11] 4392-3344
paym@graficapaym.com.br